계량 통계를 활용한

부동산 투자분석

정성훈 지음

이프레스

머리말

이 책을 집필하게 된 동기는 독자들이 부동산 투자분석에 대해 근본적으로 접근하기를 꺼려하고, 부동산 투자분석에 관한 책을 읽는다고 해도 이해력이 높지 않아 지식을 습득하는 데 많은 어려움이 있어 이를 조금이라도 해결하기 위해, 이 책을 집필하게 되었다. 2000년 이후 세계 경제는 점점 하나의 자본시장처럼 움직이고 있어 이제는 독자들도 세계경제를 이해하지 못하면, 경제적으로 살아가는데 많은 애로사항에 노출되곤 한다. 또한, 향후 저금리지속과 고령화시대를 맞이하여 부동산 투자 매력은 점점 저하되고 있다. 특히 부동산에 관심이 있는 독자들은 부동산 투자분석에 대해 더욱 다양한 이해와 노력이 필요하다. 그렇지만, 독자들도 이를 알면서도, 부동산 투자분석 분야는 접근하기가 어려운 분야라고 생각된다. 이 책은 이러한 시기에 독자들을 대상으로 올바른 부동산 지식을 이해시키는 데 도움이 되고자 한다.

본서는 부동산 투자분석의 기본적 개념 및 이론을 실무와 조화시키는 관점에서 서술하였으며 다음과 같은 몇 가지 특징을 가지고 있다.

첫째, 부동산 투자분석의 전체적인 내용을 일관성 있게 구성하여, 부동산 투자분석의 기초개념에 대한 확실한 이해를 바탕으로 투자분석의 실제 활용 가능성을 높일 수 있도록 노력하였다.

둘째, 이 책은 독자들이 부동산 투자분석에 직간접적으로 투자, 운용하는 것을 설명하면서 이를 통해 그 이상의 것들을 생각할 수 있도록 노력하였다. 독자들의 부동산 투자분석 지식이 많든 적든, 그리고 자신이 투자분석을 하는 성향이 무엇이든 이 책을 통해서 부동산 투자분석을 보다 잘 이해할 수 있도록 노력하였다.

셋째, 이 책은 부동산 투자분석의 이론과 실제와의 적용 부분을 줄이려고 노력하였다. 예를 들어, 이론을 실제로 적용하기 위해 Excel을 활용하여 쉽게 따라할 수 있도록 자세히 사용방법을 표시하였다

본 저자는 책의 집필 과정에서 부동산 투자분석 내용을 독자들이 쉽게 이해하도록 노력하였다. 그러나 어쩔 수 없이 불필요하다고 판단된 부분은 다소 수정하거나 삭제하였으며,

어렵더라도 필요하다고 판단된 부분은 추가하였다. 또한, 본 저자는 부동산 투자분석 이론에 생소한 학생들도 쉽게 읽을 수 있도록 노력하였다. 그럼에도 불구하고 이 분야의 학문적 어려움 때문에 독자들께서 이 책을 충분히 이해하기 어려운 부문이 있을 수 있음을 솔직히 고백하며, 앞으로도 독자들께서 이해하기 쉽게 하도록 노력할 것을 약속드린다.

마지막으로 이 책을 발간하도록 물심양면으로 도와주신 이프레스 최용구 대표님, 편집부 직원 분들께도 감사드린다.

2017년 6월

저자 씀

차례

CONTENTS

CHAPTER 03 부동산 시장분석의 이해

CHAPTER 04 부동산 가치평가

CHAPTER 05 부동산 시계열 분석

CONTENTS

부록 Excel의 이해와 이자요소

CONTENTS

CHAPTER 01

부동산 금융의 기초

1. Excel을 활용한 화폐의 시간가치

2. Excel을 활용한 부동산 재무 비율 분석

CHAPTER

01 부동산 금융의 기초

1. 엑셀을 활용한 화폐의 시간가치

1) 화폐의 시간가치

부동산 투자의 화폐 시간가치(Time Value of Money)는 시간이 흘러갈수록 화폐 가치가 변화되는 것을 말한다. 다시 말하자면, 같은 가치라도 현재의 화폐가치와 미래의 화폐가치는 다르며, 현재가치가 미래가치보다 가치가 더 높다. 예를 들어 오늘의 1,000원을 안정적 자산에 투자한다면, 미래에는 이자가 발생되어 원금과 이자를 합한 1,000원 이상이 된다. 결국 현재의 1,000원은 미래의 1,000원 이상과 같다고 볼 수 있다. 현재의 화폐가치가 미래의 화폐가치보다 높이 평가되는 이유는 현재의 화폐를 투자할 수 있는 기회가 존재하기 때문이다. 이러한 투자의 기회를 기회비용이라고 한다. 그렇다면 현재의 화폐가치와 미래의 화폐가치가 같은 금액이 얼마인가는 매우 중요하다. 왜냐하면, 미래에 돈이 얼마가 유입이 되는지 정확히 알아야 자금관리를 할 수 있기 때문이다.

특히 부동산회사는 부채를 활용하여 높은 이익을 얻으려는 레버리지효과를 활용해 투자하는 경우가 많아, 일반적인 기업보다 화폐의 시간가치에 더 민감하다. 물론, 단기적인 운전 자본은 현금 유입과 유출이 빨라 화폐의 시간가치의 영향이 적을 수 있다. 그러나 대부분의 부동산 투자는 토지매입, 건설, 분양(매매 또는 임대)과 같은 프로세스로 구성된 장기적인 고정자산에 투자하게 되므로 좀 더 정교한 현금흐름 계획이 요구된다. 즉, 월세를 받는 부동산 투자의 경우 현금유입(월세)과 현금유출(토지매입비, 건설비 등)의 기간 차이가 발생하며, 단기적인 자금운영에 비해 장기적인 자금운영 시 현재의 가치가 미래의 가치보다 훨씬 크다.

부동산에 투자할 때에 필수적으로 현금유입과 현금유출의 시재를 동등한 기준에서 비교해야 한다. 또한, 미래의 현금유출 금액을 현금유입 시점까지 할인하여 수익 또는 비용의 가치를 비교 분석하여 투자해야 한다. 화폐의 시간가치는 부동산 투자의 기본개념으로 간과하기 쉽지만, 할인율 산정이 어렵기 때문에 부동산 투자예산을 계획할 때 할인율은 매우 중요한 역할을 한다. 그러므로 본 절에서는 엑셀을 활용하여 쉽게 현재의 화폐가치와 미래의 화폐가치에 대하여 알아보고자 한다.

① 현재가치

현재가치란 미래의 일정시점의 화폐가치를 현재시점의 화폐가치로 환산한 것으로 말한다. 다음과 같은 예를 통해 할인(Discounting)함으로써 현재가치를 구할 수 있다. 예를 들어, 투자자 A가 매년 복리로 1년 수익률 5%인 부동산 임대사업에 현재 얼마를 투자해야 1년도 말에 1,050원이 될 수 있을까? 다음과 같은 용어 및 산식에 의해 미래가치를 구할 수 있다.

현재가치를 산출하기 위한 산식은 다음과 같다.

$$PV = \frac{FV_n}{(1+r)^n} \qquad \text{[식 1-1]}$$

PV(Present Value) : 임대수익의 현재가치

r : 연간 이자율

FV(Future Value) : 임대수익의 미래가치

n : 연수

위 식을 $PV = \frac{FV_n}{(1+r)^n} = FV(1+r)^{-n} = PV \times PVIF_{r,n}$으로 표현할 수 있다. 여기서 $(1+r)^{-n}$ 은 n기간 말의 현재가치를 나타내며, $PVIF$는 현재가치이자요소(Present Value Interest Factor)라고 한다.

위의 산식을 이용하여 계산을 하면, 1년도 말의 1,050원의 현재가치는 1,000원이 된다.

$$PV = \frac{1,050}{(1+0.05)^1} = 1,000\text{ 원}$$

다른 예로, 투자자 A가 매년 복리로 2년 수익률 5%인 부동산 임대사업에 현재 얼마를 투

자해야 2년도 말에 1,102.5원이 될 수 있을까?

$$PV = \frac{1,102.5}{(1+0.05)^2} = 1,000 \text{ 원}$$

위의 산식을 이용하여 계산을 하면, 2년도 말의 1,102.5원의 현재가치는 1,000원이 된다.

추가적으로 현재가치이자요소는 복리이자요소와 역수의 관계이므로 현재가치이자 역시 할인율 및 기간의 변화에 따라 체감하게 된다.

$$PVIF_{r,n} = \frac{1}{CVIF_{r,n}} \quad \text{[식 1-2]}$$

② 미래가치

미래가치란 현재의 화폐가치를 미래의 일정시점의 화폐가치로 환산한 것을 말한다. 다음과 같은 예를 통해 미래가치를 구할 수 있다. 예를 들어, 투자자 A가 1,000원이 있는데 이 금액을 1년 수익률 5%인 부동산 임대사업에 투자했다고 가정하자. 그러면 1년 후에 얼마를 받을 수 있을까? 다음과 같은 용어 및 산식에 의해 미래가치를 구할 수 있다.

우선 미래가치는 현재가치의 산식을 활용하여 산식을 구성할 수 있다. 즉, [식 1-1]에서 양변에 $(1+r)^{-n}$ 을 곱하게 되면 다음과 같은 산식으로 산출된다.

$$PV(1+r)^n = FV_n \quad \text{[식 1-3]}$$
$$FV_n = PV(1+r)^n$$

PV(Present Value) : 임대수익의 현재가치

r : 연간 이자율

FV(Future Value) : 임대수익의 미래가치

n : 연수

위의 산식을 이용하여 계산을 하면, 1년 후의 1,000원의 미래가치는 1,050원이 된다.

$$FV_1 = 1,000(1+0.05)$$
$$= 1,000(1.05)$$
$$= 1,050$$

만약, $n=2$ 이면, 2년 후의 미래가치 FV_2는 다음과 같은 산식에 의해 구할 수 있다.

$$\begin{aligned} FV_2 &= FV_1(1+r)^1 \\ &= PV(1+r) \times (1+r) \\ &= PV(1+r)^2 \end{aligned} \qquad \text{[식 1-4]}$$

즉, $FV_n = PV(1+r)^n = PV \times CVIF_{r,n}$ 으로 표현할 수 있다.

여기서 $(1+r)^n$ 은 n기간 말의 미래가치를 나타내며, 복리이자요소(CVIF: Compound Value Interest Factor) 또는 미래가치이자요소(FVIF: Future Value Interest Factor)라고 한다.

위의 산식을 이용하여 계산을 하면, 2년 후의 1,000원의 미래가치는 1,102.5원이 된다.

$$\begin{aligned} FV &= 1,050(1+0.05) \\ &= 1,000(1.05)^2 \\ &= 1,102.5 \end{aligned}$$

위의 계산방식과 같이 원금에 대한 이자가 다음 해에 원금에 가산되어 다시 이자가 계산되는데 이러한 이자의 계산방식을 복리(Compound Interest)라고 부르고, 복리과정을 통해 미래가치를 구한다. 그와 달리 단리(Simple Interest)는 원금에 대한 이자가 다음 해에 원금에 가산되지 않고 원금에 대한 이자만 계산되는 방식을 말한다. 예를 들어 위와 같은 예를 단리로 계산하면 다음과 같다.

만약, $n=2$이면, 단리의 2년 후의 미래가치 FV_2는 다음과 같은 산식에 의해 구할 수 있다.

$$\begin{aligned} FV_2 &= PV_1 + (PV_1 \times r) \times 2 \\ &= 1,000 + (1,000 \times 0.05) \times 2 \\ &= 1,100 \end{aligned}$$

즉, 원금 1,000원에 매년 이자 5%(5원)을 2번, 100원을 더한 값이다. 복리를 금융시장에서 일반적으로 사용되고, 단리는 학문적으로 이해를 돕기 위해 계산한 것이며, 일반적으로는 주로 사용되지 않는다. 그러므로 특별한 언급이 없다면 복리로 계산한다. 또한, 단리와 복리의 차이는 기간이 지날수록 그 차이가 벌어지는 것을 알 수 있으며, 복리이자끼리 비교해도 이자율이 높고 기간이 길어질수록 미래가치의 이자율 차이 변화가 크다는 것을 알 수 있다.

③ 연금의 미래가치

연금이란 일정한 금액을 일정한 기간 동안 계속적으로 지급하는 현금흐름을 말한다. 예를 들어 설명하면 다음과 같다. 6년간 연 이자율 5%로 매년 100원의 금액을 부동산 투자 관련 연금에 납입한다고 가정하자. 6년도 말에 받게 되는 연금의 미래가치는 아래의 표와 같다.

〈표 1-1〉 연금의 미래가치

기간	매년 납입 금액	이자율	납입금액의 미래가치	이자액
1	100	5%	127.6	27.6
2	100		121.6	21.6
3	100		115.8	15.8
4	100		110.3	10.3
5	100		105	5
6	100		100	0
합계	600	5%	680.3	80.3

〈표 1-1〉을 살펴보면 6년 동안 연도마다 각각의 미래가치를 계산하여 그 합으로 연금의 미래가치를 구할 수 있다. 하지만 연금기간이 20년이라면, 계산과정이 복잡하여 위와 같은 방식으로 계산하면 시간이 오래 걸린다. 그러므로 다음과 같이 연금의 미래가치를 구하는 공식을 이용하여 계산하면 간편하게 구할 수 있다. 공식을 도출하는 과정을 식으로 나타내면 초항이 C, 등비가 $(1+r)$, 항수가 n인 등비급수의 합 FV_2은 다음과 같다

$$FV_n = C[(1+r)^{n-1} + (1+r)^{n-2} + \cdots\cdots + 1] \quad \text{[식 1-5]}$$

[식 1−5]의 양변에 $(1+r)$을 곱하면,

$$FV_n(1+r)=C[(1+r)^n+(1+r)^{n-1}+\cdots\cdots+(1+r)] \qquad [식\ 1-6]$$

[식 1−6]에서 [식 1−5]을 빼면,

$$FV_n \times r = C(1+r)^n - C$$
$$FV_n = \frac{C(1+r)^n - C}{r} = C\left[\frac{(1+r)^n - 1}{r}\right] \qquad [식\ 1-7]$$
$$FV_n = C\left[\frac{(1+r)^n - 1}{r}\right] \text{ 또는 } C\left[\frac{(1+r)^n}{r} - \frac{1}{r}\right] = C \times CVIFA_{r,\,n}$$

$CVIFA_{r,\,n}$는 1기간 말부터 시작하여 n기간 동안 매년 지급되는 연금의 복리이자요소 (CVIFA: Compound Value Interest Factor for an Annuity)라고 한다.

④ 연금의 현재가치

연금의 현재가치는 미래의 일정한 기간마다 받을 금액을 현재가치로 환산하여 모두 더한 금액이다. 예를 들어 설명하면 다음과 같다. 부동산 투자의 연금과 관련해서 매년 말 100원씩 6년 동안 매년 이자율 5%로 받을 금액을 현재시점에서 전부 받을 경우 계산과정을 보면 다음 표와 같다.

〈표 1−2〉 연금의 현재가치

기간	매년 받을 금액	이자율	받을 금액의 현재가치	할인금액
1	100	5%	95.2	4.8
2	100		90.7	9.3
3	100		86.4	13.6
4	100		82.3	17.7
5	100		78.4	21.6
6	100		74.6	25.4
합계	600	5%	507.6	92.4

〈표 1-2〉를 살펴보면 6년 동안 연도마다 각각의 현재가치를 계산하여 그 합으로 연금의 현재가치를 구할 수 있다. 하지만 연금기간이 20년이라면, 계산과정이 복잡하여 위와 같은 방식으로 계산하면 시간이 오래 걸린다. 그러므로 다음과 같이 연금의 현재가치를 구하는 공식을 이용하면 간편하게 구할 수 있다. 공식을 도출하는 과정을 식으로 나타내면 다음과 같다.

PV를 연금의 현가합계라고 하고 C를 1년 후부터 매년 받게 될 연금액이라고 하면, 연금의 현재가치는 다음과 같다.

$$PV = \frac{A}{(1+r)^1} + \frac{A}{(1+r)^2} + \frac{A}{(1+r)^3} + \cdots\cdots + \frac{A}{(1+r)^n} \qquad [\text{식 } 1-8]$$

양변에 $\frac{1}{(1+r)}$ 을 곱하면

$$\frac{PV}{(1+r)} = \frac{C}{(1+r)^2} + \frac{C}{(1+r)^3} + \cdots\cdots + \frac{C}{(1+r)^{n+1}} \qquad [\text{식 } 1-9]$$

위 [식 1-8]에서 [식 1-9]를 차감하고, 양변에 (1+r)을 곱하면 다음과 같다.

$$PV = C\left[\frac{1}{r} - \frac{1}{r(1+r)^n}\right] = C \times PVIFA_{r,n} \qquad [\text{식 } 1-10]$$

$PVIFA_{r,n}$는 1기간 말부터 시작하여 매년 1원씩 n기간 동안 매년 받는 연금의 현재가치이자요소(PVIFA: Present Value Interest Factor for an Annuity)라고 한다.

만약, 1기간 말에 연금이 지급되는 것이 아니라 1기간 초에 연금이 지급되는 경우에는 기말기준 값 $PVIFA_{r,n}$, $CVIFA_{r,n}$에 $(1+r)$을 곱하여 계산해야한다.

그러므로 화폐의 시간가치는 현재가치, 미래가치, 연금의 현재가치, 연금의 미래가치가 존재하며, 정리하면 〈표 1-3〉과 같다.

〈표 1-3〉 화폐의 시간가치 정리

구분	개념	수식
현재가치	미래의 금액을 현재가치로 산출	$PV=A/(1+r)^n$
미래가치	현재의 금액을 미래가치로 산출	$FV=A\times(1+r)^n$
연금의 현재가치	매 기간마다 일정금액이 납입된다고 가정할 때 이 금액의 현재가치를 산출	$PVA_n=PMT\times\sum_{t=1}^{n}\left(\frac{1}{(1+r)}\right)^n$
연금의 미래가치	매 기간마다 일정급액이 납입된다고 가정할 때 이 금액의 미래가치를 산출	$FVA_n=PMT\times\sum_{t=1}^{n}(1+r)^n$

위의 표에 나타난 수식들을 아래에서 하나씩 엑셀로 풀어보도록 한다. 먼저 무위험이자율이 10%일 때, 5년 뒤 받을 5억 원의 현재가치에 대해 알아본다.

2) 현재가치 실습

① 틀 구성하기

먼저 엑셀을 이용하여 위의 이자율 10%, 5년의 기간, 5억 원의 금액을 틀로 나타내본다. 여기서 0기간 나타내었는데 이는 현재가치로 환산하기 위해서 현재의 시점을 0기간으로 나타낸 것이다. 만약, 0기간을 생략할 경우 매 기간 다른 금액을 계산할 때 합산 또는 현재가치의 오류가 발생할 수 있으므로 0기간을 포함하여 틀을 구성하는 것을 추천한다.

I7 ▾ fx

	A	B	C	D	E	F	G	H
1								
2							이자율	10%
3		기간(년)	0	1	2	3	4	5
4		금액(억원)	0	0	0	0	0	5
5		현재가치						
6		합계						

❖[그림 1-1] 현재가치 틀 구성하기

② 현재가치 산식의 구성

이자율이 10%로 변화하지 않는다고 가정하였기 때문에 여기에서는 이자율을 H2셀 하나만 사용하도록 한다. 엑셀에 적용할 산식은 아래의 그림을 참고하도록 한다. 여기서 $표기를 사용한 것은 이자율이 하나로 정해져 있기 때문에 이자율을 고정시켜 놓았다.

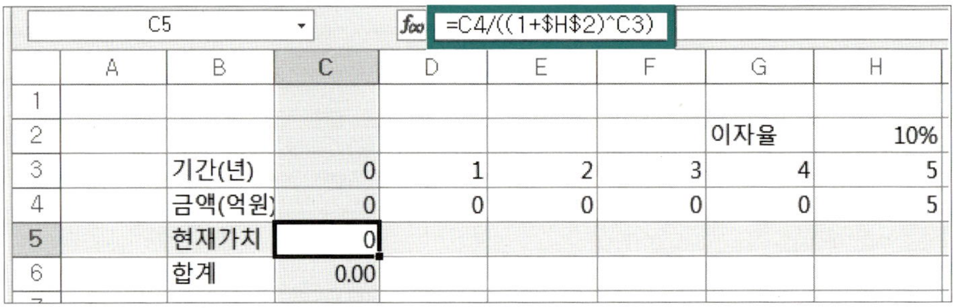

C5 | =C4/((1+$H$2)^C3)

	A	B	C	D	E	F	G	H
1								
2							이자율	10%
3		기간(년)	0	1	2	3	4	5
4		금액(억원)	0	0	0	0	0	5
5		현재가치	0					
6		합계	0.00					

❖[그림 1–2] 현재가치 산식의 구성

$를 이용하여 산식에서 셀을 고정할 경우 이 셀을 복사하여 다른 곳으로 이동하더라도 고정된 셀은 변화하지 않는다.

③ 셀 복사하기

산출한 C5의 셀 우측하단의 윈부분에 마우스를 가져다대면 검정색 굵은 십자가가 나타난다. 이를 눌러 H5 셀까지 이동시킨다. 이러한 방법을 통해 해당 부분의 식을 H5까지 복사할 수 있다. 이때 이자율은 $로 고정했기에 이자율을 제외한 기간, 금액이 변화하게 된다.

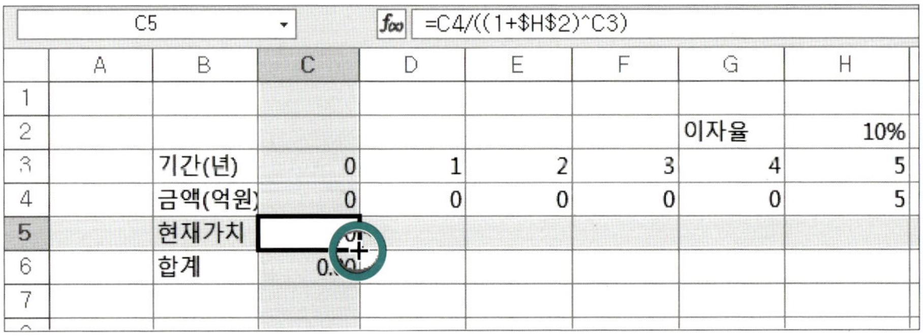

C5 | =C4/((1+$H$2)^C3)

	A	B	C	D	E	F	G	H
1								
2							이자율	10%
3		기간(년)	0	1	2	3	4	5
4		금액(억원)	0	0	0	0	0	5
5		현재가치						
6		합계	0.[illegible]					
7								

❖[그림 1–3] 현재가치 산출을 위한 셀 복사하기

④ 기간별 현재가치의 합산

셀의 수식을 복사하여 각 기간마다 현재가치를 알아볼 수 있었다. 이를 모두 더하여, 현재가치가 얼마인지 알아볼 필요가 있다. 이에 합계 C6셀에서 SUM함수를 이용하여 현재가치를 다 더해 준다.

C6 | fx =SUM(C5:H5)

	A	B	C	D	E	F	G	H	I
1									
2							이자율	10%	
3		기간(년)	0	1	2	3	4	5	
4		금액(억원)	0	0	0	0	0	5	
5		현재가치	0	0	0	0	0	3.10	
6		합계	3.10						
7									

❖[그림 1-4] 기간별 현재가치의 합산

3) 미래가치 실습

이번에는 1년 후에 받는 1억 원과 3년 후에 받는 3억 원의 금액이 5년차에 얼마로 환산될 수 있는지 미래가치를 통해 알아볼 것이다. 이때의 이자율은 전과 동일하게 10%로 가정한다.

① 틀 구성하기

엑셀을 이용하여 위의 내용을 아래와 같이 나타낸다.

I6 | fx

	A	B	C	D	E	F	G	H
1								
2							이자율	10%
3		기간(년)	0	1	2	3	4	5
4		금액(억원)	0	1	0	3	0	0
5		미래가치						
6		합계						
7								

❖[그림 1-5] 미래가치 틀 구성하기

② 미래가치 산식의 구성

미래가치의 산식을 아래와 같이 구성할 수 있다. 현재가치의 산식과 다른 점은 현재가치의 경우 나누기를 미래가치의 경우 곱하기를 한다는 점 그리고 기간은 5−C3으로 나타냈다는 점이다. 이는 5기간 시점의 가치를 나타내기 때문이다.

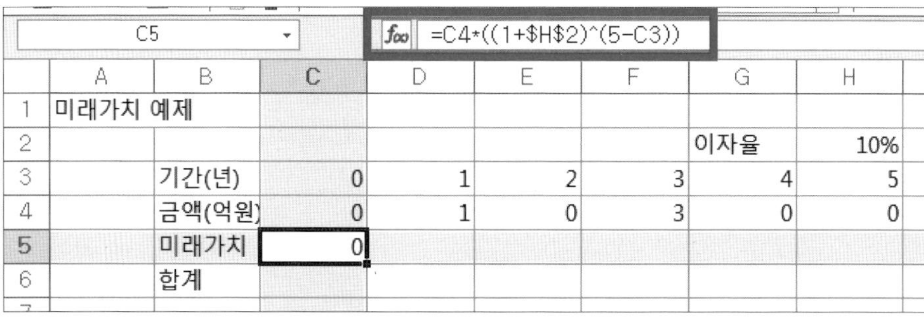

C5 | fx =C4*((1+$H$2)^(5-C3))

	A	B	C	D	E	F	G	H
1	미래가치 예제							
2							이자율	10%
3		기간(년)	0	1	2	3	4	5
4		금액(억원)	0	1	0	3	0	0
5		미래가치	0					
6		합계						

❖[그림 1-6] 미래가치 산식의 구성

③ 셀 복사하기

현재가치와 마찬가지로 우측하단의 원부분에 마우스를 가져다대면 검정색 굵은 십자가가 나타난다. 이를 눌러 H5 셀까지 이동시킨다.

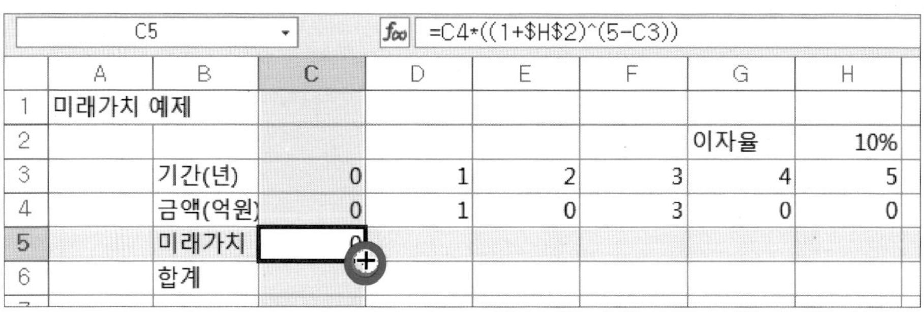

C5 | fx =C4*((1+$H$2)^(5-C3))

	A	B	C	D	E	F	G	H
1	미래가치 예제							
2							이자율	10%
3		기간(년)	0	1	2	3	4	5
4		금액(억원)	0	1	0	3	0	0
5		미래가치	0					
6		합계						

❖[그림 1-7] 현재가치 산출을 위한 셀 복사하기

④ 기간별 미래가치의 합산

셀의 수식을 복사하여 각 기간마다 미래가치를 알아볼 수 있었다. 이를 모두 더하여, 5기간의 미래가치가 얼마인지 알아볼 필요가 있다. 이에 합계 H6셀에서 SUM함수를 이용하여 미래가치를 다 더해 준다.

H6 | f_x =SUM(C5:H5)

	A	B	C	D	E	F	G	H
1	미래가치 예제							
2							이자율	10%
3		기간(년)	0	1	2	3	4	5
4		금액(억원)	0	1	0	3	0	0
5		미래가치	0	1.4641	0	3.63	0	0
6		합계						5.09

❖[그림 1-8] 기간별 미래가치의 합산

4) 연금의 미래가치 실습

일반적으로 연금이라 함은 일정한 금액을 일정기간동안 지속적으로 받는 것을 의미한다. 하나의 예를 들어 보자면, 1년 후부터 20년 까지 매년 5백만 원을 입금하면 20년 후에는 얼마가 되는가? 이때의 이자율은 전과 동일하게 10%로 가정해 본다.

① 틀 구성하기

엑셀을 이용하여 위의 내용을 아래와 같이 나타낸다. 이때 틀은 현재 0 시점을 포함한 20년(기간)을 나타내어야 한다.

X6 | f_x

	A	B	C	D	E	F	G	H	I	J	K	L	M	N	O	P	Q	R	S	T	U	V	W
1	연금의 미래가치 예제																						
2																					이자율	10%	
3		기간(년)	0	1	2	3	4	5	6	7	8	9	10	11	12	13	14	15	16	17	18	19	20
4		금액(만원)	0	500	500	500	500	500	500	500	500	500	500	500	500	500	500	500	500	500	500	500	500
5		미래가치																					
6		합계																					

❖[그림 1-9] 연금의 미래가치 틀 구성하기

② 미래가치 산식의 구성

미래가치의 산식을 아래의 네모와 같이 구성할 수 있다. 여기서 20−C3을 해준 것은 0기의 금액을 20기의 가치로 환산하기 위해서 20에 기간을 차감하였다.

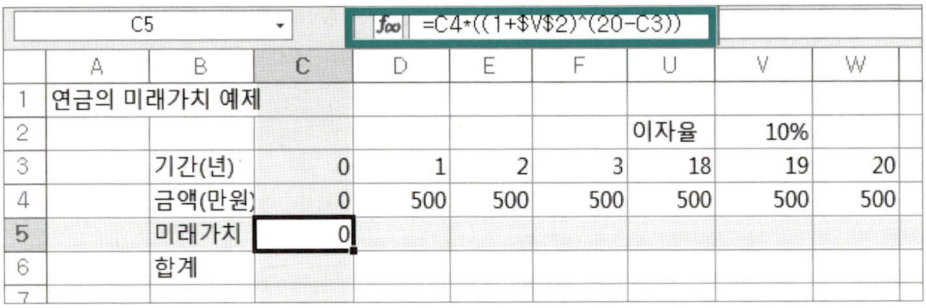

C5 | =C4*((1+$V$2)^(20-C3))

	A	B	C	D	E	F	U	V	W
1	연금의 미래가치 예제								
2							이자율	10%	
3		기간(년)	0	1	2	3	18	19	20
4		금액(만원)	0	500	500	500	500	500	500
5		미래가치	0						
6		합계							

❖[그림 1-10] 미래가치 산식의 구성

③ 셀 복사하기

현재가치와 마찬가지로 우측 하단의 원부분에 마우스를 가져다대면 검정색 굵은 십자가가 나타난다. 이를 눌러 W5 셀까지 이동시킨다.

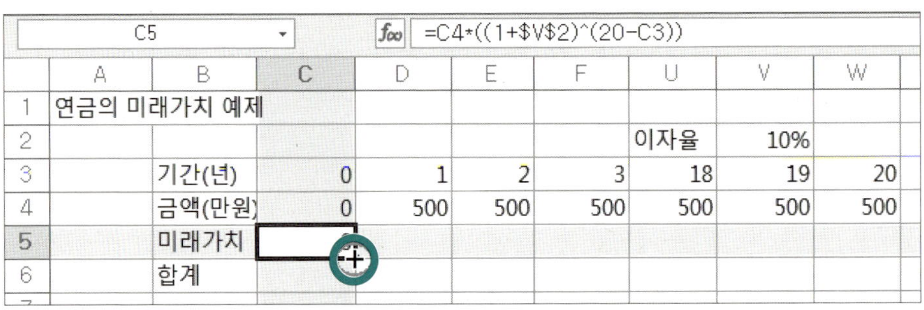

C5 | =C4*((1+$V$2)^(20-C3))

	A	B	C	D	E	F	U	V	W
1	연금의 미래가치 예제								
2							이자율	10%	
3		기간(년)	0	1	2	3	18	19	20
4		금액(만원)	0	500	500	500	500	500	500
5		미래가치							
6		합계							

❖[그림 1-11] 연금의 미래가치 산출을 위한 셀 복사하기

④ 기간별 연금의 미래가치의 합산

셀의 수식을 복사하여 각 기간마다 미래가치를 알아볼 수 있었다. 이를 모두 더하여, 5기간의 미래가치가 얼마인지 알아볼 필요가 있다. 이에 합계 W6셀에서 SUM함수를 이용하여 미래가치를 다 더해 준다.

W6 | =SUM(C5:W5)

	A	B	C	D	E	F	U	V	W
1	연금의 미래가치 예제								
2							이자율	10%	
3		기간(년)	0	1	2	3	18	19	20
4		금액(만원)	0	500	500	500	500	500	500
5		미래가치	0	3057.955	2780	2527.235	605	550	500
6		합계							28637.5

❖[그림 1-12] 기간별 연금의 미래가치 합산

5) 연금의 현재가치 실습

앞서 연금의 미래가치에 대해 알아보았다. 이와 달리 매 기간 납입하는 규칙적인 금액의 현재가치가 어떻게 산정되는지 알고 싶을 수 있다. 이를 연금의 현재가치를 통해 산정할 수 있으며, 예시로 1년 후부터 20년까지 500만 원을 납입할 경우의 현재가치는 어떻게 나타나는지 이자율 10%를 가정하고 나타내본다.

① 틀 구성 및 연금의 현재가치 산식의 구성

앞서 행해왔던 틀을 구성하고 이러한 산식을 아래의 그림과 같이 나타내 본다. 이때 틀은 현재 0 시점을 포함한 20기간(년)까지 나타내어야 한다. 참고로 이해를 돕기 위해 F~U 사이의 셀은 숨기기를 통해 숨겼다. 이는 해당 열들을 선택한 후 우클릭에 있는 숨기기 기능을 사용하면 숨길 수 있다.

C5 | =C4/((1+$V$2)^C3)

	A	B	C	D	E	F	U	V	W
1	연금의 현재가치 예제								
2							이자율	10%	
3		기간(년)	0	1	2	3	18	19	20
4		금액(만원)	0	500	500	500	500	500	500
5		현재가치	0						
6		합계	0.00						

❖[그림 1-13] 틀 구성 및 연금의 현재가치 산식의 구성

② 셀 복사하기

현재가치와 마찬가지로 우측 하단의 원부분에 마우스를 가져다대면 검정색 굵은 십자가가 나타난다. 이를 눌러 W5셀까지 이동시킨다.

C5 | =C4/((1+$V$2)^C3)

	A	B	C	D	E	F	U	V	W
1	연금의 현재가치 예제								
2							이자율	10%	
3		기간(년)	0	1	2	3	18	19	20
4		금액(만원)	0	500	500	500	500	500	500
5		현재가치							
6		합계	0.						

❖[그림 1-14] 연금의 현재가치 산출을 위한 셀 복사하기

③ 기간별 연금의 현재가치 합산

셀의 수식을 복사하여 각 기간마다 미래가치를 알아볼 수 있었다. 이를 모두 더하여, 5기간의 미래가치가 얼마인지 알아볼 필요가 있다. 이에 합계 W6셀에서 SUM함수를 이용하여 미래가치를 다 더해 준다.

C6 | =SUM(C5:W5)

	A	B	C	D	E	F	U	V	W
1	연금의 현재가치 예제								
2							이자율	10%	
3		기간(년)	0	1	2	3	18	19	20
4		금액(만원)	0	500	500	500	500	500	500
5		현재가치	0	454.55	413.22	375.66	89.93	81.75	74.32
6		합계	4256.78						

❖[그림 1-15] 기간별 연금의 현재가치 합산

6) 시간가치를 활용한 상환조견표 실습

현재가치, 미래가치, 연금의 현재와 미래가치를 산출하는 방법을 실습하면서 화폐의 시간가치에 대한 기초를 익힐 수 있었다. 이러한 기초를 활용해서 실제 부동산 시장에서는 어떻게 활용하는지 알아본다. 일반적으로 투자자를 포함하여 다양한 사람들이 모기지론

(Mortgage Loan)을 이용하여 대출하고 이를 이용하여 주택 및 건물을 매입한다. 여기에서는 상환조견표를 이용하여 저당상수를 어떻게 엑셀로 활용하는지 알아본다. 저당상수란 매 기간 융자상환금을 산출하는 것으로 식은 다음과 같다.

$$MC = PVA_n \times \frac{r(1+r)^n}{(1+r)^n - 1} \qquad \text{[식 1-11]}$$

여기서 MC는 저당상수(Mortgage Constant)이고, PVA_n는 연금액이며, r은 이자율, n은 기간이다. [식 1-11]을 활용하여 상환조견표를 Excel로 구성하며, 금액을 산출한다.

① 상환조견표의 틀 구성

상환조견표를 구성하기에 앞서 대출금액, 대출이자, 대출기간을 설정한다. 얼마씩 상환되는지를 나타내는 상환액과 미상환 금액이 얼마인지 그림과 같이 나타내본다.

	A	B	C	D	E	F	G	H	I	J	K	L	M
1	대출금액	1,000,000											
2	대출이자	3%											
3	대출기간	10	년										
4													
5		기간(년)											
6		1	2	3	4	5	6	7	8	9	10	11	12
7	대출금액												
8	원리금균등상환액												
9	이자지급액												
10	원금상환액												
11	원금상환 누계액												
12	기간말 미상환 대출금												

❖[그림 1-16] 상환조견표의 틀 구성

② 저당상수의 산출

저당상수(MC)를 산출하여 각 기간의 원리금 상환액을 확인해야 한다. 이에 아래의 그림과 같이 산식을 적용하여 저당상수를 산출한다.

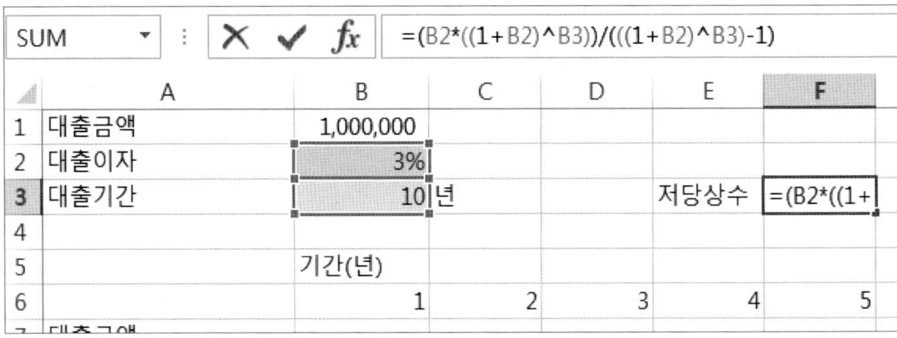

❖[그림 1-17] 저당상수의 산출

③ 상환조견표의 구성

먼저 상환조견표를 구성하기 위해 B7의 1기간 대출금액은 B1의 대출금액으로 설정한다. 이를 원리금 균등상환금액으로 산출하기 위해서 저당상수를 곱해 준다. 저당상수는 F3셀이며 "B7*F3"을 하게 되면 원리금균등상환액을 산출할 수 있다. 추가적으로 IF절을 이용하여 대출기간에 따라 값이 나오게 설정하고자 아래와 같은 식을 구성하였다.

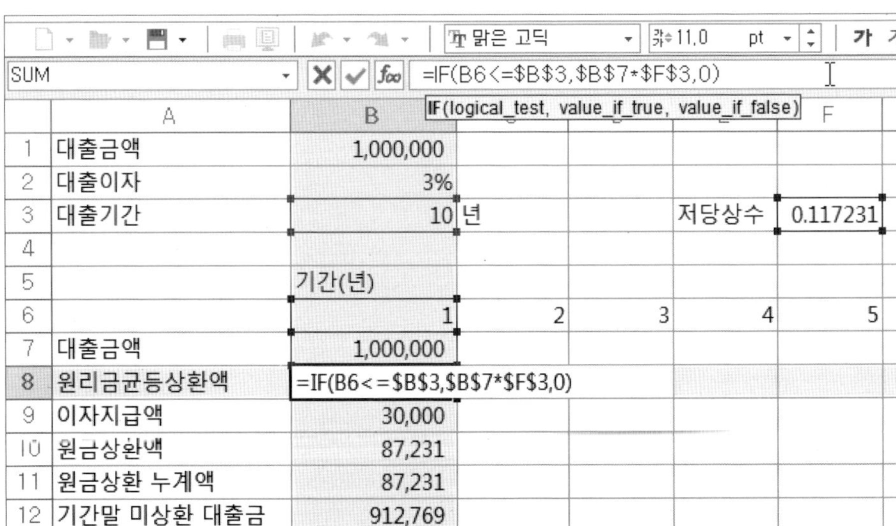

❖[그림 1-18] 원리금균등상환액 구성

다음으로 이자지급액을 산출하기 위해 대출이자율인 3%와 대출금액 B7을 곱해 준다.

SUM | =B7*B2

	A	B	C	D	E	F	G
1	대출금액	1,000,000					
2	대출이자	3%					
3	대출기간	10	년		저당상수	0.117231	
4							
5		기간(년)					
6		1	2	3	4	5	6
7	대출금액	1,000,000					
8	원리금균등상환액	117,231					
9	이자지급액	=B7*B2					

❖[그림 1-19] 이자지급액 산출

원금상환액의 경우 원리금 균등액에서 이자지급액을 빼준 금액으로 산출할 수 있다. 여기서, 원리금이란 원금과 이자를 의미한다.

SUM | =B8-B9

	A	B	C	D	E	F	G
1	대출금액	1,000,000					
2	대출이자	3%					
3	대출기간	10	년		저당상수	0.117231	
4							
5		기간(년)					
6		1	2	3	4	5	
7	대출금액	1,000,000					
8	원리금균등상환액	117,231					
9	이자지급액	30,000					
10	원금상환액	=B8-B9					

❖[그림 1-20] 원금상환액 산출

원금상환 누계액은 원금상환금액을 지속적으로 더해주면서 산출할 수 있다. 다음으로 기간말 미상환 대출금은 대출금액에서 원금상환누계액을 차감해 주면 산출할 수 있다. 그리고 IF절을 이용하여 대출기간을 초과한 기간에는 계산이 되지 않도록 설정하여 준다.

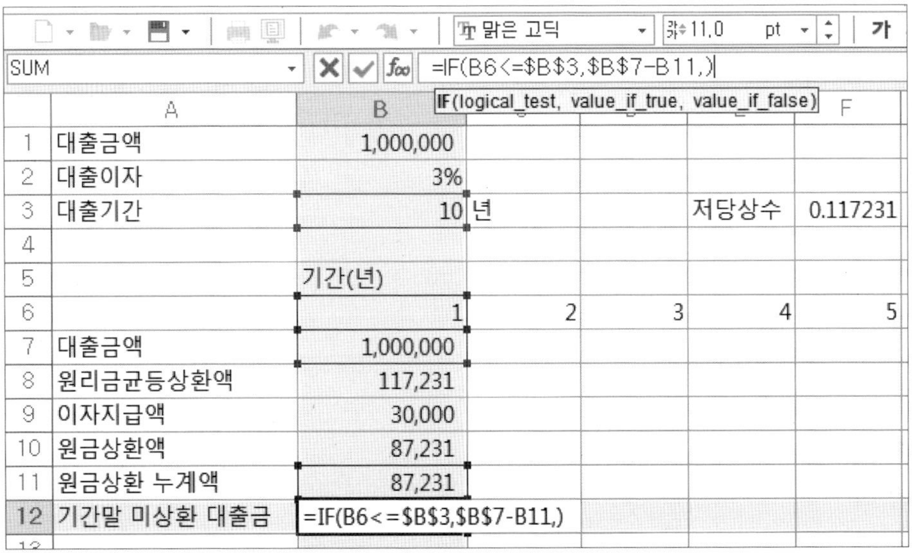

❖[그림 1-21] 기간말 미상환 대출금 산출

2기간의 경우 1기간과 달리 대출금액의 조정이 필요하다. 2기간부터는 대출원금이 차감될 것이기 때문에 원금을 제외한 금액의 이자가 지급되나, 상환금액은 균등해야 한다. 이에 2기간의 대출금액은 아래와 같이 설정할 수 있다. 여기서 IF절을 설정한 이유는 대출기간을 초과할 경우 계산을 종료하기 위해서이다.

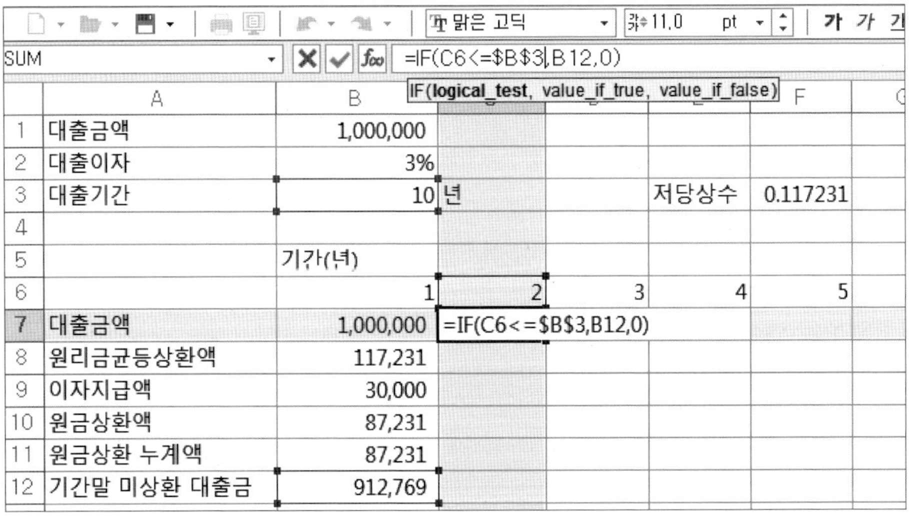

❖[그림 1-22] 2기간부터의 기간말 미상환 대출금

원리금균등상환액, 이자지급액, 원금상환액, 기간말 미상환 대출금의 경우 이전식과 동일하며, 셀을 이동하면서 자연스럽게 설정된다. 이러한 방법은 기존에 설명하였던 셀의 복사를 통해 가능하다. 하지만 원금상환 누계액의 경우 B11과 C10을 더한 값으로 설정해 주어야 식이 제대로 구성될 수 있다.

SUM =B11+C10

	A	B	C	D	E	F	G	H	I	J	K	L	M	N
1	대출금액	1,000,000												
2	대출이자	3%												
3	대출기간	10	년		저당상수	0.117231								
4														
5		기간(년)												
6		1	2	3	4	5	6	7	8	9	10	11	12	13
7	대출금액	1,000,000	912,769	822,922	730,379	635,060	536,881	435,757	331,600	224,317	113,816	-	-	-
8	원리금균등상환액	117,231	117,231	117,231	117,231	117,231	117,231	117,231	117,231	117,231	117,231	-	-	-
9	이자지급액	30,000	27,383	24,688	21,911	19,052	16,106	13,073	9,948	6,730	3,414	-	-	-
10	원금상환액	87,231	89,847	92,543	95,319	98,179	101,124	104,158	107,283	110,501	113,816	-	-	-
11	원금상환 누계액	87,231	=B11+C10		364,940	463,119	564,243	668,400	775,683	886,184	1,000,000	-	-	-
12	기간말 미상환 대출금	912,769	822,922	730,379	635,060	536,881	435,757	331,600	224,317	113,816	- 0	-	-	-
13														

❖[그림 1-23] 최종 원금상환 누계액

[그림 1-23]은 상환조건표에 따라 구성하였을 경우 산출되는 것을 나타내었다. 이 식은 대출기간이 10년일 경우를 가정하였고 1년에 한번 원리금을 지급하는 것으로 가정하였다. 이러한 조건이 현실적이지 않다면, 기간을 조정하는 것이 바람직하다. 기간을 조정할 경우 유의사항으로 만약 3%의 연이자로 월 납입한다고 가정하였을 때 10년이라면 120개의 기간을 설정해야하며, 이자율을 3/12으로 설정해 주어야 한다.

2. 엑셀을 활용한 부동산 재무비율 분석

1) 재무비율 분석의 기초

① 재무비율 분석의 종류

재무비율 분석은 투자자와 부동산 관리자의 의사결정에 도움이 되는 보조지표로 활용을 할 수 있다. 본 절에서는 재무비율 분석의 종류와 적용되는 상황에 대해서 알아보려 한다. 우선 적용대상자를 투자자와 관리자로 구분하고 세부 적용 가능한 지표들의 목록과 적용 가능 상황을 설명한다. 〈표 1-4〉는 부동산 투자 및 경영관리에서 이용되는 재무비율 분석을 나열하였다.

투자자의 경우 총소득승수와 순소득승수, 세전영업현금흐름승수와 세후영업현금흐름승수를 투자안 평가에서 사용할 수 있는데 이는 일반 기업재무관리의 활동성 비율과 유사하다고 할 수 있다. 총투자수익률과 지분투자수익률, 총투자대비지분수익률 및 현금 대비 현금수익률(Cash on Cash)의 경우 투자자와 부동산 관리자 모두 사용하는 비율이다. 이러한 비율은 투자자에게는 수익률의 비교와 선택에 도움이 되고, 관리자에게는 비율을 참고하여 재무구조개선을 통해 투자자에게 투자매력을 피력(Appeal)할 수 있다. 담보인정비율, 재무레버리지도, 부채감당비율로 대표되는 레버리지 분석과 영업비용비율 분석은 관리자에게 위험진단의 목적과 운영효율성[1] 진단의 목적으로 사용되고 있다. 투자자와 관리자는 각 적용상황에 맞게 재무비율을 이용하면 의사결정을 보다 정교하게 할 수 있다. 따라서 각 적용대상에 따른 재무비율 분석의 방법에 대해 알아본다.

〈표 1-4〉 적용대상에 따른 재무비율 분석

적용대상	재무비율 분석	적용가능상황	주 사용 항목
관리자	담보인정비율	위험의 진단	부채서비스
	재무레버리지도		
	부채감당비율		
	채무불이행율		
	총부채상환비율		
	영업비용비율	운영효율성 판단	영업비용
	이윤마진비율		
투자자 관리자	총투자수익률	투자자: 수익률 비교 관리자: 투자유인제공	순영업소득 세후현금흐름
	지분투자수익률		
	총투자대비지분수익률		
	현금 대비 현금수익률		
투자자	총소득승수	자본사용의 효율성	총 투자액 지분 투자액
	순소득승수		
	세전영업현금흐름승수		
	세후영업현금흐름승수		

출처: 박원석(2013). 부동산 투자론.

1) 이자비용에 대해서 어느 정도로 감당하는지, 또한 운영비용이 총소득에 비해서 과하지 않은지 등의 판단을 통해 사업이 효율적으로 운영되고 있는지 진단한다.

② 현금흐름 산출의 과정

현금흐름의 산출은 아래의 〈표 1-5〉의 과정을 거치게 된다.

〈표 1-5〉 부동산 현금흐름의 산출 과정

현금흐름 산출 항목	설명
잠재 총소득(PGI)	부동산이 벌어들일 총 잠재 소득
– 공실률(Vacancy)	공실이 발생한 확률
– 불량 부채(Bad Debt)	회수 불가능한 부채
= 실질 총소득(EGI)	실질적으로 발생하는 소득
– 영업비용(Operating Expenses)	유지 및 보수비용 등
= 영업소득(Net Operating Income)	부동산 영업을 통한 현금흐름
– 이자비용(Debt Service)	이자 발생 비용
= 세전 영업현금흐름(Before-Tax Cash Flow)	세금 차감 전 영업현금흐름
– 영업소득세	영업소득세율
= 세후 영업현금흐름(After-Tax Cash Flow)	세금 차감 후 영업현금흐름

출처: Eldred, G. W. (2012). Investing of real estate(7th ed.). p. 88 참고.

〈표 1-5〉는 현금흐름 산출 항목을 간단히 정리한 것이다. 위에 나오는 잠재 총소득은 부동산이 벌어들일 수 있는 총 잠재 소득을 의미하고 여기서 공실로 인해 발생할 손실과 불량 부채를 차감하면 실질 총소득이 산출된다. 실질 총소득에서 유지 및 보수비용인 영업비용을 차감하면 영업소득이 산출되며 이 영업소득은 부동산 영업을 통한 현금흐름 다시 말하자면, 부동산에 귀속되는 영업흐름으로 볼 수 있다. 다음으로 영업소득에서 이자비용을 차감하게 되면 세전 영업현금흐름이 산출되는데 이 항목부터는 부동산의 지분투자자에게 귀속되는 현금흐름으로 볼 수 있다. 여기서 영업소득세를 차감하면 세후 영업현금흐름이 산출된다.

2) 관리자에게 적용되는 재무비율 분석

부채는 어떠한 사업을 영위함에 있어서 중요한 요소 중 하나이다. 일반적으로 부동산의 가격은 고가성을 띄고 있다. 따라서 자기자본만으로 투자하는 경우는 드물다. 이러한 형태의 부동산 특성에서 부채는 필연적으로 존재하게 되며 부채를 많이 사용하면 레버리지 효과가 커지고 부채를 적게 사용하면 안정적인 투자가 가능하다. 그러므로 부채는 관리자에게 중요하다. 본 절에서는 부채를 이용하여 부동산 사업이 진행되는 과정에서 운영상의 위험을 분석하는 방법을 살펴본다. 이러한 방법을 재무학에서는 레버리지 분석이라고 일컫는다. 레버리지(Leverage)란 지렛대의 의미를 가지고 있다. 예를 들면 경영자가 부채사용의 크기를 증가시키는 만큼 자기지분에 대한 수익률을 높이는 것을 의미한다. 수익률이 높아지는 만큼 경영의 위험은 커지기 마련이다. 이와 같이 본 절에서는 부동산의 부채와 관련된 비율에 대해 알아본다.

① 담보인정비율

담보인정비율(LTV: Loan to Value Ratio)이란 부동산가치 대비 최대담보가능 비율을 의미한다. 즉, 어떤 부동산에 담보대출을 할 때 부동산가치를 기준으로 하여 인정 비율만큼 대출 해 주는 것이다. 예를 들어 A부동산에 담보대출을 하려고 한다. 이때 A부동산의 자산가치는 5억 원 담보인정비율은 60%이다. 이때 담보를 인정하여 대출 가능한 최대금액은 3억 원이다. 이때 담보인정비율이 높아지면 대출 가능한 최대금액이 상승한다. 만약 담보인정비율이 60%에서 70%로 10%p 상승했을 때 최대 대출가능금액은 3억 원에서 3억 5천만 원으로 5천만 원이 상승한다.

위와 마찬가지로 담보인정비율의 경우 규제의 성격이 강하다. 정부는 담보인정비율을 조정하여 지역 부동산의 경기를 조절한다. 만약 정부가 담보인정비율을 상승시켰을 경우 부채 가용 비율은 높아지게 된다. 따라서 재무레버리지도가 상승하게 되고 손실의 폭도 커지므로 위험이 커진다. 위험이 커지면서 위험에 대한 지분투자자들의 기대수익률도 커지게 된다.

$$\text{담보인정비율}(LTV) = \frac{\text{저당대출금}(MD)}{\text{부동산가치}} \qquad [\text{식 } 1-12]$$

위 비율은 부동산사업의 운영 관리자가 조절할 수 없는 범위이다. 하지만, 담보인정비율에 대해 대처는 할 수 있다. 일반적으로 담보인정비율이 높은 지역의 사업은 기대수익률이 높은 것과 위험도가 높은 것을 파악하여 회피하거나 적정 담보인정비율에서의 사업을 영위한다.

② 재무레버리지도

재무레버리지도(DFL: Degree of Financial Leverage)란 이익과 지분에 변화율의 개념을 도입하여 설명한 것이다. 우선 지분투자자의 현금흐름인 세후 영업현금흐름(ATCF: After Tax Cash Flow)의 변화율을 측정한다. 이후 부동산의 현금흐름인 순영업소득(NOI: Net Operation Income)의 변화율을 산정한다. 마지막으로 세후영업현금흐름의 변화율을 순영업소득의 변화율로 나누어 준다. 이러한 변화율의 사용은 경제학의 탄력성의 개념에서 기인하여 설명한 것이다. 따라서 재무레버리지도는 순영업소득의 변화에 세후 영업현금흐름이 얼마나 민감하게 반응하는지를 나타내고 있다. 환언하면, 부동산에 유입되는 현금흐름의 변화에 따른 지분투자자의 현금흐름 변화를 측정한 것이다. 즉 기울기의 개념과 유사하다.

$$\text{재무레버리지도}(DFL) = \frac{\text{세후영업현금흐름}(ATCF)\text{의 변화율}}{\text{순영업소득}(NOI)\text{의 변화율}} \qquad \text{[식 1-13]}$$

③ 부채감당비율

부채감당비율(DCR: Debt Coverage Ratio)은 부동산에 유입되는 현금흐름인 순영업소득이 부채를 얼마나 감당할 수 있는지 비율화한 것이다. 즉, 순영업소득을 연간 지출 하는 원리금으로 나누어 준 것이다. 이것은 재무학에서 이자보상비율과 유사하다. 이자보상비율의 경우 단기지급능력과 수익성 그리고 자산가치의 증대문제 등을 다룬다. 반면 부채감당비율에서는 단기지급능력과 수익성을 위주로 다룬다. 비율이 낮게 측정되면 단기지급능력이 불량하다고 판단할 수 있으며 부동산 사업 관리자의 경우 본 지표를 통해 이자와 수익의 관계를 살펴 볼 수 있다. 또한 지급능력판단을 통해 부동산의 재무건전성 파악을 위주로 한다.

$$\text{부채감당비율}(DCR) = \frac{\text{순영업소득}(NOI)}{\text{부채서비스}(DS)} \qquad \text{[식 1-14]}$$

④ 채무불이행율

채무불이행율(DR: Default Ratio)은 부동산의 운영에 있어서 대출로 인한 이자 등의 비용을 감당하지 못하여 파산(Default)위험의 정도를 알아보려 하는 것이다. 우선 채무불이행에는 이자와 같은 금융비용과 관리비와 같은 영업상의 비용을 모두 포함해야 한다. 따라서 측정의 대상이 되는 분자에는 부채비용과 영업비용이 합산 되어야 한다. 다음으로 분모에는 실제로 가능한 수입인 유효총소득(EGI: Dffective Gross Income)을 분모로 적용한다. 이 값은 부채감당비율의 분모와 분자 모두에 영업비용을 합한 것과 같은 형태이지만 측정하고자 하는 영역이 다른 영역이기에 채무불이행율은 부채감당비율의 역수의 형태를 취한다. 즉, 부채감당비율과는 달리 채무불이행율이 1보다 작을 경우에 위험이 작은 것으로 판단한다.

$$\text{채무불이행율}(DR) = \frac{\text{영업비용}(OE) + \text{부채비용}(DS)}{\text{유효총소득}(EGI)} \qquad \text{[식 1-15]}$$

⑤ 총부채상환비율

총부채상환비율(DTI: Debt to Income Ratio)은 앞선 1항의 담보인정비율(LTV)과 함께 정책적으로 사용되고 있는 재무비율이다. 이 비율은 관리자의 재무비율 분석과는 크게 관련성은 없지만, 레버리지 비율에 속하며 담보인정비율과 함께 자주 사용되므로 본 절에 담았다. 총부채상환비율은 저당대출자의 월수입에 따라 저당대출의 비율을 설정한 것이다. 즉, 총부채 원리금상환액을 차입자의 월 소득으로 나누어 최대 비율을 설정하였다. 정책담당자들의 입장에서는 비율을 높게 설정하면 차입자들의 대출에 대한 압박이 줄어들며 거래의 활성화를 꾀할 수 있지만, 상대적으로 주택시장의 과열현상이 일어나기도 한다. 또한 원리금상환액을 기준으로 하였기 때문에 차입자들의 부채에 대한 압박이 커져서 채무불이행의 위험이 커진다고 볼 수 있다.

$$\text{총부채상환비율}(DTI) = \frac{\text{총부채원리금상환액}}{\text{월소득}} \qquad \text{[식 1-16]}$$

⑥ 영업비용비율

영업비용비율(OER: Operation Expense Ratio)은 유효총소득(EGI)과 영업비용(OE: Operating Expense)의 관계를 비율로 나타낸 것으로써 부동산 운영과정의 효율성을 측정하기 위해 사용되는 비율이다. 즉 부동산 운영에 대한 비용이 얼마나 효율적으로 사용되고 있는가를 측정한 지표이다. 이 지표는 부동산 운영의 관리자의 입장에서 타 부동산과의 비교를 통해 부동산 운영을 보다 효율적으로 할 수 있도록 도와준다.

$$영업비용비율(OER) = \frac{영업비용(OE)}{유효총소득(EGI)} \qquad [식\ 1-17]$$

위의 [식 1-17]은 유효총소득의 변화분과 영업비용의 변화분의 비율을 영업비용비율과 비교하여 투자가치의 변화에 대해 측정을 할 수 있다.

만약 $\frac{영업비용(OE)}{영업비용(OE)증가율}$ 이[2] 영업비용비율보다 크게 산출된다면 유효총소득 증가율이 영업비용증가율에 비해서 영업비용비율보다 더 커진다는 의미이며 이는 부동산 운영이 가치를 상승시킨다고 판단할 수 있다. 예를 들어 A부동산의 영업비용이 100만 원 유효총소득이 1000만 원이라고 하자. 이후 다음해에 영업비용이 100만 원 증가한 200만 원이 되었고 유효총소득은 100만 원 증가한 1100만 원이 되었다. 이때의 영업비용증가율과 유효총소득의 증가율 비율은 $\frac{유효총소득증가율}{영업비용증가율} = \frac{0.10}{1}$ 로 10%가 되었다. 이때 영업비용비율은 $\frac{영업비용}{유효총소득} = \frac{200}{1100}$ 으로 18%로 위의 10%보다 높게 산출되었다. 즉, $\frac{유효총소득(EGI)증가율}{영업비용(OE)증가율}$ 이 영업비용비율보다 낮게 산출되었다. 영업비용의 증가율에 비해 유효총소득의 증가율이 기존의 영업비율의 비중을 따라가지 못하는 모습을 보이면서 영업으로 인한 가치 하락이 예상된다.

⑦ 이윤마진비율

이윤마진비율(PM: Profit Margin Ratio)은 앞서 설명한 영업비용비율과는 상반되는 개념으로써 부동산의 영업이 지분투자자의 현금흐름에 얼마만큼의 마진으로 남는지를 알려주는 지표이다. 이 지표를 산출하기 위해서는 세후영업현금흐름(ATCF)에 유효총소득(EGI)를 나누어 주면 된다. 부동산 운영 관리자의 경우 이윤마진비율이 높을수록 운영이 효율적으로 이루어지고 있다고 판단할 수 있다. 만약 이윤마진비율이 상대적으로 낮게 산출된다면 유효총소득에서 영업비용(NOI)을 산출할 때의 영업비용의 비중과 세전영업현금흐름의 산출시 차감되는 부채서비스 비용의 비중을 확인해 봐야 한다.

2) 박원석(2013). 부동산 투자론. p. 510 참고.

$$이윤마진비율(PM) = \frac{세후영업현금흐름(ATCF)}{유효총소득(EGI)} \qquad [식\ 1-18]$$

3) 관리자와 투자자 모두에게 적용되는 재무비율 분석

앞 절에서는 관리자에게 적용되는 재무비율 분석에 대해 알아보았다. 관리자에게 적용되는 재무비율은 대체로 부채와 관련이 있었다. 특히 관리자는 이러한 비율을 이용하여 투자자들에게 좋은 투자안이라 피력할 수 있었다. 본 절의 재무비율 분석은 앞 절의 부채를 이용한 분석과는 달리 운영과정의 수익률을 이용하여 분석한다. 이는 투자자에게는 더 우수한 수익률을 갖춘 투자안을 찾는 분석방법이 될 수 있고, 관리자에게는 재무비율의 관리를 통해 투자자유치 및 자금조달의 유용성을 얻게 해준다.

① 총투자수익률

총투자수익률(ROI: Return On Investment)은 총투자에 대한 수익률을 비율로 나타낸 것이다. 일반적으로 총투자의 의미는 지분투자 뿐만 아닌 부채(저당)를 이용한 투자도 포함된다. 다시 말해, 이 부동산에 투자된 모든 금액과 이 부동산에 귀속되는 현금흐름인 순영업소득(NOI)을 비교한다. 이는 다음 장의 가치평가의 방법 중에서 부동산에 귀속되는 현금흐름을 이용한 가치평가의 개념을 이용한 것이다. 그리고 총투자수익률의 총투자액은 자본의 총액과도 같은 의미로 해석이 가능하다. 따라서 부동산 시장에서 총투자수익률은 자본환원률의 개념으로 활용된다. 또한, 총투자수익률은 다음 절의 순소득승수에서 다시 다룬다.

투자자의 입장에서 총투자수익률은 부동산사업의 전반적인 수익률 측정에 활용된다. 반면 관리자의 입장에서 총투자수익률은 자금조달과 관련이 있다. 또한 총투자액이 순영업소득에 비해 적다면 사업자체가 시행되기 힘들 수 있기에 적정수준의 수익률을 유지해야 한다.

$$총투자수익률(ROI) = \frac{순영업소득(NOI)}{총투자액(I)} \qquad [식\ 1-19]$$

$$총투자수익률(ROI) = 자본환원률(CR: Capitalization\ Rate)$$

② 지분투자수익률

지분투자수익률(ROE: Return on Equity)은 재무와 경제 그리고 부동산에서 가장 많이 쓰이는 수익률의 개념 중 하나로써 지분투자자가 투자한 금액에 비해 어느 정도의 수익률을 얻을 수 있는지를 나타내는 지표가 된다. 환언하면, 지분투자수익률은 지분투자자에게 귀속되는 현금흐름인 세후현금흐름(ATCF)을 지분투자액(E)으로 나누어준 값이 된다. 여기서 지분투자액은 일반적인 개념과 마찬가지로 지분투자자가 투자한 금액만을 일컫는다. 즉, 부채를 제외한 금액이 된다.

지분투자수익률의 경우 투자자에게는 투자에 대한 수익률을 가늠해 볼 수 있는 지표가 된다. 만약 A부동산의 지분투자수익률이 5%라면 일반적으로 투자자가 100만 원을 투자하면 5만 원의 수익을 기대하게 된다. 이러한 점을 관리자의 입장에서 다루면, 지분투자수익률의 관리를 통해 투자자에게 좋은 투자안으로 여겨질 수 있다. 만약, 다른 부동산 사업에 비해 상대적으로 불리한 지분투자수익률을 갖추고 있다면 관리자는 부채를 이용하여 지분투자수익률을 조정할 수 있다.[3)]

$$\text{지분투자수익률}(ROE) = \frac{\text{세후현금흐름}(ATCF)}{\text{지분투자액}(E)} \qquad \text{[식 1-20]}$$

③ 총투자 대비 지분수익률

총투자 대비 지분수익률(Return to Equity on Total Investment)은 일반적으로 활용되지 않는 지표이지만, 지분투자수익률의 보조지표 개념으로 활용되고 있다. 왜냐하면 지분투자수익률은 부채(저당)와 관련된 면을 반영하지 못하기 때문이다. 총투자 대비 지분수익률의 산출 방식은 세후현금흐름을 총투자액으로 나누어 준 것이다. 여기서 세후현금흐름에는 이자가 포함되어 있지 않지만 총투자액에는 부채(저당)가 포함되어 있다. 즉, 부채를 고려하여 지분투자자에게 귀속되는 현금흐름을 분석한 것이다.

$$\text{총투자대비지분수익률} = \frac{\text{세후현금흐름}(ATCF)}{\text{총투자액}(I)} \qquad \text{[식 1-21]}$$

3) 부채의 비율을 높이면서 상대적으로 지분투자의 비중을 낮추고 세후현금흐름을 증가시켜 비율의 조정이 가능하다(레버리지 효과).

④ 현금 대비 현금수익률

현금 대비 현금수익률(Cash on Cash Return)은 지분투자자에게 세전의 현금흐름이 얼마나 귀속되는지를 나타내는 지표이다. 이는 지분투자자에게 귀속되는 현금흐름을 기준으로 부동산의 가치를 평가했던 지분가치평가모형의 관점을 이용하여 분석한 것이다. 이 분석은 실제 수지분석에서 사용의 편의성 때문에 자주 쓰이므로 어떤 방식으로 산출되는지 알아야 한다. 실제 분석에서 사용될 때 보증금을 지분투자액으로 오해하는 경우가 있다. 보증금이 사용되는 경우는 지분투자액에서 빼줘야 하며 이때 공실률을 감안해야만 한다.

$$\text{현금대비현금수익률} = \frac{\text{세전현금흐름}(BTCF)}{\text{지분투자액}(E)} \qquad \text{[식 1-22]}$$

4) 투자자에게 적용되는 재무비율 분석

투자자에게 적용되는 재무비율은 대표적으로 총소득승수와 순소득승수, 세전영업현금흐름승수, 세후영업현금흐름승수가 있다. 이는 승수법(Multiplier Method)[4]으로 지분투자자에게서 조달한 각종 자본이나 그 자본을 투자한 각종 자산의 활용도 또는 이용도를 영업소득의 비율을 이용하여 측정한 비율이다. 이때 산출되는 비율은 지분투자자가 회수할 수 있는 회수기간(Payback Method)[5]을 의미하기도 한다. 따라서 지분투자자에게 복수의 투자안이 있을 시 회수기간이 보다 짧은 부동산 투자안이 바람직한 투자안이라 할 수 있다.

① 총소득승수

총소득승수(GIM: Gross income Multiplier)는 유효총소득과 총투자액의 관계를 나타낸 식이다. 이는 총 투자액을 유효총소득(EGI)으로 나누어 준 값이다. [식 1-23]은 총소득승수의 산식을 나타내었다. 산식을 살펴보면 총소득승수 값이 3이 나왔을 때 유효총소득으로 3년간 총투자액을 회수할 수 있다는 것을 나타낸다. 유효총소득은 가능총소득에 공실과 불량채권을 차감하는데 이는 부동산을 통해 얻을 수 있는 실질적인 총소득을 의미한다. 환언

4) 부동산 투자에 있어서 승수법의 정의는 부동산 투자자가 투자한 투자비를 부동산 운영과정에서 획득되는 각종 영업소득의 비율로 나타낸 것(박원석, 2013: 498).

5) 박원석(2013). 부동산 투자론. p. 498 참고.

하면, 기업에서는 매출액과 유사한 의미로 볼 수 있으며 자본회전율의 역수형태임을 알 수 있다.

$$\text{총소득승수}(GIM) = \frac{\text{총투자액}(I)}{\text{유효총소득}(EGI)} \qquad \text{[식 1-23]}$$

② 순소득승수

순소득승수(NIM: Net Income Multiplier)는 총투자액과 순영업소득액의 관계를 승수법을 이용하여 나타냈다. 총소득승수와는 유사한 구조의 형태를 갖추고 있다. 하지만 유효총소득(EGI)에서 영업비용을 차감한 순영업소득(NOI)을 사용하여 총투자액을 분석하였다. 여기서 순영업소득이란 기업의 입장에서는 EBITDA(Earnings Before Interest, Taxes, Depreciation and Amortization: 이자비용, 세금 및 감가상각비 차감 전 영업이익)과 같다고 볼 수 있으며, 이는 부동산에 귀속되는 실질 현금흐름이라 볼 수 있다. 즉 투자부동산 수익에서 부동산 비용을 차감한 금액이다. 이는 부동산에 대한 실질 현금흐름을 이용하여 몇 기간 동안 총투자액을 회수할 수 있는가를 나타낸다. 순소득승수는 총소득승수와 마찬가지로 회수기간이 짧을수록 유리한 투자안이 된다.

$$\text{순소득승수}(NIM) = \frac{\text{총투자액}(I)}{\text{순영업소득}(NOI)} \qquad \text{[식 1-24]}$$
$$\frac{1}{\text{순소득승수}(NIM)} = \text{자본환원율} = (\text{지분투자순이익})ROE$$

③ 세전 영업현금흐름승수

세전 영업현금흐름승수(BTM: Before Tax Cash Flow Multiplier)는 소득승수들과 달리 분자에 지분투자액(E)을 사용한다. 우선 세전현금흐름(BTCF: Before Tax Cash Flow)은 영업소득에서 이자서비스를 제한 금액이다. 이는 세전영업현금흐름과 다음 항에 나타나는 세후 영업현금흐름은 투자자에게 귀속되는 현금흐름이다. 다시 말해 이 비율은 기업으로 따지면 잉여현금흐름(FCFE: Free Cash Flow to Equity)의 개념으로 적용되는 보조 분석비율이다. 세전 영업현금흐름승수의 의미는 지분투자액을 세전영업현금흐름을 이용하여 몇 년만에 회수가능한지를 나타내고 있다. 다른 소득승수들과 마찬가지로 회수기간은 짧을수록 유리한 투자안으로 평가 가능하다.

$$세전영업현금흐름승수(BTM) = \frac{지분투자액(E)}{헤전현금흐름(BTCF)} \quad [식\ 1-25]$$

④ 세후 영업현금흐름승수

세후 영업현금흐름승수(ATM: After Tax Cash Flow Multiplier)는 앞선 항에서 밝혔듯이 최종적으로 투자자에게 귀속되는 현금흐름과 지분투자액의 관계를 나타내고 있다. 즉, [식 1-25]와 같이 지분투자액(E)을 세후현금흐름(ATCF)로 나누어 준 것이다. 이는 세금까지 고려한 점에서 이전의 항에 비해 투자자에게 직접적으로 적용할 수 있는 승수법이다. 투자자의 경우 세후 영업현금흐름승수를 고려한다면 할인현금모형(DCF: Discounted Cash Flow)과 함께 복수의 투자안에 대해서 보다 정량적 평가가 가능하다. 반면, 영업현금흐름승수를 이용하는 모형의 경우 부채에 대한 면이 고려되어 있지 않다. 따라서 소득승수와 함께 활용할수록 좀 더 정교한 비교가 가능하다.

$$세후현금흐름승수(ATM) = \frac{지분투자액(E)}{세후현금흐름(ATCF)} \quad [식\ 1-26]$$

〈표 1-6〉은 재무비율 분석을 종합한 것이다. 적용대상과 재무비율 분석 그리고 산출방식에 대해 나타내었다. 대부분의 지표들은 현금흐름 산출의 과정에서 나오는 지표를 이용하여 분석하였다. 이는 재무상태표와 현금흐름표 그리고 손익계산서를 모두 활용하는 기업의 재무를 분석하는 재무비율 분석과는 다른 것을 알 수 있다. 하지만 아래의 비율들을 보조적인 지표로서 시간가치를 고려한 할인현금흐름분석과 함께 사용한다면 각 투자자와 관리자는 소기의 목적을 달성할 수 있을 것이고, 활용의 범위가 넓다고 판단된다.

〈표 1-6〉 재무비율 분석 종합

적용대상	재무비율 분석	산출방식
관리자	담보인정비율	$\text{담보인정비율}(LTV) = \dfrac{\text{적당대출금}(MD)}{\text{부동산가치}}$
	재무레버리지도	$\text{재무레버리지도}(DFL) = \dfrac{\Delta\text{세후영업현금흐름}(ATCF)}{\Delta\text{순영업소득}(NOI)}$
	부채감당비율	$\text{부채감당비율}(DCR) = \dfrac{\text{순영업소득}(NOI)}{\text{부채서비스}(DS)}$
	채무불이행율	$\text{채무불이행율}(DR) = \dfrac{\text{영업비용}(OE)+\text{부채비용}(DS)}{\text{유효총소득}(EGI)}$
	총부채상환비율	$\text{총부채상환비율}(DTI) = \dfrac{\text{총부채원리금상환액}}{\text{월소득}}$
	영업비용비율	$\text{영업비용비율}(OER) = \dfrac{\text{영업비용}(OE)}{\text{유효총소득}(EGI)}$
	이윤마진비율	$\text{이윤마진비율}(PM) = \dfrac{\text{세후영업현금흐름}(ATCF)}{\text{유효총소득}(EGI)}$
투자자 관리자	총투자수익률	$\text{총투자수익률}(ROI) = \dfrac{\text{순영업소득}(NOI)}{\text{총투자액}(I)}$
	지분투자수익률	$\text{지분투자수익률}(ROE) = \dfrac{\text{세후영업현금흐름}(ATCF)}{\text{지분투자액}(E)}$
	총투자대비지분수익률	$\text{총투자대비지분수익률} = \dfrac{\text{세후영업현금흐름}(ATCF)}{\text{총투자액}(I)}$
	현금 대비 현금수익률	$\text{현금대비현금수익률} = \dfrac{\text{혜전현금흐름}(BTCF)}{\text{지분투자액}(E)}$
투자자	총소득승수	$\text{총소득승수}(GIM) = \dfrac{\text{총투자액}(I)}{\text{유효총소득}(EGI)}$
	순소득승수	$\text{순소득승수}(NIM) = \dfrac{\text{총투자액}(I)}{\text{순영업소득}(NOI)}$
	세전영업현금흐름승수	$\text{세전영업현금흐름승수}(BTM) = \dfrac{\text{지분투자액}(E)}{\text{세전현금흐름}(BTCF)}$
	세후영업현금흐름승수	$\text{세후현금흐름승수}(ATM) = \dfrac{\text{지분투자액}(E)}{\text{세후현금흐름}(ATCF)}$

〈표 1-7〉은 부동산 운영의 손익계산서의 체계를 나타내었다. 손익계산서는 실제 업무에서 자주 사용이 되므로 참고하고 익혀두는 것이 중요하다.

〈표 1-7〉 손익계산서의 체계 예

매출액(Revenue)
– 매출원가(재료비, 노무비, 경비,감가상각비)
매출총이익(Gross Profit)
– 판매비와 관리비(급여 및 복리 후생비)
영업이익(Operating Income)
+ 영업외 수익(수입이자)
– 영업외 비용(이자비용, 임차료, 조세공과)
경상이익(Ordinary Income)
+ 특별이익
– 특별손실
세전순이익(Earnings before Taxes: EBT)
–법인세
당기순이익(Net Income)

〈표 1-8〉은 부동산 운영 시 운영주체의 재무상태표를 나타내었다. 재무상태표는 손익계산서와 함께 부동산 분석의 중요한 요소이므로 참고하고 익혀둔다.

〈표 1-8〉 재무상태표의 예

<table>
<tr><td rowspan="2">자산

1. 유동자산
- 당좌자산
- 재고자산

2. 비유동자산(고정자산)
- 투자자산
- 유형자산
- 무형자산</td><td>부채

1. 유동부채
- 매입채무
- 단기차입금

2. 고정부채
- 회사채</td></tr>
<tr><td>자본

1. 자본금
2. 잉여금</td></tr>
</table>

5) Excel을 활용한 재무비율 분석 실습

앞서 설명한 15개의 재무비율을 Excel로 활용하기 위하여 다음과 같은 가정을 한다.

먼저 사업의 대상은 오피스 빌딩에 투자를 하여 임대하는 사업이며, 투자자는 2인으로 은행에 저당으로 대출금액(연이자율 4%)이 각각 2억 5천만 원씩 총 5억 원이며, 원금균등분할상환방식으로 10년간 동일한 금액으로 원금을 균등하게 분할 상환한다. 그리고 2인의 투자 지분율은 50대 50이고 투자자 1인의 월 소득은 천오백만 원이다. 오피스에 대한 현금흐름은 〈표 1-9〉와 같이 근거하여 재무비율을 분석하고자 한다.

〈표 1-9〉 오피스 투자 현금흐름 예시

현금흐름 산출 항목	1기간 금액(원)	2기간 금액(원)	3기간 금액(원)
잠재 총소득(PGI)	100,000,000	100,000,000	100,000,000
– 공실률(Vacancy)	5,000,000	1,000,000	500,000
– 불량 부채(Bad Debt)	0	0	0
= 실질 총소득(EGI)	95,000,000	99,000,000	99,500,000
– 영업비용(Operating Expenses)	15,000,000	15,000,000	15,000,000
= 영업소득(Net Operating Income)	80,000,000	84,000,000	84,500,000
– 이자비용(Debt Service)	70,000,000	68,000,000	66,000,000
= 세전 영업현금흐름(Before-Tax Cash Flow)	10,000,000	16,000,000	18,500,000
– 영업소득세	500,000	800,000	925,000
= 세후 영업현금흐름(After-Tax Cash Flow)	9,500,000	15,200,000	17,575,000

앞서 가정과 표의 수치를 활용하여 오피스 빌딩 사업에 대한 재무비율을 분석하고자 한다. 본 분석의 기간은 빌딩에 대한 건설이 완료 후, 분양이 완료된 상황에서 1년 후의 재무비율을 분석하고자 한다.

① 기본 자료 입력하기

Excel을 활용한 재무비율 분석을 실시하기에 앞서 가정에 대한 기본 자료를 입력한다. 우선 오피스 총 투자액(부동산 가치와 동일한 것으로 가정)을 입력하며, 지분투자액은 투자자 1인에 대한 지분율인 50%에 대하여 금액을 산출한다. 은행 저당 대출액은 4%이며, 투자자 2인에 대한 대출 총금액을 입력한다.

G8 | fx

	A	B	C	D	E	F
1						
2		오피스 빌딩 투자 현금흐름				
3		참고	항목	비율 및 비고	0기간 금액(원)	1기간 금액(원)
4			오피스 총 투자액(=부동산가치)		1,000,000,000	1,000,000,000
5			지분투자액(지분율)	50%	500,000,000	500,000,000
6			은행 저당 대출액(연이자율,2인)	4%	500,000,000	450,000,000
7			원금균등분할연상환액(10년,2인)	10	50,000,000	50,000,000
8			월소득(1인)		15,000,000	15,000,000

❖[그림 1-24] 오피스 투자 기본 자료 입력하기

자세하게 살펴보면, 지분투자액은 50%이므로, E5셀에 "=E4*$D$5"를 입력하여 산출한다. F5셀에는 "=F4*$D$5"을 입력하면 된다.

E5 | fx | =E4*$D$5

	A	B	C	D	E	F
1						
2		오피스 빌딩 투자 현금흐름				
3		참고	항목	비율 및 비고	0기간 금액(원)	1기간 금액(원)
4			오피스 총 투자액(=부동산가치)		1,000,000,000	1,000,000,000
5			지분투자액(지분율)	50%	500,000,000	500,000,000
6			은행 저당 대출액(연이자율,2인)	4%	500,000,000	450,000,000

❖[그림 1-25] 오피스 투자 지분투자액 입력하기

다음으로 은행 저당 대출액은 연 이자율 4%이며, 2인이 지분투자액의 50%수준으로 각 2억5천 원씩 총 5억 원을 대출 받았으므로, E6셀에 "=E5*0.5*2"를 입력한다. 다음으로 F6셀은 전년도에 상환금액(E7셀)을 고려하여 "E6−E7"을 입력한다.

E6 | fx | =E5*0.5*2

	A	B	C	D	E	F
4		참고	오피스 총 투자액(=부동산가치)		1,000,000,000	1,000,000,000
5			지분투자액(지분율)	50%	500,000,000	500,000,000
6			은행 저당 대출액(연이자율,2인)	4%	500,000,000	450,000,000
7			원금균등분할연상환액(10년,2인)	10	50,000,000	50,000,000
8			월소득(1인)		15,000,000	15,000,000

❖[그림 1-26] 은행 저당 대출액 입력하기

원금균등분할연상환액은 총 대출액에서 10년 동안 균등하게 분할 상환하는 조건이므로, E7셀에는 "=E6/D7"을 입력한다.

E7 | =E6/D7

	A	B	C	D	E	F
4		참고	오피스 총 투자액(=부동산가치)		1,000,000,000	1,000,000,000
5			지분투자액(지분율)	50%	500,000,000	500,000,000
6			은행 저당 대출액(연이자율,2인)	4%	500,000,000	450,000,000
7			원금균등분할연상환액(10년,2인)	10	50,000,000	50,000,000
8			월소득(1인)		15,000,000	15,000,000

❖[그림 1-27] 원금균등분할연상환액 입력하기

② 오피스 빌딩 투자 현금흐름 입력하기

오피스 빌딩 투자 현금흐름은 〈표 1-9〉를 참고하여 아래의 그림과 같이 입력한다. 공실률은 0기간에 5%를 가정하였으며, 1기간에는 1%, 2기간에는 0.5%가 발생하는 것으로 가정하였다. 추가적으로 불량 부채는 0으로 가정하였다. 마지막으로 영업소득세는 5%를 가정하여 세전 영업현금흐름의 5%를 영업소득세로 입력하였다.

D12 | =D11*0.05

	A	B	C	D	E	F
1						
2		오피스 빌딩 투자 현금흐름				
3			항목	비율 및 비고	0기간 금액(원)	1기간 금액(원)
4		참고	오피스 총 투자액(=부동산가치)		1,000,000,000	1,000,000,000
5			지분투자액(지분율)	50%	500,000,000	500,000,000
6			은행 저당 대출액(연이자율,2인)	4%	500,000,000	450,000,000
7			원금균등분할연상환액(10년,2인)	10	50,000,000	50,000,000
8			월소득(1인)		15,000,000	15,000,000
9						
10		항목		0기간 금액(원)	1기간 금액(원)	2기간 금액(원)
11		잠재 총 소득(PGI)		100,000,000	100,000,000	100,000,000
12			공실률(vacancy)	5,000,000	1,000,000	500,000
13			불량 부채(Bad debt)	0	0	0
14		실질 총 소득(EGI)		95,000,000	99,000,000	99,500,000
15			영업비용 (Operating Expenses)	15,000,000	15,000,000	15,000,000
16		순영업소득 (Net Operating Income)		80,000,000	84,000,000	84,500,000
17			이자비용 (Debt Service)	70,000,000	68,000,000	66,000,000
18		세전 영업현금흐름 (Before-Tax Cash Flow)		10,000,000	16,000,000	18,500,000
19			영업소득세(5%)	500,000	800,000	925,000
20		세후 영업현금흐름 (After-Tax Cash Flow)		9,500,000	15,200,000	17,575,000

❖[그림 1-28] 오피스 빌딩 투자 현금흐름 입력하기

③ 오피스 빌딩 투자 재무비율 분석 입력하기

오피스 빌딩 투자 재무비율 분석은 적용대상에 따라 관리자, 투자자 및 관리자, 투자자로 분류하며, 재무비율은 앞서 15개의 재무비율의 산식을 고려하여 산출한다. 최종 결과는 아래의 그림과 같다.

오피스 빌딩 투자 재무비율 분석

적용대상	재무비율 항목	1기간 분석결과
관리자	담보인정비율	0.45
	재무레버리지도	1.43
	부채감당비율	1.24
	채무불이행율	0.84
	총부채상환비율	0.19
	영업비용비율	0.15
	이윤마진비율	0.15
투자자, 관리자	총투자수익률	0.08
	지분투자수익률	0.03
	총투자대비지분수익률	0.02
	현금 대비 현금수익률	0.03
투자자	총소득승수	10.10
	순소득승수	11.90
	세전영업현금흐름승수	31.25
	세후영업현금흐름승수	32.89

❖[그림 1-29] 오피스 빌딩 투자 재무비율 분석 입력하기

우선 관리자 대상으로 담보인정비율과 재무레버리지도, 부채감당비율, 채무불이행율, 총부채상환비율, 영업비용비율, 이윤마진비율을 산출하면 〈표 1-10〉과 같이 산출할 수 있다. 이 중 총부채상환비율의 경우 분자가 총부채원리금상환액으로 기본 자료 및 현금흐름이 투자자 2인에 대한 총금액 및 연도로 작성되어 있으므로 투자자 1인으로 변환(2로 나눔)하며, 연도를 월로 변환(12로 나눔)한 후 월 소득으로 나누어야 한다.

〈표 1-10〉 재무비율 분석(관리자) 입력하기

대상	재무비율 분석	산식	입력
관리자	담보인정비율(J4셀)	$\frac{\text{저당대출금}(MD)}{\text{부동산가치}}$	"=F6/F4"
	재무레버리지도(J5셀)	$\frac{\Delta\text{세후영업현금흐름}(ATCF)}{\Delta\text{순영업소득}(NOI)}$	"=(E20-D20)/(E16-D16)"
	부채감당비율(J6셀)	$\frac{\text{순영업소득}(NOI)}{\text{부채서비스}(DS)}$	"=E16/E17"
	채무불이행율(J7셀)	$\frac{\text{영업비용}(OE)+\text{부채비용}(DS)}{\text{유효총소득}(EGI)}$	"=(E15+E17)/E14"
	총부채상환비율(J8셀)	$\frac{\text{총부채원리금상환액}}{\text{월소득}}$	"=(E17/(12*2))/F8"
	영업비용비율(J9셀)	$\frac{\text{영업비용}(OE)}{\text{요호총소득}(EGI)}$	"=E15/E14"
	이윤마진비율(J10셀)	$\frac{\text{세후영업현금흐름}(ATCF)}{\text{유효총소득}(EGI)}$	"=E20/E14"

다음으로 투자자 및 관리자 대상으로 총투자수익률과 지분투자수익률, 총투자대비지분수익률, 현금 대비 현금수익률을 산출하면 〈표 1-11〉과 같이 산출할 수 있다.

〈표 1-11〉 재무비율 분석(투자자 및 관리자) 입력하기

대상	재무비율 분석	산식	입력
투자자 관리자	총투자수익률(J11셀)	$\frac{\text{순영업소득}(NOI)}{\text{총투자액}(I)}$	"=E16/F4"
	지분투자수익률(J12셀)	$\frac{\text{세후현금흐름}(ATCF)}{\text{지분투자액}(E)}$	"=E20/E5"
	총투자대비지분수익률(J13셀)	$\frac{\text{세후현금흐름}(ATCF)}{\text{총투자액}(I)}$	"=E20/F4"
	현금 대비 현금수익률(J14셀)	$\frac{\text{세전현금흐름}(BTCF)}{\text{지분투자액}(E)}$	"=E18/F5"

마지막으로 투자자 대상으로 총소득승수와 순소득승수, 세전영업현금흐름승수, 세후영업현금흐름승수를 산출하면 〈표 1-12〉와 같이 산출할 수 있다.

〈표 1-12〉 재무비율 분석(투자자) 입력하기

대상	재무비율 분석	산식	입력
투자자	총소득승수(J15셀)	$\frac{총투자액(I)}{유효총소득(EGI)}$	"=F4/E14"
	순소득승수(J16셀)	$\frac{총투자액(I)}{순영업소득(NOI)}$	"=F4/E16"
	세전영업현금흐름승수(J17셀)	$\frac{지분투자액(E)}{세전현금흐름(BTCF)}$	"=F5/E18"
	세후영업현금흐름승수(J18셀)	$\frac{지분투자액(E)}{세후현금흐름(ATCF)}$	"=F5/E20"

CHAPTER 02

부동산 투자분석의 이해

1. 부동산 사업성 분석
2. 현금할인모형을 활용한 사업성 분석

CHAPTER

02 부동산 투자분석의 이해

1. 부동산 사업성 분석

1) 부동산 사업성 분석의 기초

사람들은 부동산 구입과 매입을 최소한 한 번씩은 하게 된다. 건물을 짓고 분양을 하는 부동산 건설기업 뿐만 아니라, 학생들은 타 지역의 대학에 입학할 때, 월세로 부동산을 구입하거나, 신혼부부는 전세(매매)로 부동산을 구입하는 것도 부동산 투자와 연관되어 있다. 학생들은 월세로 원룸에 입주할 때, "월세가 어떻게 책정이 되는지?"에 대하여 한번쯤 궁금할 때가 있다. 또한 신혼부부인 경우에는 "전세금이 어떻게 책정되는지?"와 "매매가격이 어떻게 설정되는지?"에 대하여 궁금할 때가 있다. 또한 여유가 있는 사람들은 투자목적으로 주택을 매입하거나 건물에 투자한다. 이때, 투자 수익률에 대하여 많은 고민을 하게 된다. 이렇듯 부동산 투자는 누구에게나 관심의 대상이며, 생활에 밀접한 관계를 가지고 있다. 월세와 전세, 매매가격은 부동산 사업성과 연관되어 있다. 가격의 책정에 따라 수익성이 나타나고 적정한 가격을 도출할 수 있다. 그러므로 본 절에서는 부동산 사업성 분석에 대한 기본적 용어를 살펴본 뒤 다음 절에서는 월세 및 전세, 매매가격 등에 대한 책정 과정을 아파트 건설 상황으로 예시를 들어 부동산관련 사업자에 대한 입장에서 부동산 사업성 분석에 대하여 살펴보고자 한다. 사업자에 대한 입장으로 살펴보면서 부동산 사업성 분석에 대하여 엑셀을 활용하여 부동산 투자분석에 대한 프로세스를 이해하면서 누구나 분석할 수 있는 분석 툴(Tool)을 제시하고자 한다.

① 용도지역

용도지역이란 「국토의 계획 및 이용에 관한 법률」에 근거하여 도시지역과 관리지역, 농림지역, 자연환경보전지역으로 용도별로 분류한 지역을 뜻한다. 도시지역에는 주거지역과 상업지역, 공업지역, 녹지지역으로 분류가 된다. 주거지역의 경우에는 법률상 거주의 안녕과 건전한 생활환경의 보호를 위하여 필요한 지역으로 명하고 있다. 상업지역의 경우에는 상업이나 그 밖의 업무의 편익을 증진하기 위하여 필요한 지역으로 명하고 있으며, 공업지역의 경우에는 공업의 편익을 증진하기 위하여 필요한 지역이다. 녹지지역의 경우에는 자연환경 농지 및 산림의 보호, 보건위생, 보안과 도시의 무질서한 확산을 방지하기 위하여 녹지의 보전이 필요한 지역이다.

주거지역을 세분화하면, 전용주거지역과 일반주거지역, 준주거지역으로 분류가 가능하다. 전용주거지역은 주택의 종류에 따라 제1종과 제2종으로 나누어지는데, 제1종 전용주거지역의 경우, 단독주택 중심으로 지역이 이루어지고 있으며, 제2종 전용주거지역의 경우, 공동주택 중심으로 지역이 이루어져 있다.

일반주거지역의 경우 층수에 따라 분류가 되는데, 제1종 일반주거지역의 경우에는 저층주택을 중심으로 지역이 구성되어 있으며, 제2종 일반주거지역은 중층주책을 중심으로, 제3종 일반주거지역은 중고층주택을 중심으로 조성되어 있다. 준주거지역의 경우에는 주거기능을 위주로 이를 지원하는 상업기능 및 업무기능을 보완하기 위하여 필요한 지역으로 주거와 상업 · 업무가 복합적으로 조성되어 있는 지역을 말한다.

다음으로 상업지역의 경우에는 중심상업지역과 일반상업지역, 근린상업지역, 유통상업지역으로 분류된다. 중심상업지역의 경우에는 도심 · 부동심의 상업기능 및 업무기능의 확충을 위하여 조성된 지역이며, 일반상업지역은 일반적인 상업기능 및 업무기능을 담당하는 지역을 말하며, 근린상업지역은 근린지역에서의 일용품 및 서비스의 공급을 위한 지역을 말한다. 마지막으로 유통상업지역은 도시 내 및 지역 간 유통기능의 증진을 위하여 조성된 지역이다.

공업지역은 전용공업지역과 일반공업지역, 준공업지역으로 분류되며, 녹지지역의 경우에는 보전녹지지역, 생산녹지지역, 자연녹지지역으로 분류한다. 각 지역에 따라 용적률과 건폐율이 적용되며, 각 지역에 따라 건설이 가능한 부동산의 종류가 다르다.

② 면적

부동산 사업면적에 따라 매입면적, 기부면적, 사업면적, 연면적, 건축면적, 조경면적으로 분류할 수 있다. 매입면적의 경우 부동산 건설에 필요한 토지에 대한 매입 면적을 말한다. 기부면적의 경우 지방자치단체 등이 주택건설사업계획을 승인할 때 부과하는 기부채납과 같은 토지면적을 말하는데, 기부채납은 정부 · 지자체 등이 인허가 조건으로 사업자가 도로 · 공원 · 녹지 · 주차장 등 기반시설을 조성해 소유권을 넘기도록 하는 것으로 정의된다.

사업면적은 매입면적에서 기부면적과 유휴면적을 제외한 면적이며, 연면적은 토지에 건설된 건축물의 바닥면적 합계를 뜻하는 것으로 지하층부터 지상층, 주차장시설 등 모두 포함한 면적을 말한다. 건축면적은 매입한 토지 전체 면적 중 건축에만 포함되는 면적을 말하는 것으로 하나의 층에 대한 건축 바닥 면적이다. 마지막으로 조경면적은 「건축법」에 따라 대지면적 200㎡ 이상 시 조경하도록 하고 있으며, 각 지자체의 조례로 그 면적 및 적용대상을 정하도록 되어 있다.

③ 건폐율과 용적률

건폐율은 토지면적에 대한 건축면적의 비율을 뜻하는 것으로, 건축면적에서 사업면적을 나눈 값이다. 건폐율은 각 지방자치단체의 조례를 통해 용도지역별로 건폐율을 제한하고 있다.

용적률은 토지 내 건축물의 연면적을 토지면적으로 나눈 비율을 뜻하는 것으로 지하층, 주차장 등을 제외한 비율이다. 용적률이 높을수록 건축 밀도가 높아지며, 각 지방자치단체의 조례를 통해 용도 지역별로 용적률을 제한하고 있다.

2) 부동산 사업성 분석 실습

① 부동산 사업 개요 작성

부동산 사업성 분석에 대한 기초적인 과정은 다음과 같다. 첫째, 설계에 대한 개요에 대하여 파악한다. 둘째, 각 층별 개요에 대하여 파악하며, 세 번째로 용도별 면적을 파악한다. 마지막으로 각 공동주택 면적에 대하여 개요를 작성한다. 이러한 과정은 개발 사업에 대한 사업 개요를 파악하는 과정이다. 먼저 아파트 설계 개요를 작성한다. 설계 개요 항목에는 다음과 같다. 지역지구 현황, 매입면적(토지), 기부면적(도로), 유휴면적(토지), 사업면적(토지)을 작성한다.

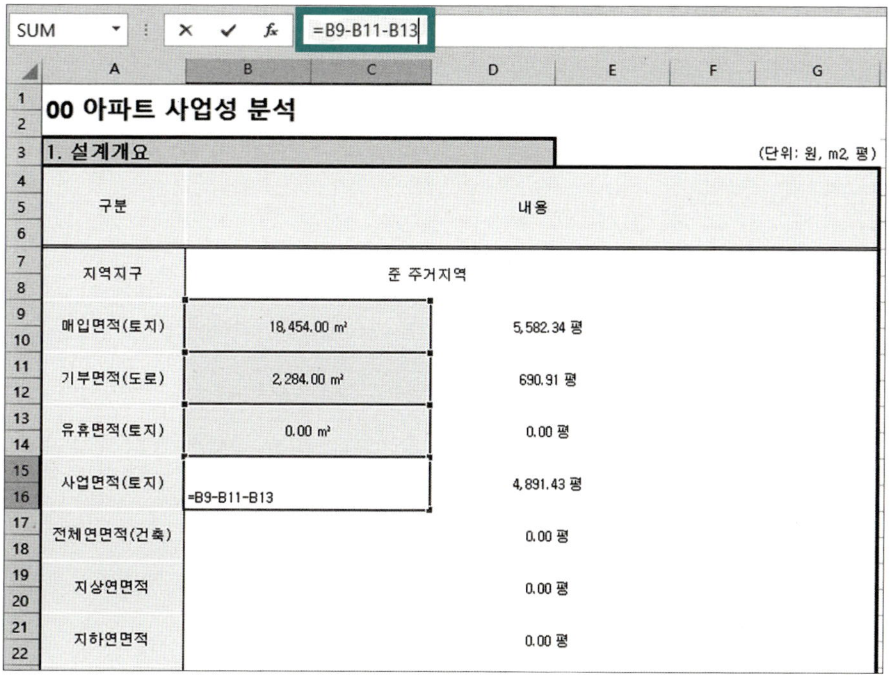

❖[그림 2-1] 사업면적(토지) 산출

아파트 건설에 대한 사업성 분석을 위한 예시의 매입면적은 18,454㎡이며, 기부면적(도로)는 2,284㎡이다. 유휴면적은 0㎡으로 최종적으로 매입면적에서 기부면적과 유휴면적을 차감한 사업면적(토지)는 16,1770㎡이다. 엑셀에서 위의 그림에서의 노란색 부분처럼 매입면적(토지)인 B9셀에서 기부면적(도로)인 B11셀과 유휴면적(토지)인 B13셀을 차감하는 엑셀 식을 B15에 작성하면 된다. 다음으로 전체연면적(건축)과 지상연면적, 지하연면적은 층별 개요 작성을 마친 뒤 수치를 넣기로 한다.

다음으로 용도와 층수, 건축면적, 건폐율, 용적률, 조경면적, 주차대수를 파악하는 과정이다. 건폐율은 건축면적을 사업면적(토지)을 나눈 값이며, 용적률은 지상연면적에서 사업면적(토지)을 나눈 값이다. 그러므로 용적률은 층별 개요 작성을 마친 뒤 수치를 넣기로 한다.

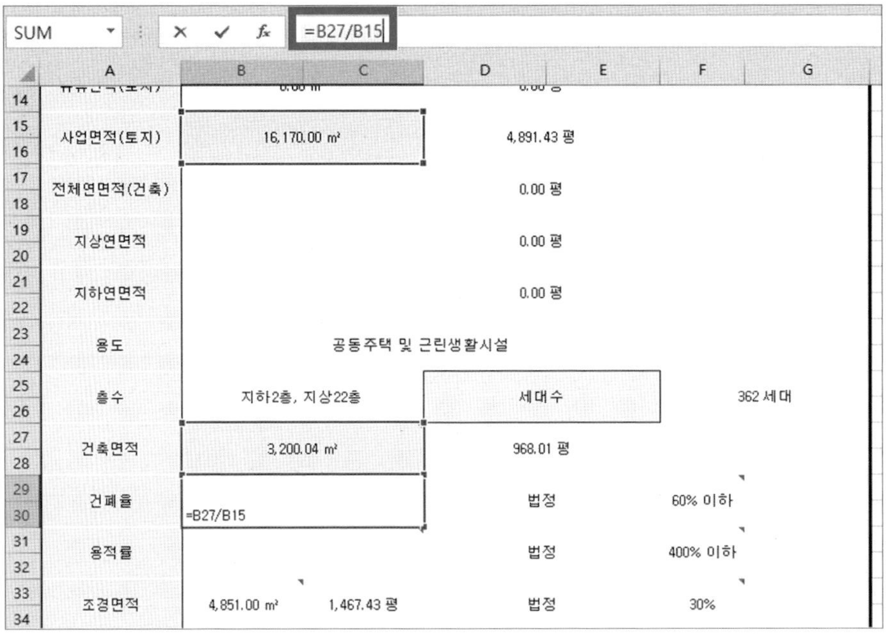

❖[그림 2-2] 건폐율 산출

용도는 B23셀에 "공동주택 및 근린생활시설" 작성한다. 층수는 지하 2층 지상 22층으로 계획을 하며, 세대수는 총 362세대로 계획을 한다. 건축면적은 앞서 계산하는 방법과 동일하게 엑셀에서 계산을 실시하며, 건폐율은 법정 건폐율을 고려하여 계산을 한다. 법정 건폐율은 각 사업지역의 도시계획조례를 확인하여 설정한다. 본 분석에서는 최저 40%에서 최대 60%로 조례가 설정되어 있어 작성을 하였다.

다음으로 조경면적을 작성하여야 한다. 조경면적은 법정 기준에 맞추어야 하므로 사업면적(토지)에서 0.3을 곱하여 산출한다. 그리고 주차대수는 법정 기준보다 이상으로 설계를 하나, 본 분석에서는 362세대에서 1.4를 곱한 507개의 주차가 가능하도록 가정하였다. 마지막으로 특이사항이 존재할 경우 산출을 위하여 작성을 실시한다.

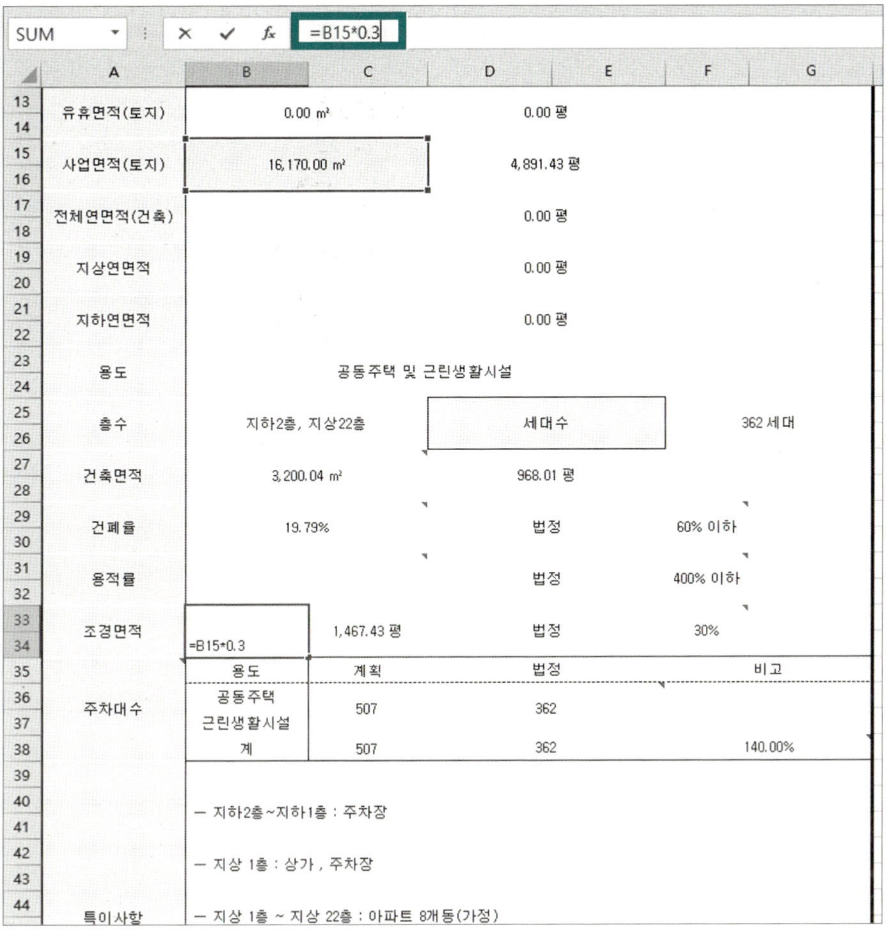

SUM | =B15*0.3

	A	B	C	D	E	F
13–14	유휴면적(토지)	0.00 ㎡		0.00 평		
15–16	사업면적(토지)	16,170.00 ㎡		4,891.43 평		
17–18	전체연면적(건축)			0.00 평		
19–20	지상연면적			0.00 평		
21–22	지하연면적			0.00 평		
23–24	용도	공동주택 및 근린생활시설				
25–26	층수	지하2층, 지상22층		세대수		362 세대
27–28	건축면적	3,200.04 ㎡		968.01 평		
29–30	건폐율	19.79%		법정	60% 이하	
31–32	용적률			법정	400% 이하	
33–34	조경면적	=B15*0.3	1,467.43 평	법정	30%	
35	주차대수	용도	계획	법정		비고
36–37		공동주택 근린생활시설	507	362		
38		계	507	362		140.00%
39–44	특이사항	– 지하2층~지하1층 : 주차장 – 지상 1층 : 상가, 주차장 – 지상 1층 ~ 지상 22층 : 아파트 8개동(가정)				

❖[그림 2-3] 조경면적 산출

다음으로 층별 개요 작성이다. 본 아파트 사업성 분석은 지하 2층부터 지상 22층까지의 아파트를 건설하는 것이다. 그러므로 각 층별 면적에 대한 개요를 작성한다. 아래의 그림은 층별 개요를 작성한 것이다. 우선 공동주택 면적, 근린생활시설 면적, 주차장 및 조경시설 면적, 전체 공용부분에 대한 면적을 지하 2층부터 지상 22층까지 작성한다.

V59

2. 층별개요 (단위: 원, m2, 평)

층별	용도	바닥면적	공동주택	근린생활시설	주차장 및 조경시설	전체 공용부분	주차대수	비고
		m2 上, 평 下	m2 上, 평 下	m2 上, 평 下	m2 上, 평 下	m2 上, 평 下		
지하2층	주차장	4,786.50 ㎡			4,455.39 ㎡	331.11 ㎡	178 대	
		1,445.52 평			1,345.53 평	100.00 평		
지하1층	주차장	4,786.50 ㎡			4,455.39 ㎡	331.11 ㎡	178 대	
		1,445.52 평			1,345.53 평	100.00 평		
지하층 소계		9,573.00 ㎡			8,910.78 ㎡	662.22 ㎡	356 대	
		2,891.05 평			2,691.06 평	762.22 평		
지상1층	공동주택/근린생활시설	2,510.18 ㎡	1,637.86 ㎡	801.32 ㎡	8,118.96 ㎡	71.00 ㎡	151 대	
		758.08 평	495.45 평	242.00 평	2,451.93 평	21.44 평		
지상2층	공동주택	1,708.86 ㎡	1,637.86 ㎡			71.00 ㎡		
		516.08 평	495.45 평			21.44 평		
지상3층	공동주택	1,708.86 ㎡	1,637.86 ㎡			71.00 ㎡		
		516.08 평	495.45 평			21.44 평		
지상4층	공동주택	1,708.86 ㎡	1,637.86 ㎡			71.00 ㎡		
		516.08 평	495.45 평			21.44 평		
지상21층	공동주택	1,708.86 ㎡	1,637.86 ㎡			71.00 ㎡		
		516.08 평	495.45 평			21.44 평		
지상22층	공동주택	1,708.86 ㎡	1,637.86 ㎡			71.00 ㎡		
		516.08 평	495.45 평			21.44 평		
지상층 소계		38,396.24 ㎡	36,032.92 ㎡	801.32 ㎡	8,118.96 ㎡	1,562.00 ㎡	151 대	
		11,595.67 평	10,899.96 평	242.00 평	2,451.93 평	471.72 평		
합계		47,969.24 ㎡	36,032.92 ㎡	801.32 ㎡	17,029.74 ㎡	2,224.22 ㎡	507 대	
		14,486.71 평	10,899.96 평	242.00 평	5,142.98 평	1,233.94 평		

❖[그림 2-4] 층별 개요 작성

다음으로 앞서 설계 개요에 미작성한 부분인 전체연면적(건축)과 지상연면적, 지하연면적, 용적률을 산출하도록 한다. 우선 전체연면적(건축)은 L59셀 인 층별 개요의 바닥면적 합계이며 아래와 같이 작성한다.

B17 =L59

	A	B	C	D
17	전체연면적(건축)	47,969.24 ㎡		14,510.70 평

❖[그림 2-5] 전체연면적(건축) 산출

지상연면적은 L57셀의 바닥면적 중 지상층 소계와 연결한다.

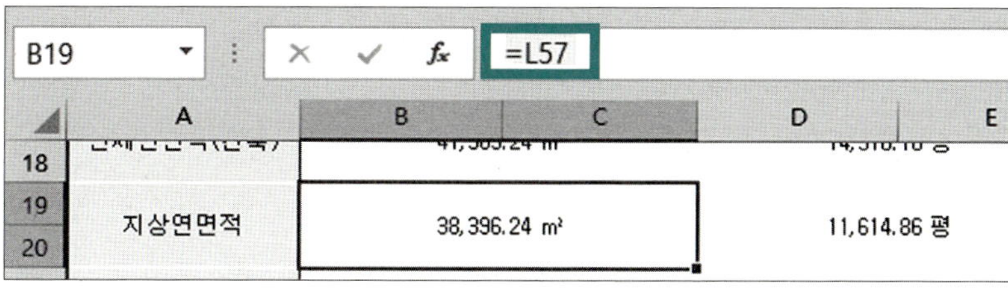

❖[그림 2-6] 지상연면적 산출

지하연면적은 바닥면적 중 지하층 소계(L11셀)이다. 엑셀에 대한 작성은 다음과 같다.

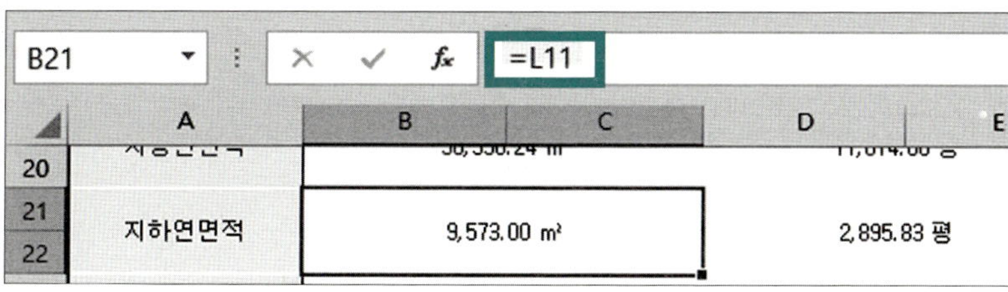

❖[그림 2-7] 지하연면적 산출

마지막으로 용적률 산출은 지상연면적에서 사업면적(토지)을 나눈 값으로 엑셀의 용적률 셀인 B31에 =B19/B15로 아래의 그림과 같이 작성한다.

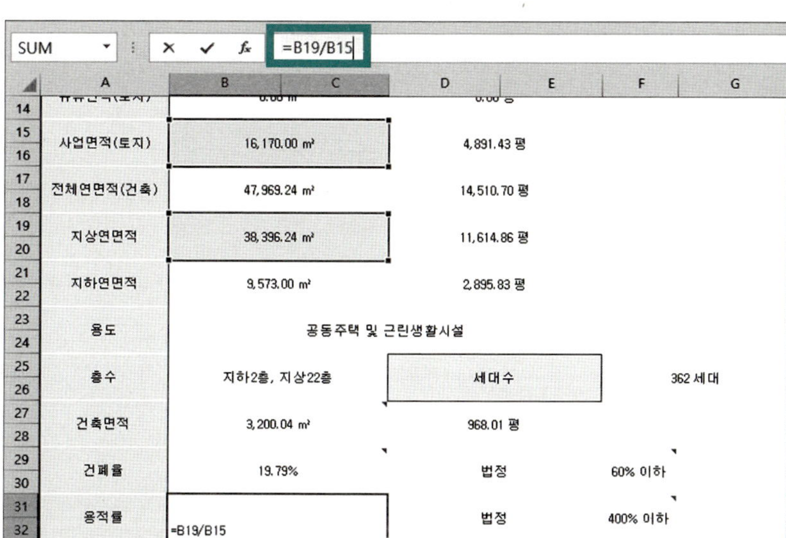

❖[그림 2-8] 용적률 산출

위와 같은 과정을 거쳐 아파트 건설에 대한 사업성 분석에 대한 설계 개요와 층별 개요 작성을 완성하였다.

다음은 용도별 면적 개요를 작성한다. 우선 용도는 공동주택과 근린생활시설로 나뉘어져 있으며, 각 용도별 바닥면적과 주차면적 등을 산출한다. 우선 층별 개요 공동주택의 지상층 소계인 M57셀과 전체 바닥면적 중 공동주택의 비율에서 전체 공용부분을 곱한 값을 더하여 공동주택의 바닥면적을 산출한다.

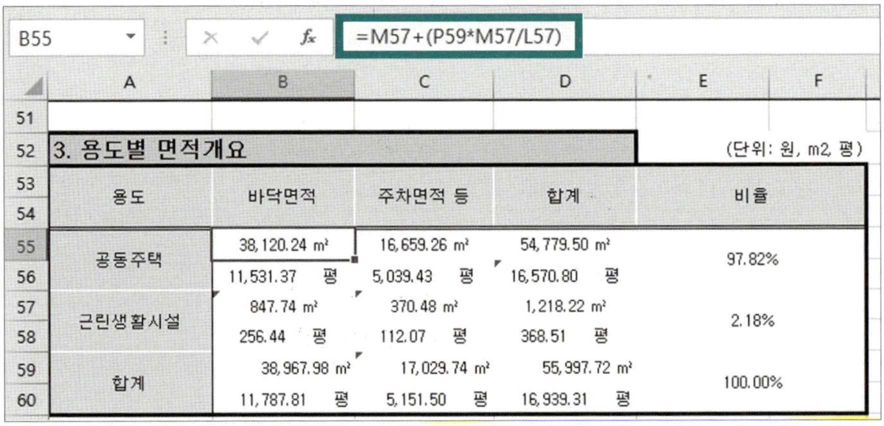
B55 =M57+(P59*M57/L57)

3. 용도별 면적개요 (단위: 원, m2, 평)

용도	바닥면적	주차면적 등	합계	비율
공동주택	38,120.24 m²	16,659.26 m²	54,779.50 m²	97.82%
	11,531.37 평	5,039.43 평	16,570.80 평	
근린생활시설	847.74 m²	370.48 m²	1,218.22 m²	2.18%
	256.44 평	112.07 평	368.51 평	
합계	38,967.98 m²	17,029.74 m²	55,997.72 m²	100.00%
	11,787.81 평	5,151.50 평	16,939.31 평	

❖[그림 2-9] 공동주택 바닥면적 산출

다음은 공동주택의 주차면적 등의 계산은 주차면적 등의 합계를 바닥면적 합계 중 공동주택이 차지하는 비율과 곱하여 산출한다.

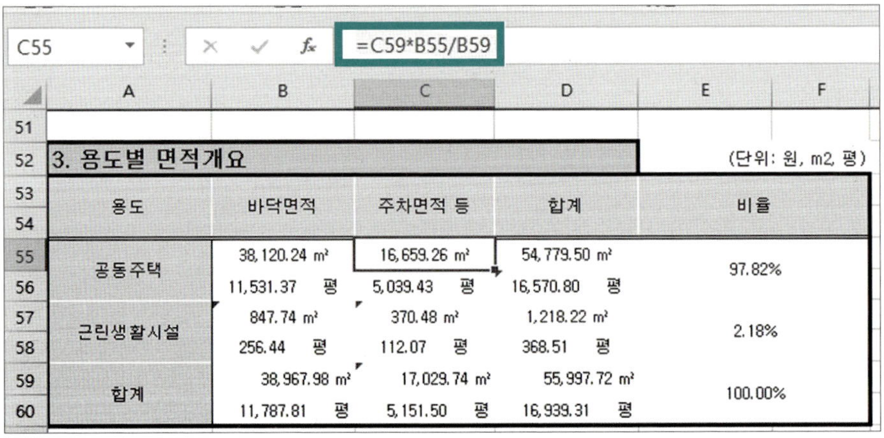
C55 =C59*B55/B59

3. 용도별 면적개요 (단위: 원, m2, 평)

용도	바닥면적	주차면적 등	합계	비율
공동주택	38,120.24 m²	16,659.26 m²	54,779.50 m²	97.82%
	11,531.37 평	5,039.43 평	16,570.80 평	
근린생활시설	847.74 m²	370.48 m²	1,218.22 m²	2.18%
	256.44 평	112.07 평	368.51 평	
합계	38,967.98 m²	17,029.74 m²	55,997.72 m²	100.00%
	11,787.81 평	5,151.50 평	16,939.31 평	

❖[그림 2-10] 공동주택 주차면적 등 산출

근린생활시설의 바닥면적은 층별 개요에서 근린생활시설 지상층 소계인 N57셀과 전체 바닥면적 중 근린생활시설의 비율에서 전체 공용부분을 곱한 값을 더하여 산출한다.

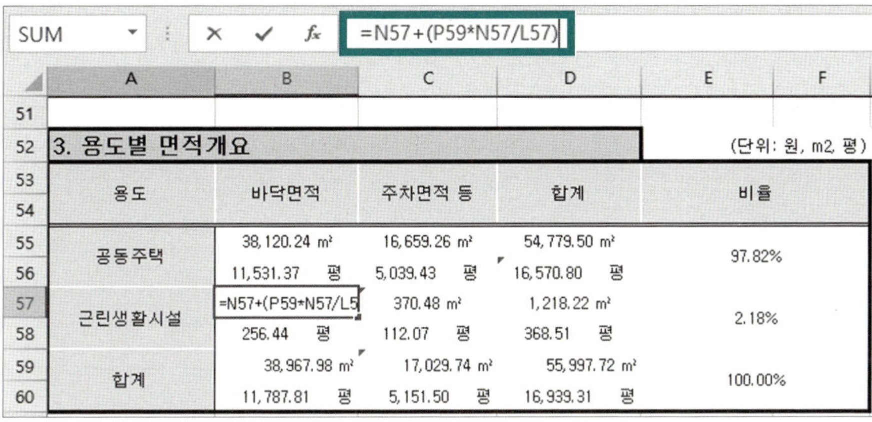
SUM | =N57+(P59*N57/L57)

	A	B	C	D	E	F
51						
52	3. 용도별 면적개요				(단위: 원, m2, 평)	
53–54	용도	바닥면적	주차면적 등	합계	비율	
55	공동주택	38,120.24 ㎡	16,659.26 ㎡	54,779.50 ㎡	97.82%	
56		11,531.37 평	5,039.43 평	16,570.80 평		
57	근린생활시설	=N57+(P59*N57/L5	370.48 ㎡	1,218.22 ㎡	2.18%	
58		256.44 평	112.07 평	368.51 평		
59	합계	38,967.98 ㎡	17,029.74 ㎡	55,997.72 ㎡	100.00%	
60		11,787.81 평	5,151.50 평	16,939.31 평		

❖[그림 2-11] 근린생활시설 바닥면적 산출

마지막으로 근린생활시설의 주차면적 등의 계산은 주차면적 등의 합계를 바닥면적 합계 중 근린생활시설이 차지하는 비율과 곱하여 산출한다.

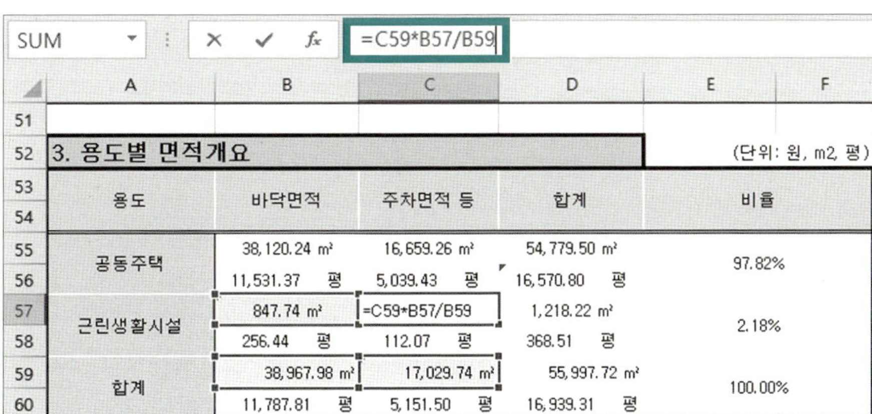
SUM | =C59*B57/B59

	A	B	C	D	E	F
51						
52	3. 용도별 면적개요				(단위: 원, m2, 평)	
53–54	용도	바닥면적	주차면적 등	합계	비율	
55	공동주택	38,120.24 ㎡	16,659.26 ㎡	54,779.50 ㎡	97.82%	
56		11,531.37 평	5,039.43 평	16,570.80 평		
57	근린생활시설	847.74 ㎡	=C59*B57/B59	1,218.22 ㎡	2.18%	
58		256.44 평	112.07 평	368.51 평		
59	합계	38,967.98 ㎡	17,029.74 ㎡	55,997.72 ㎡	100.00%	
60		11,787.81 평	5,151.50 평	16,939.31 평		

❖[그림 2-12] 근린생활시설 주차면적 등 산출

마지막으로 공동주택 면적 개요를 작성한다. 본 아파트 건설 사업성 분석의 세대수는 362세대이다. 세대수를 활용하여 (주거)전용면적, (주거)공용면적, 분양면적, 기타공용, 주차장, 계약면적을 산출한다. 우선 (주거)전용면적은 층별 개요의 공동주택 지상층 소계인 M57셀을 세대수로 나누어 산출한다.

C65 | =M57/B65

4. 공동주택 면적개요 (단위: 원, m2, 평)

평형	세대수 (비율)	(주거)전용면적 (m2, 평)	(주거)공용면적 세대공용	분양면적 (m2, 평)	기타공용 (m2, 평)	주차장 (m2, 평)	계약면적 (m2, 평)	비고
30.78	362	99.54 ㎡	6.14 ㎡	105.68 ㎡	0.00 ㎡	47.04 ㎡	152.73 ㎡	
	100%	30.11 평	1.86 평	31.97 평	0.00 평	14.23 평	46.20 평	
합계	100%	36,032.92 ㎡	611.59 ㎡	38,257.14 ㎡	0.00 ㎡	17,029.74 ㎡	55,286.88 ㎡	전용율
		10,899.96 평	185.01 평	11,084.96 평	0.00 평	5,151.50 평	16,724.28 평	94.19%

❖[그림 2-13] (주거)전용면적 산출

다음으로 (주거)공용면적은 층별 개요의 공동주택 지상층 소계인 M57셀을 세대수로 나누어 산출한다.

D65 | =P59/B65

4. 공동주택 면적개요 (단위: 원, m2, 평)

평형	세대수 (비율)	(주거)전용면적 (m2, 평)	(주거)공용면적 세대공용	분양면적 (m2, 평)	기타공용 (m2, 평)	주차장 (m2, 평)	계약면적 (m2, 평)	비고
30.78	362	99.54 ㎡	6.14 ㎡	105.68 ㎡	0.00 ㎡	47.04 ㎡	152.73 ㎡	
	100%	30.11 평	1.86 평	31.97 평	0.00 평	14.23 평	46.20 평	
합계	100%	36,032.92 ㎡	611.59 ㎡	38,257.14 ㎡	0.00 ㎡	17,029.74 ㎡	55,286.88 ㎡	전용율
		10,899.96 평	185.01 평	11,084.96 평	0.00 평	5,151.50 평	16,724.28 평	94.19%

❖[그림 2-14] (주거)공용면적 산출

분양면적은 (주거)전용면적의 셀인 C65와 (주거)공영면적의 셀인 D65를 더한 값으로 산출하며, 주차장은 층별 개요의 주차장 및 조경시설 합계인 O59셀을 세대수로 나누어 산출한다.

G65 =O59/B65

4. 공동주택 면적개요 (단위: 원, m2, 평)

평형	세대수 (비율)	(주거)전용면적 (m2, 평)	(주거)공용면적 세대공용	분양면적 (m2, 평)	기타공용 (m2, 평)	주차장 (m2, 평)	계약면적 (m2, 평)	비고
30.78	362	99.54 m²	6.14 m²	105.68 m²	0.00 m²	47.04 m²	152.73 m²	
	100%	30.11 평	1.86 평	31.97 평	0.00 평	14.23 평	46.20 평	
합계		36,032.92 m²	611.59 m²	38,257.14 m²	0.00 m²	17,029.74 m²	55,286.88 m²	전용률
	100%							
		10,899.96 평	185.01 평	11,084.96 평	0.00 평	5,151.50 평	16,724.28 평	94.19%

❖[그림 2-15] 주차장 산출

앞서 계산한 면적들을 활용하여 분양면적(E65셀)과 기타공용(F65셀), 주차장(G65셀)을 모두 더하여 계약면적을 산출한다. 합계는 각 산출된 면적들에서 세대수를 곱하여 나타낸다. 위의 모든 과정을 거치면 부동산 사업 개요에 대하여 작성이 완료된다. 이를 바탕으로 사업수지를 파악하고자 한다.

② 부동산 사업성 분석

본 분석은 회계적 방법인 매출과 매출원가를 도입하여 매출이익을 산출하는 과정을 엑셀로 나타내고자 한다. 우선 예상되는 매출액을 산출하고자 한다. 아파트 건설에 대한 매출은 분양에 대한 대금이다. 공동주택의 경우 33.36평, 29.37평, 16.12평, 19평, 37.51평으로 분류(m²으로 표기를 하여야 하나 평으로 작성)를 하였다.

구분			내역				당사	[illegible]
매출	분양금	공동주택	매매가	33.36 평	178 세대	7,300 천원/평	43,347,984 천원	50.80%
			매매가	29.37 평	175 세대	7,500 천원/평	38,548,125 천원	45.17%
			매매가	16.12 평	5 세대	6,400 천원/평	515,840 천원	0.60%
			매매가	19.00 평	2 세대	6,400 천원/평	243,200 천원	0.29%
			매매가	37.51 평	2 세대	7,300 천원/평	547,646 천원	0.64%
			소계		362 세대		83,202,795 천원	
		근린생활시설	지상1층	242 평		8,800 천원	2,129,600 천원	
			소계	242 평		8,800 천원	2,129,600 천원	2.50%
	계						85,332,395 천원	100.00%
	VAT 약 5%추정		공동주택	83,202,795 천원		5%	4,160,140 천원	
			근린생활시설	2,129,600 천원		5%	106,480 천원	
순매출액			분양대금-VAT				81,065,775 천원	

❖[그림 2-16] 사업 수지 분석 중 매출 산출

33.36평인 경우 평당 7,300천 원으로 가정을 하였으며, 29.37평인 경우 7,500천 원으로, 16.12평인 경우 평당 6,400천 원, 19평은 평당 6,400천 원, 마지막으로 37.51평은 평당 7,300

천 원으로 가정을 하였다. 그 결과 공동주택의 분양금은 총 362세대 83,202,795천 원으로 산출되었다. 근린생활시설은 지상 1층으로 총 242평인데, 평당 8,800천 원으로 총 분양금은 2,129,600천 원으로 공동주택과 근린생활시설의 분양금과 부가가치세(VAT: 5% 가정)를 고려하면 순 매출액은 총 810억 6,577.5만 원으로 계산되었다.

다음으로는 매출원가 산출이다. 기본적으로 부동산 건설은 "토지매입–건설–분양"과 같은 일련의 과정을 거치게 되는데, 매출원가에 포함되는 비용은 토지매입과 건설이다. 매출원가는 대지비, 건축비, 부대비, 판매비, PF이자로 분류할 수 있다. 우선 대지비에는 대지비(사유지 매입)과 취 · 등록세, 법무사수수료, 종합토지세, 명도비, 중개수수료 등이 발생하게 된다.

구 분				내 역			당사	비율
매출원	대지비	대지비(사유지 매입)		5,582.34 평	2,500 천원/평		13,955,838 천원	92.31%
		취등록세		13,955,838 천원	4.6%		641,969 천원	4.25%
		법무사수수료		13,955,838 천원	0.20%		27,912 천원	0.18%
		종합토지세	100%	13,955,838 천원	0.30%	2 년	83,735 천원	0.55%
		명도비(예상)					200,000 천원	1.32%
		중개수수료		13,955,838 천원	1.50%		209,338 천원	1.38%
	소계						15,118,790 천원	100.00%

❖[그림 2–17] 매출원가 중 대지비 산출

본 대지비(사유지 매입)는 앞서 개발 사업에 대한 사업 개요 셀 중 평으로 계산한 '개발사업 사업개요' 시트(Sheet)의 D9셀을 활용한다.

E19 ='개발사업 사업개요'!D9

	A	B	C	D	E
18	구 분				
19	매출원	대지비	대지비(사유지 매입)		5,582.34 평
20			취등록세		13,955,838 천원
21			법무사수수료		13,955,838 천원
22			종합토지세	100%	13,955,838 천원
23			명도비(예상)		
24			중개수수료		13,955,838 천원
25		소계			

❖[그림 2–18] 대지비 평수 가져오기

본 분석에서는 대지비(사유지 매입)는 평당 2,500천 원으로 가정을 하였으며, 취 · 등록세는 대지비 총액인 13,955,838천 원에서 4.6%를 적용하였다. 법무사수수료는 총 대지비에서 0.2%를 하였으며, 종합토지세는 2년 동안 통 대지비에서 0.3%를 적용하였다. 중개수수료는 1.5%를 적용하여 산출하였다. 그 결과 최종적으로 대지비는 15.118.790천 원으로 산출되었다.

다음으로 건축비는 다음과 같이 하위 항목으로 비용이 발생하게 된다. 건축공사비와 철거비/토목공사비, 지하철 연결통로, 기부채납공사비, 미술장식설치비, 인입공사비, 상하수도부담금, 건물보존등기비가 발생하게 되는데 본 분석에서는 지하철 연결통로와 기부채납공사비는 제외하여 계산하였다. 아래의 그림은 건축비 계산 결과이다.

26								
27	가		건축공사비	14,510.70 평	3,100 천원/평		44,983,159 천원	93.96%
28			철거비/토목공사비	5,582.34 평	150 천원/평		837,350 천원	1.75%
29			지하철 연결통로				0 천원	0.00%
30		건축비	기부채납공사비				0 천원	0.00%
31			미술장식설치비	11,614.86 평	4,367 천원/평	0.10%	50,722 천원	0.11%
32			인입공사비	14,510.70 평	15 천원/평		217,660 천원	0.45%
33			상하수도부담금	362 세대	1,000 천원/평		362,000 천원	0.76%
34			건물보존등기비	44,983,159	3.16%		1,421,468 천원	2.97%
35			소계				47,872,360 천원	100.00%

❖[그림 2-19] 건축비 계산 결과

본 분석에서는 건축공사비는 평당 3,100천 원으로 가정을 하였으며, 철거비/토목공사비는 평당 150천 원을 적용하였다. 미술장식설치비는 평당 4,367천 원으로 계상을 하였으며, 인입공사비는 평당 15천 원, 상하수도부담금은 세대수당 1,000천 원, 건물보존등기비는 3.16%를 가정하였다.

건축공사비는 개발사업 사업개요의 전체연면적인 14,510.70평으로 '개발사업 사업개요' 시트에서 D17셀의 값을 활용하였다.

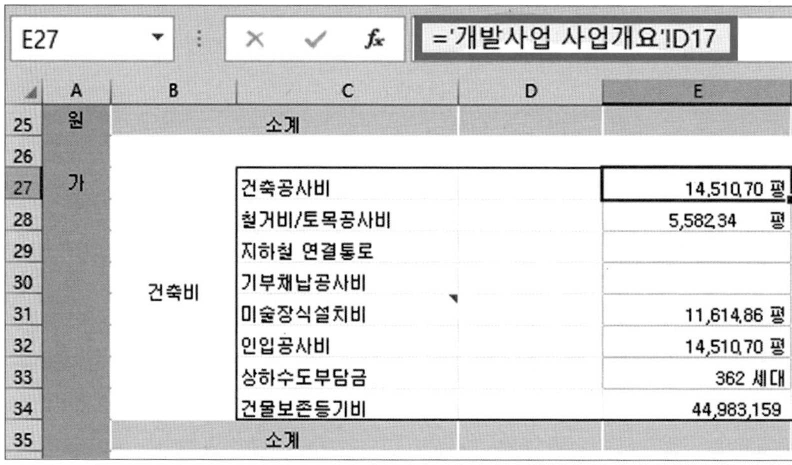

❖[그림 2-20] 건축공사비 평수 가져오기

건축공사비는 개발사업 사업개요의 전체연면적인 14,510.70평으로 '개발사업 사업개요' 시트에서 D17셀의 값을 활용하였다. 그리고 철거비 및 토목공사비의 평수는 '개발사업 사업개요' 시트의 D9셀의 값인 매입면적(토지) 평수를 활용하였다.

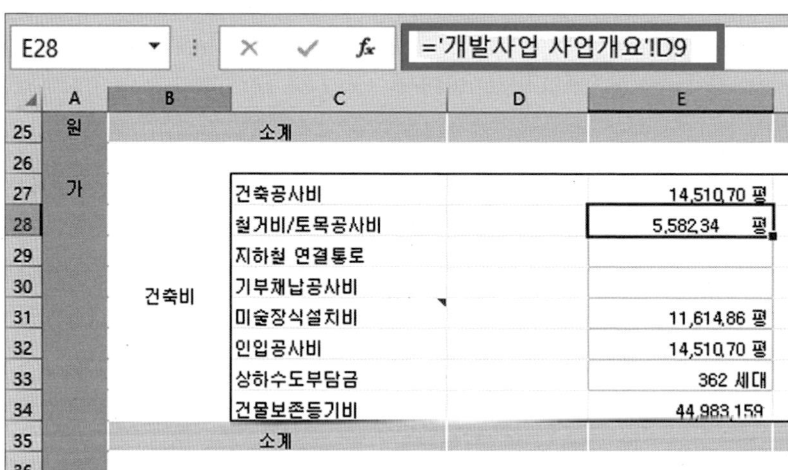

❖[그림 2-21] 철거비/토목공사비 평수 가져오기

미술장식설치비의 평수는 '개발사업 사업개요' 시트의 D19셀의 값인 지상연면적 평수를 활용하였다. 인입공사비의 평수는 건축공사비 평수와 동일한 평수를 활용하였으며, 마지막으로 건물보존등기비는 건축공사비 총액인 44,983,159천 원을 활용하였다.

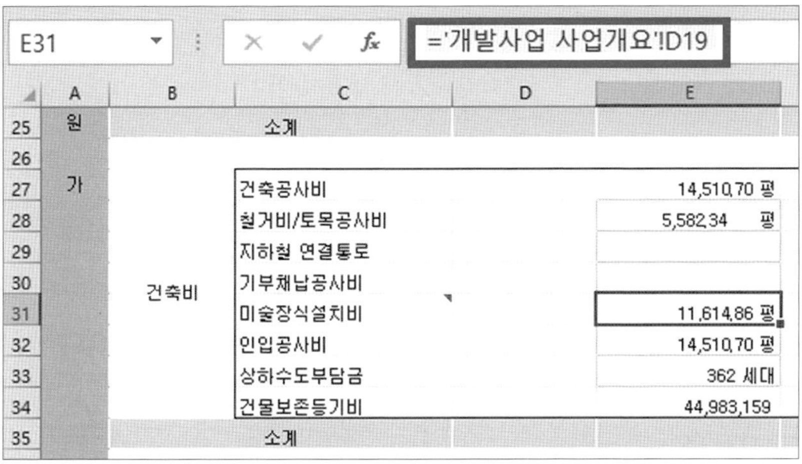

❖[그림 2-22] 미술장식설치비 평수 가져오기

다음으로 부대비 항목은 여러 항목들이 발생한다. 본 분석에 활용한 비용은 지구단위계획 등의 비용과 입주관리비, 지질조사용역비, 문화재심의용역비, 설계비, 감리비, 감정평가비, 광역교통시설부담금, 국민주택채권, 신탁수수료, 예비비, 시행사 관리비가 있다. 추가적으로 본 분석에 사용하지 않은 비용인 법률 및 세무용역수수료, 측량비, 농지보전부담금, 산림조림비, 학교용지부담금, 기반시설부담금, 개발 부담금, 과밀부담금, 지역개발공채, 주택협회비, 비품설치비, AMC 수수료 등이 존재한다. 실질적으로는 모든 비용이 발생하나 계산의 편의를 위하여 12개의 부대비 항목을 활용한다. [그림 2-23]은 부대비 산출 결과로 총 2,590,270천 원이 발생하는 것으로 가정하였다.

37			지구단위계획 등		5,582.34 평	15 천원/평		1,000 천원	0.04%
38	매		입주관리비		362 세대	200 천원/세대		72,400 천원	2.80%
39			지질조사용역비		5,582.34 평	1 천원/평		56 천원	0%
40	출		문화재심의용역비		5,582.34 평	2 천원/평		84 천원	0%
41			설계비		14,510.70 평	34 천원/평		4,934 천원	0.19%
42	원		감리비		14,510.70 평	50 천원/평		7,255 천원	0.28%
43			감정평가비		22,839,474 천원	0.20%		150,000 천원	5.79%
44	가		법률 및 세무용역수수료					0 천원	0%
45			측량비					0 천원	0%
46			농지보전부담금					0 천원	0%
47			산림조림비					0 천원	0%
48		부대비	광역교통시설부담금	2,761 천원	11,614.86 평	2.00%	50%	320,686 천원	12.38%
49			학교용지부담금					0 천원	0.00%
50			기반시설부담금					0 천원	0.00%
51			개발부담금					0 천원	0.00%
52			**과밀부담금**					0 천원	0.00%
53			국민주택채권	80%	38,396 천원	0.30%	3.40%	3 천원	0.00%
54			지역개발공채					0 천원	0.00%
55			주택협회비					0 천원	0%
56			비품설치비					0 천원	0.00%
57			**신탁수수료**		81,065,775 천원	1.0%		810,658 천원	31.30%
58			**AMC수수료**					0 천원	0.00%
59	매		**예비비**		81,065,775 천원	0.3%		243,197 천원	9.39%
60			시행사 관리비		35,000 천원	28.00 개월		980,000 천원	37.83%
61	출		소계					2,590,270 천원	100.00%

❖[그림 2-23] 부대비 산출

다음은 판매비로 항목에는 모델하우스에 관련된 건립비, 부지임차료, 운영비와 광고 선전비, 분양보증수수료, 분양대행수수료 등이 발생한다. 광고 선전비와 분양보증수수료 및 분양대행수수료는 앞서 산출한 순 매출액인 81,065,775천 원을 활용하였고, 모델하우스는 10개월간으로 홍보하는 것으로 가정하였다.

마지막으로 PF이자이다. PF란 프로젝트 파이낸싱(Project Financing)으로 건설 사업주의 재산과는 독립적인 프로젝트에 자금을 조달하는 것으로 프로젝트(본 분석에서는 아파트 건설)의 수익을 가치로 두고 재원을 조달하는 금융기법 중 하나이다. 부동산 건설에 많이 활용되는 기법이다. 본 분석에서도 PF이자가 발생할 것으로 가정을 하였으며, PF 대출과 수수료 등을 비용으로 활용하였다. 판매비와 PF이자를 고려한 매출 원가는 [그림 2-24]와 같이 나타낼 수 있다.

62									
63	원		M/H 건립비		400 평	2,500 천원		1,000,000 천원	34.85%
64			M/H 부지임차료		10 개월	15,000 천원		150,000 천원	5.23%
65	가	판매비	M/H 운영비		10 개월	15,000 천원		150,000 천원	5.23%
66			광고선전비		81,065,775 천원	1.00%		810,658 천원	28.25%
67			분양보증수수료	1.20년	81,065,775 천원	80%	0.35%	272,381 천원	9.49%
68			분양대행수수료		81,065,775 천원	0.60%	396,105,600 천원	486,395 천원	16.95%
69			소계					2,869,433 천원	100.00%
70									
71			시행사 투자비					0 천원	0.00%
72			이주비					0 천원	0.00%
73			이주비 이자					0 천원	0.00%
74			금융주간수수료					0 천원	0.00%
75		PF이자	중도금 1년 무이자	60.00%	81,065,775 천원	4.00%	1.50년	2,918,368 천원	56.70%
76			**PF 대출**		19,032,896 천원			0 천원	0.00%
77			PF 수수료		19,032,896 천원	2.00%		380,658 천원	7.40%
78			**PF 이자**					1,846,454 천원	35.91%
79			소계					5,147,480 천원	100.00%

❖[그림 2-24] 판매비, PF이자 산출

최종적으로 매출액 81,065,775천 원과 대지비, 건축비, 부대비, 판매비, PF이자를 모두 합산한 매출 원가 73,598,333천 원을 활용하여 매출이익을 산출하게 된다. 매출이익은 매출액에서 매출원가를 차감한 값으로 7,467,442천 원이 발생하게 된다. 여기에서 매출이익률을 계산할 수 있는데, 매출이익을 매출액으로 나눈 값으로 9.21%로 산출되었다.

=J83/$H$14

구 분		내 역	당시(천원)
매 출 이 익	당기	매출액-매출원가	7,467,442
	누계		9.21%
금 융 비 용			1,800,000
경 상 이 익		매출이익-금융비용	5,667,442
			6.99%

❖[그림 2-25] 매출이익 산출

추가적으로 금융비용이 1,800,000천 원이 발생하는 것으로 가정을 하면, 경상이익을 산출할 수 있다. 경상이익은 매출이익에서 금융비용을 차감한 값으로 5,667,442천 원이 산출하게 되고 또한 경상이익을 매출액으로 나눈 값인 경상이익률 6.99%로 산출하게 된다. 최종적인 결과 값은 아래의 그림과 같다.

=J87/$H$14

구 분		내 역	당시(천원)
매 출 이 익	당기	매출액-매출원가	7,467,442
	누계		9.21%
금 융 비 용			1,800,000
경 상 이 익		매출이익-금융비용	5,667,442
			6.99%

❖[그림 2-26] 경상이익 산출

개발 사업 사업개요 작성과 사업 수지 분석을 일련의 과정을 거쳐 산출하였다. 본 분석은 가정을 두고 분석을 실시하였으나, 실제적으로 기업에서는 아파트 건축에서 많이 활용을 하고 있으며, 사람들이 노후를 위하여 원룸 건축이 많은 추세에 있는데, 분양비를 1장에서 배운 현재가치를 활용하여 매출을 계산을 한다면, 원룸 건축에 대한 투자자들이 투자 참고용으로 활용이 가능할 것으로 판단된다. 월세 수입에 대한 수익성 계산은 다음 절에서 설명한다.

2. 현금할인모형을 활용한 사업성 분석

1) 순현재가치법

순현재가치법(NPV: Net Present Value Method)은 할인현금흐름법의 하나로써 내부수익률법과 유사하다. 또한 내부수익률법과 함께 실제 부동산 투자안에 대한 평가 현장에서 보편적으로 사용되고 있는 방법이다. 여기서 말하는 순현재가치란 부동산 투자에 있어 발생되는 현금유입(예를 들어 임대수익 등)과 현금유출(예를 들어 부동산 투자비용)을 투자자가 기대하는 최소한도의 기대수익률 k로 할인하여 현재가치화한 후에 현금유입과 현금유출의 차를 통해 산출된 순차액이다. 순현재가치법은 아래와 같은 공식으로 산출된다.

$$NPV = \sum_{t=0}^{n} \frac{I_t}{(1+k)^t} - \sum_{t=0}^{n} \frac{O_t}{(1+k)^t} \qquad \text{[식 2-1]}$$

I_t= 기간 중 현금유입

O_t= 기간 중 현금유출

t= 기간

k= 기대수익률(자본비용)

순현재가치법을 이용하여 부동산 투자안을 결정할 때에는 일정한 할인율(투자자가 기대하는 최소한도의 기대수익률)로 순현재가치를 계산한다. 여기서 산출된 순현재가치가 0보다 크거나 같으면 이 부동산의 투자안은 채택된다. 그러나 순현재가치가 0보다 작을 경우 투자자는 이 부동산의 투자안을 기각한다. 실제로 투자안 평가에 있어서 순현재가치가 0보다 큰든지 같을 때($NPV \geq 0$)에 채택하는데, 0의 값을 가질 때에도 채택하는 이유는 현금유출액을 산정할 때 임금과 기회비용 등이 모두 포함되기 때문이다. 이와 반대로 순현재가치가 0보다 작을 때($NPV < 0$)에는 이 부동산에 투자했을 시, 손해를 본다고 판단할 수 있으며 투자자들은 당연히 기각할 것이다. 따라서 순현재가치가 큰 부동산 투자안이 우선순위를 가지고 채택된다.

① A지역 부동산 투자안에 대한 순현재가치법

A지역 부동산 투자안은 임대형 부동산 건설비용(총현금유출액)으로 1,000만 원을 투자하면, 향후 5년간 매년 450만 원씩 임대수익(현금유입)이 발생하여 총 2,250만 원이 들어오는 것이다. 투자자가 기대하는 최소한의 기대수익률을 25%로 가정하면 A지역 부동산 투자안의 순현재가치법은 다음과 같이 산출된다.

$$NPV=\sum_{t=0}^{n}\frac{I_t}{(1+k)^t}-\sum_{t=0}^{n}\frac{O_t}{(1+k)^t} \text{ 일 때 } A\text{지역부동산 투자안의 순현가는,}$$

$$NPV=\left[\frac{450}{(1+0.25)^1}+\frac{450}{(1+0.25)^2}+\frac{450}{(1+0.25)^3}+\frac{450}{(1+0.25)^4}+\frac{450}{(1+0.25)^5}\right]-\frac{1,000}{(1+0.25)^0}$$

$$NPV=1,210\text{만 원}-1,000\text{만 원}=210\text{만 원}$$

내부수익률법을 계산할 때와 마찬가지로, 연금현재가치계수표를 이용하여 25% 할인율을 계산한 임대수익(현금유입액) 2,250만 원(450만 원×5)은 약 1,210만 원으로 산출된다. 연금현재가치계수표에서 기간이 5년이고 할인율이 25%일 때 2.6893으로 산출되어 있다. 따라서 450만 원×2.6893=1,210만 원이 된다. 따라서 1,210만 원의 현금유입현재가치에서 현금유출액의 현재가치인 1,000만 원을 차감하면 순현재가치는 210만 원으로 산출 된다.

② B지역 부동산 투자안에 대한 순현재가치법

B지역 부동산 투자안은 임대형 부동산 건설비용(총현금유출액)으로 1,200만 원을 투자하면, 처음 3년간은 500만 원씩 임대수익(현금유입)이 발생하고 그 후 2년간은 450만 원씩 임대수익(현금유입)이 발생하여 총 2,400만 원의 현금이 유입된다. 이 경우에도 A지역의 사례와 마찬가지로 투자자가 기대하는 최소한의 기대수익률을 25%로 가정하면 B투자안의 순현재가치는 다음과 같이 계산된다.

$$NPV=\left[\frac{500}{(1+0.25)^1}+\frac{500}{(1+0.25)^2}+\frac{500}{(1+0.25)^3}+\frac{450}{(1+0.25)^4}+\frac{450}{(1+0.25)^5}\right]-\frac{1,200}{(1+0.25)^0}$$

$$NPV=1,308\text{만 원}-1,200\text{만 원}=108\text{만 원}$$

A지역 부동산 투자안의 순현재가치를 구하는 방법과 같은 방법으로 B지역의 부동산 투자안을 평가하면 위와 같이 순현재가치를 산출할 수 있다. 5년간에 걸쳐 들어오게 되는 임대수익(현금유입)의 현재가치 1,308만 원에서 임대형 부동산 건설비용(현금유출)의 현재가치 1,200만 원을 뺀 108만 원이 된다.

위에서 산출한 바와 같이 A지역 부동산 투자안과 B지역의 부동산 투자안의 순현재가치는 0보다 크므로 이 두 안 모두 채택 가능하다. 하지만 투자자가 두 개의 부동산 투자안 중 하나만 선택해야 된다면, A지역 부동산 투자안의 순현재가치가 210만 원으로 B지역 부동산 투자안의 순현재가치 108만 원보다 더 크므로 A안을 채택해야 한다.

2) 내부수익률법

현금할인모형의 대표적인 방법 중 하나인 내부수익률법(IRR: Internal Rate of Return)은 투자수익률(Rate On Investment), 이익률(Yield) 등으로 일컬어지는 내부수익률을 이용하여 부동산 투자안에 대한 채택과 기각을 평가하는 방법이다. 여기서 말하는 내부수익률이란 투자자가 어떤 부동산 투자의 결과로 예상되는 현금유입(Cash In−Flow)을 현재가치화 한 것과 그 투자를 위해서 지출되는 현금유출(Cash Outflow)의 현재가치를 동일하게 만드는 할인율이다. 일반적으로 부동산 투자에서 내부수익률법을 사용할 때의 현금유입액은 납세 후의 순이익을 이용하고, 현금유출액은 부동산 투자를 위해 매입한 토지비용과 같은 실제로 투자에 지출된 금액을 사용한다. 즉 내부수익률법은 어떤 투자안의 현금유입액과 현금유출액을 현재가치화 하여 비교할 때 현금유입액의 현재가치와 유출액의 현재가치를 동일하게 하는 비율이 내부수익률이다. 이 내부수익률법은 아래와 같은 공식이 이용된다.

$$\sum_{t=0}^{n} \frac{I_t}{(1+r)^t} = \sum_{t=0}^{n} \frac{O_t}{(1+r)^t} \qquad \text{[식 2−2]}$$

I_t= 기간의 현금유입

t= 기간

O_t= 기간의 현금유출

r= 내부수익률(투자수익률)

[식 2−2]에서 내부수익률 r을 산출하기 위해서는 일반적으로 시행착오법(Trial and Error)을 통해 산출하게 된다. 이 때 산출된 내부수익률을 투자자가 최소한도로 원하는 요구수익률 또는 기회비용을 이용하여 비교할 수 있다. 이 부동산 투자의 내부수익률이 투자자가 판단하는 요구수익률이나 기회비용보다 크거나 같다면, 투자자는 이 부동산에 투자해도 된다. 다시 말하자면, 투자안은 채택된다. 반면, 내부수익률이 기회비용이나 요구수익률보다 적으면 투자자는 이 부동산에 투자하면 안 된다. 다시 말해, 투자안은 기각된다.

앞에서 예시한 A지역 투자안과 B지역 투자안의 내부수익률을 아래에서 산출하여 보겠다.

① A지역 부동산 투자에 대한 내부수익률

A지역 임대형 부동산의 최초투자액(순현금유출)이 1,000만 원이고 연중 수입(순현금유입)은 앞으로 5년간 450만 원씩이다. 이때, 순현금유입액은 모두 2,250만 원이 입금된다. 최초투자액(순현금유출액)과 5년간의 연중 수입(순현금유입액)이용하여 내부수익률을 계산하면 아래와 같이 나타난다. [식 2−3]은 내부수익률법을 식으로 나타낸 것이다.

$$\frac{O_0}{(1+r)^0} = \frac{I_1}{(1+r)^1} + \frac{I_2}{(1+r)^2} + \frac{I_3}{(1+r)^3} + \frac{I_4}{(1+r)^4} + \frac{I_5}{(1+r)^5} \qquad [식\ 2-3]$$

$$\frac{1,000}{(1+r)^0} = \frac{450}{(1+r)^1} + \frac{450}{(1+r)^2} + \frac{450}{(1+r)^3} + \frac{450}{(1+r)^4} + \frac{450}{(1+r)^5} \qquad [식\ 2-4]$$

[식 2−4]에서 $\frac{1,000}{(1+r)^0}$은 1,000만 원의 현재가치이고 $\frac{450}{(1+r)^1}$은 450만 원의 1년 후의 현재가치이다.

위 식에서 내부수익률 r은 현금유출액과 현금유입액이 같아지도록 산출해야 한다. 내부수익률 r을 찾기 위해서는 위의 식을 이용하여 임의의 수치를 r에 대입하여 r의 근사치를 발견하는 방법이 있다. r에 30%를 대입하여 보면 [식 2−4]의 현재가치는 1,096만 원이어서 r 이 작은 것을 알 수 있다. (r의 값은 분모기 때문에 현재가치에 반비례한다고 판단함.) 연금현재가치계수표를 참고하면 r에 대입된 30%는 2.4356이다. 따라서 450만 원×2.4356=1,096만 원이 산출된다. 그리고 r의 수치를 40%로 대입하면 그 현재가치가 915만 원이어서 r이 매우 큰 것을 알 수 있다. r의 수치를 35%로 하면 그 현재가치가 999만 원이 산출되고 r을 34%로 낮추면 1,017만 원이 산출된다. 이러한 방법을 통해서 r의 값은 34%와 35% 사이에 있음을 알 수 있다.

〈표 2-1〉 A투자안의 내부수익률

할인율	현금유입의 현재가치	현금유출의 현재가치
20%	1,346만 원	1,000만 원
30%	1,096만 원	1,000만 원
34%	1,017만 원	1,000만 원
35%	999만 원	1,000만 원
40%	916만 원	1,000만 원

〈표 2-1〉은 A지역 투자안의 내부수익률을 할인율로 두고 연금현재가치계수표를 이용하여 현금유입액과 유출액의 현재가치를 표현한 것이다. 〈표 2-1〉에서 보는 바와 같이 내부수익률 r은 34%와 35% 사이에 있으므로 만 원 단위 이하를 반올림하여 보간법을 이용하면 아래와 같이 내부수익률을 얻을 수 있다.

할인율	금액유입의 현재가치
34%	1,017만 원
−35%	−999만 원
1%	18만 원

$$1{,}017\text{만 원} - 1{,}000\text{만 원} = 17\text{만 원} \qquad \frac{17\text{만 원}}{18\text{만 원}} = 0.94\%$$

따라서 A지역 투자안의 내부수익률 r은 34.94%(34%+0.94%)로 산출되었다.

② B지역 부동산 투자에 대한 내부수익률

B지역 부동산에 대한 투자안은 1,200만 원을 임대 부동산 건설비용(현금유출액)으로 투자하면, 3년간은 500만 원씩 임대수익(현금유입)이 발생하고 그 후 2년간은 450만 원씩 임대수익(현금유입)이 발생하는 것으로 나타나 있다. 이것을 A지역의 내부수익률을 산출할 때와 마찬가지로 수식으로 표현하면 다음과 같다.

$$\frac{1,200}{(1+r)^0} = \frac{500}{(1+r)^1} + \frac{500}{(1+r)^2} + \frac{500}{(1+r)^3} + \frac{450}{(1+r)^4} + \frac{450}{(1+r)^5} \qquad [식\ 2-5]$$

[식 2-5]의 방법을 이용하여 B투자안의 내부수익률을 계산하면 다음과 같다.

〈표 2-2〉 B투자안의 내부수익률

할인율	현금유입의 현재가치	현금유출의 현재가치
20%	1,451만 원	1,200만 원
25%	1,308만 원	1,200만 원
29%	1,209만 원	1,200만 원
30%	1,187만 원	1,200만 원
40%	995만 원	1,200만 원

A지역 부동산 투자안의 내부수익률을 산출 할 때와 같은 방법으로 임대수익(현금유입)의 현재가치를 계산하여 보면 〈표 2-2〉와 같다. 〈표 2-2〉에서 보면 현금유출 1,200만 원에 상당하는 B지역 투자안의 현금유입현재가치를 내부수익률로 측정하면 29%와 30% 사이에 내부수익률이 있는 것으로 판단할 수 있다. 위와 같이 두 할인율에 보간법을 이용하면, 내부수익률은 아래와 같이 산출할 수 있다.

할인율	금액유입의 현재가치
29%	1,209만 원
−30%	−1,187만 원
1%	22만 원

$$1,209만\ 원 - 1,200만\ 원 = 9만\ 원 \qquad \frac{9만\ 원}{22만\ 원} = 0.41\%$$

따라서 B지역 부동산 투자안의 내부수익률 r는 29.41%(29%+0.41%)이 산출되었다.

지금까지 계산한 A지역 부동산 투자안의 내부수익률은 34.94%이고 B지역 부동산 투자안은 29.41%이다. 만일 투자자가 기대하고 있는 최소한의 기대수익률이 25%라고 가정한다면 A, B 지역은 모두 채택된다. 그러나 두 가지의 부동산 투자안중 한 가지만을 선택한다면, A지역을 선택할 것이다.

내부수익률법은 화폐의 시간가치를 고려한 것이다. 이 방법은 전통적 평가방법으로 알려진 회계적 이익률 평가법이나 회수기간법과는 달리 화폐의 시간가치를 고려하였으므로 보다 과학적이고 합리적인 부동산 투자안 평가방법이라 할 수 있다.

3) 수익성지수법

수익성지수법(PI: Profitability Index)은 내부수익률이나 순현재가치법과는 다르게 현금유출액과 이 투자로부터 발생되는 현금유입액을 비율로 측정한 것이다. 이때 비율을 환산하는 방법은 비할인현금유출입비율법과 할인현금유출입비율법으로 나누어진다.

비할인현금유출입비율법은 부동산 투자안의 현금유입 합계액과 현금유출 합계액을 비교하는 것이다. 즉, [식 2-6]의 형태로 현금의 유입과 유출의 비율로 부동산 투자안을 평가하는 방법이다. 이 방법은 현금흐름의 시간가치문제를 고려하지 않으므로 투자결정기준으로 좋은 방법이라 할 수 없다.

$$\text{비할인현금유출입비율} = \sum_{t=0}^{n} I_t / \sum_{t=0}^{n} O_t \qquad \text{[식 2-6]}$$

할인현금유출입비율법은 비할인현금유출입비율법과는 달리 화폐의 시간가치문제를 고려한 현재가치의 개념으로 비율화하므로 투자결정기준으로는 비할인현금유출입비율 보다 과학적인 평가방법이다. 반혼(Van Horne)은 이 할인현금유출입비율법을 수익성지수(Profitability Index)라고 일컬었다(지청, 1979; Horne, J. C., 1977; Quirin, G. D., 1967).

할인현금유출입비율은 부동산 투자에 있어서 발생하는 현금유입 합계액의 현재가치를 현금유출 합계액의 현재가치로 나눈 비율이다. 이 비율을 공식으로 표시하면 아래의 [식 2-7]과 같다.

$$\text{할인현금유출입비율} = \sum_{t=0}^{n} \frac{I_t}{(1+k)^t} / \sum_{t=0}^{n} \frac{O_t}{(1+k)^t} \qquad \text{[식 2-7]}$$

투자자에게 몇 가지 부동산 투자 안이 주어졌을 때, 할인현금유출입비율법은 투자안들의 우선순위를 결정하기 좋은 방법이다. 즉, 할인현금유출입비율을 이용하면 부동산 투자안에 대해 현금의 유입과 유출의 현재가치를 비율을 기준으로 평가가 가능하기 때문에 좋은 투자기준이 된다. 할인현금유출입비율이 1보다 크거나 같으면 이 투자안은 채택된다. 이와 반대로 이 비율이 1보다 작은 부동산 투자안은 할인현금유출이 할인현금흐름유입보다 많으므로 불리한 것으로 판단하여 기각된다.

A지역 부동산 투자안과 B지역 부동산 투자안의 현금유입과 현금유출을 투자자 기대수익률이 25%일 때 현재가치로 할인하여 할인현금유출비율을 산정하고 검토해 보겠다.

$$\text{할인현금유출입비율} = \frac{\text{현금유입의현재가치}}{\text{현금유출의현재가치}}$$

$$A\text{투자안의할인현금유출비율} = \frac{1,210\text{만 원}}{1,000\text{만 원}} = 1.21$$

$$B\text{투자안의할인현금유출비율} = \frac{1,308\text{만 원}}{1,200\text{만 원}} = 1.09$$

할인현금유출입비율을 산출한 결과 A지역 부동산 투자안과 B지역 부동산 투자안 모두 1보다 크므로 이 두 안은 채택될 수 있다. 그러나 투자자가 한 곳만 선택해야 한다면 A지역 부동산 투자안의 이 비율은 1.21이고, B지역 부동산 투자안의 1.09보다 크므로 A투자안이 선택된다. 따라서 투자순위는 A안이 B안보다 우위에 있어 A안이 먼저 채택된다.

4) 사업성 분석 비교

이상 부동산 투자가치평가의 방법인 할인현금흐름법에 대해서 설명하였다. 할인현금흐름법은 3가지의 방법으로써 평가가 가능하며 본 책에서는 각각의 방법을 적용하여 A지역과 B지역의 부동산 투자안을 평가하였다. 평가결과 내부수익률 법에서는 A와 B지역 모두 $r>k$이며, 순현재가치법에서도 모두 $NPV>0$인 것으로 나타났다. 또한 할인현금유출입비율도 모두 $PI>1$로 산출되어 모두 채택될 수 있는 방법이라는 것이 증명되었다.

하지만 할인현금흐름법을 이용한 세 가지 투자평가방법에 장점만 있는 것이 아니다. 이 세 가지 투자평가방법은 각각 상이한 특성을 가지고 있어서 이용도에 차이가 나타난다는 단점을 지니고 있다. 아래에서는 투자안의 형태에 따라 할인현금흐름법을 이용한 평가에 대한 방법을 설명한다.

첫째, 하나의 부동산 투자안에 대해 평가할 때에는 할인현금흐름법의 세 가지 방법을 다 이용해도 동일한 결론이 나타난다. 즉, 단일 부동산 투자안에 대해서는 이 세 가지 방법 중 어느 것을 이용하여도 된다.

둘째, 상호 배타적인 부동산 투자안에 대하여 평가할 때에는 간혹 내부수익률법의 평가와 순현재가치법의 평가가 서로 다른 결과를 나타내기도 한다. 이때에는 순현재가치의 크기를 기준으로 채택할 부동산 투자안과 기각할 부동산 투자안을 선택한다.

셋째, 여러 가지 부동산 투자안이 있을 때 모든 부동산 투자안이 투자가치는 충분하나 자본이 부족한 경우가 있다. 이때는 할인현금유출입비율법을 이용하여 투자의 우선순위설정하고, 이에 따라 한 가지씩 순차적으로 투자하는 것이 좋겠다.

〈표 2-3〉 할인현금흐름법에 의한 투자가치 평가의 비교

방법	산정	투자결정기준	계산결과	투자여부
내부수익률	$\sum_{t=0}^{n}\frac{I_t}{(1+r)^t}=\sum_{t=0}^{n}\frac{O_t}{(1+r)^t}$	$r \geq k$면 채택 $r < k$면 기각	A안 34.94% B안 29.40% (r=25%)	可 可
순현재가치법	$NPV=\sum_{t=0}^{n}\frac{I_t}{(1+k)^t}-\sum_{t=0}^{n}\frac{O_t}{(1+k)^t}(k=25\%)$	$NPV \geq 0$면 채택 $NPV < 0$면 기각	A안 210만 원 B안 108만 원	可 可
수익성지수법	$PI=\frac{\sum_{t=0}^{n}\frac{I_t}{(1+k)^t}}{\sum_{t=0}^{n}\frac{O_t}{(1+k)^t}}(k=20\%)$	$PI \geq 1$면 채택 $PI < 1$면 기각	A안 1.21 B안 1.09	可 可

〈표 2-3〉은 할인현금흐름법의 세 가지 방법을 이용하여 A지역 부동산과 B지역 부동산의 투자안 평가결과를 나타낸다. 먼저, 내부수익률법을 이용하여 A지역 부동산과 B지역 부동산의 투자안을 평가할 때 두 투자안 모두 투자자의 기대수익률인 25%보다 높은 값이 산출되었으므로 채택하는 것이 좋다. 다음으로, 순현재가치법에 의한 평가결과는 A지역과 B지역 부동산 투자안 모두 0보다 큰 결과가 산출되어 둘 다 채택하는 것이 좋다. 마지막으로 할인현금유출입비율법에 의한 A지역과 B지역의 부동산 투자평가도 PI가 1보다 큰 것으로 산출되었으므로 두 안이 다 채택될 것이다. 그러나 위의 평가결과와 정반대의 투자결정

기준으로 나타나면 이들은 투자대상에서 제외되어야 할 것이다. 다시 말해 내부수익률이 25%(기대수익률)보다 낮은 값이 산출되거나, 순현재가치가 0보다 낮게 산출되었을 때 또는 *PI*가 1보다 작은 부동산 투자안은 투자가 불리한 것이며 이는 기각되어야 한다.

5) 현금할인모형을 활용한 사업성 분석 실습

사업지구가 A지구와 B지구가 존재할 경우, 두 지구의 사업성을 분석하여 어느 사업지구가 사업성이 존재하는지 Excel로 비교 · 분석하고자 한다. A지구와 B지구에 대한 연차별 투입 및 회수금액은 다음과 같다.

〈표 2-4〉 A지구 사업 연차별 투입 및 회수금액 (단위: 백만 원)

구분		합계	0	1	2	3	4	5
비용	대지비	2,000	1,000	1,000				
	취등록세(4.6%)	92	46	46				
	건축공사비	4,000			1,500	1,500	1,000	
	철거비/토목공사비	300			150	150		
	인입공사비	40			20	20		
	부대비	1,000			500	300	200	
	비용 합계	7,432	1,046	1,046	2,170	1,970	1,200	0
수익	분양수익	9,000				3,000	5,000	1,000
	수익 합계	9,000	0	0	0	3,000	5,000	1,000

A지구의 대지비는 2년간 10억 원씩 발생하는 것으로 가정하며, 취 · 등록세는 대지비에 대하여 4.6%가 발생하는 것으로 가정하였다. 건축공사비는 2기간부터 3기간까지 15억 원씩 발생하며, 마지막 건축기간에는 10억 원이 발생하는 것으로 가정하였다. 철거비 및 토목공사비는 2, 3기간에 1.5억 원씩 발생하며, 인입공사비는 2, 3기간에 2천만 원씩 발생한다. 부대비는 2기간에 5억 원, 3기간에 3억 원, 4기간에 2억 원이 발생한다. 분양수익은 3기간부터 발생하며, 3기간에 30억 원, 4기간에 50억 원, 5기간에 10억 원 수입이 발생하는 것으로 가정한다. 마지막으로 할인율은 5.2%로 정한다.

〈표 2-5〉 B지구 사업 연차별 투입 및 회수금액

(단위: 백만 원)

구분		합계	0	1	2	3	4	5
비용	대지비	3,000	1,500	1,500				
	취등록세(4.6%)	138	69	69				
	건축공사비	3,500			1,500	1,000	1,000	
	철거비/토목공사비	300			200	100		
	인입공사비	40			20	20		
	부대비	1,000			500	300	200	
	비용 합계	7,978	1,569	1,569	2,220	1,420	1,200	0
수익	분양수익	9,000				3,000	5,000	1,000
	수익 합계	9,000	0	0	0	3,000	5,000	1,000

B지구의 대지비는 2년간 15억 원씩 발생하는 것으로 가정하며, 취 · 등록세는 대지비에 대하여 4.6%가 발생하는 것으로 가정하였다. 건축공사비는 2기간에 15억 원씩 발생하며, 3,4기간에는 10억 원씩 발생한다. 철거비 및 토목공사비는 2기간에 2억 원, 3기간에 1억 원 발생하며, 인입공사비는 2, 3기간에 2천만 원씩 발생한다. 부대비는 2기간에 5억 원, 3기간에 3억 원, 4기간에 2억 원이 발생한다. 분양수익은 3기간부터 발생하며, 3기간에 30억 원, 4기간에 50억 원, 5기간에 10억 원 수입이 발생하는 것으로 가정한다. 마지막으로 할인율은 5.2%로 정한다.

위와 같은 A지구와 B지구의 사업에 대한 가정 하에, *NPV*와 *IRR*, *PI*의 값은 Excel로 산출이 가능하다.

① A지구 현금흐름 입력하기

우선 〈표 2-4〉의 A지구 사업 연차별 투입 및 회수금액을 Excel에 입력한다. 취 · 등록세 같은 경우에는 대지비에 4.6%이므로, 취 · 등록세 관련 E5셀에 아래 그림의 산식인 "=E4*0.046"을 입력한다. 취 · 등록세 1기간인 E6셀에는 "F4*0.046"을 입력한다.

E5 =E4*0.046

	A	B	C	D	E	F	G	H	I	J
1										
2		<연차별 투입 및 회수금액>		할인율	5.20%	(단위: 백만원)				
3		구 분		합계	0	1	2	3	4	5
4		비용	대지비	2,000	1,000	1,000				
5			취등록세(4.6%)	92	46	46				
6			건축공사비	4,000			1,500	1,500	1,000	
7			철거비/토목공사비	300			150	150		
8			인입공사비	40			20	20		
9			부대비	1,000			500	300	200	
10			비용 합계	7,432	1,046	1,046	2,170	1,970	1,200	0
11		수익	분양수익	9,000				3,000	5,000	1,000
12			수익 합계	9,000	0	0	0	3,000	5,000	1,000

❖[그림 2-27] A지구 사업 현금흐름 및 취 · 등록세 입력

② A지구 순회수금액 입력하기

순회수금액은 비용에서 수익을 차감한 값이므로, 현재(0기간)의 비용 합계인 E10셀과 수익 합계인 E12셀을 활용하여 0기간의 순회수금액인 E13셀에 "=E12−E10"을 입력한다. 그리고 분석의 마지막 기간인 5기간의 순회수금액인 J13셀까지 기간마다 E13셀을 복사하여 붙여 넣는다.

SUM =E12-E10

	A	B	C	D	E	F	G	H	I	J
1										
2		<연차별 투입 및 회수금액>		할인율	5.20%	(단위: 백만원)				
3		구 분		합계	0	1	2	3	4	5
4		비용	대지비	2,000	1,000	1,000				
5			취등록세(4.6%)	92	46	46				
6			건축공사비	4,000			1,500	1,500	1,000	
7			철거비/토목공사비	300			150	150		
8			인입공사비	40			20	20		
9			부대비	1,000			500	300	200	
10			비용 합계	7,432	1,046	1,046	2,170	1,970	1,200	0
11		수익	분양수익	9,000				3,000	5,000	1,000
12			수익 합계	9,000	0	0	0	3,000	5,000	1,000
13		순회수금액		1,568	=E12-E10	-1,046	-2,170	1,030	3,800	1,000

❖[그림 2-28] A지구 사업 순회수금액 입력

③ A지구 순회수금액(할인가격) 입력하기

순회수금액(할인가격)은 각 기간별 순회수금액을 현재가치(현재가치 산식은 앞 장에서 설명한 산식과 동일)화한 것으로 할인율(E2셀) 5.2%를 활용하여, 산식 "=E13/((1+$E$2)^E15)"을 입력한다. 여기서 E13셀은 0기간의 순회수금액이며, E2셀은 할인율($는 셀을 고정시키는 옵션)이고, E15는 n기간이다. 그리고 분석의 마지막 기간인 5기간의 순회수금액(할인가격)인 J14셀까지 기간마다 E14셀을 복사하여 붙여 넣는다.

SUM | =E13/((1+$E$2)^E15)

	A	B	C	D	E	F	G	H	I	J
1										
2		<연차별 투입 및 회수금액>		할인율	5.20%	(단위: 백만원)				
3		구 분		합계	0	1	2	3	4	5
4		비용	대지비	2,000	1,000	1,000				
5			취등록세(4.6%)	92	46	46				
6			건축공사비	4,000			1,500	1,500	1,000	
7			철거비/토목공사비	300			150	150		
8			인입공사비	40			20	20		
9			부대비	1,000			500	300	200	
10			비용 합계	7,432	1,046	1,046	2,170	1,970	1,200	0
11		수익	분양수익	9,000				3,000	5,000	1,000
12			수익 합계	9,000	0	0	0	3,000	5,000	1,000
13		순회수금액		1,568	-1,046	-1,046	-2,170	1,030	3,800	1,000
14		순회수금액(할인가격)		762	=E13/((1+$E$2)	-994	-1,961	885	3,103	776
15					0	1	2	3	4	5

❖[그림 2-29] A지구 사업 순회수금액(할인가격) 입력

④ A지구 사업 투자비 입력하기

사업성 분석에 대한 투자비 결과를 나타내기 위하여, 할인율과 엑셀의 함수인 NPV를 활용하여 C20셀에 "=$E$10+NPV(B20,$F$10:$J$10)"을 입력한다. 엑셀의 함수 NPV는 부록에서 자세하게 설명되어 있다. 1기간에서 5기간의 비용 합계인 F10셀에서 J10셀까지를 할인율 9%(B20셀)를 적용하고, 0기간의 비용 합계인 E10셀을 더하여, 투자비에 대한 NPV 총합계를 산출한다.

SUM | =$E$10+NPV(B20,$F$10:$J$10)

	A	B	C	D	E	F	G	H	I	J
7		비용	철거비/토목공사비	300			150	150		
8			인입공사비	40			20	20		
9			부대비	1,000			500	300	200	
10			비용 합계	7,432	1,046	1,046	2,170	1,970	1,200	0
11		수익	분양수익	9,000				3,000	5,000	1,000
12			수익 합계	9,000	0	0	0	3,000	5,000	1,000
13		순회수금액		1,568	-1,046	-1,046	-2,170	1,030	3,800	1,000
14		순회수금액(할인가격)		762	-1,046	-994	-1,961	885	3,103	776
15					0	1	2	3	4	5
16										
17		<사업성 분석>								(단위 : 백만원)
18		할인율	NPV(투자비)	NPV(수입)	PI	NPV	IRR	사업성유무(○,×)	사업성유무(○,×)	사업성유무(○,×)
19			C	B		(수지차)	(내부수익률)	(PI기준)	(NPV기준)	(IRR기준)
20		9.00%	=$E$10+NPV(B20,$F	6,509	1.05	305	12.1%	O	O	O

❖[그림 2-30] A지구 사업 투자비 입력

⑤ A지구 사업 수입 입력하기

사업성 분석에 대한 수입 결과를 나타내기 위하여, 할인율과 엑셀의 함수인 NPV를 활용하여 D20셀에 "=$E$12+NPV(B20,$F$12:$J$12)"을 입력한다. 1기간에서 5기간의 비용 합계인 F12셀에서 J12셀까지를 할인율 9%(B20셀)를 적용하고, 0기간의 비용 합계인 E12셀을 더하여, 수입에 대한 NPV 총합계를 산출한다.

SUM | =$E$12+NPV(B20,$F$12:$J$12)

	A	B	C	D	E	F	G	H	I	J
7		비용	철거비/토목공사비	300			150	150		
8			인입공사비	40			20	20		
9			부대비	1,000			500	300	200	
10			비용 합계	7,432	1,046	1,046	2,170	1,970	1,200	0
11		수익	분양수익	9,000				3,000	5,000	1,000
12			수익 합계	9,000	0	0	0	3,000	5,000	1,000
13		순회수금액		1,568	-1,046	-1,046	-2,170	1,030	3,800	1,000
14		순회수금액(할인가격)		762	-1,046	-994	-1,961	885	3,103	776
15					0	1	2	3	4	5
16										
17		<사업성 분석>								(단위 : 백만원)
18		할인율	NPV(투자비)	NPV(수입)	PI	NPV	IRR	사업성유무(○,×)	사업성유무(○,×)	사업성유무(○,×)
19			C	B		(수지차)	(내부수익률)	(PI기준)	(NPV기준)	(IRR기준)
20		9.00%	6,203	=$E$12+NPV(B20,$F	1.05	305	12.1%	○	○	○

❖[그림 2-31] A지구 사업 수입 입력

⑥ A지구 사업 수입성지표법(PI) 산출하기

각 NPV에 대한 투자비와 수입을 산출한 C20셀과 D20셀을 활용하여 수익성지수법(PI)을 산출하는데, 수익성지수법 결과 셀인 E20셀에 "=D20/C20"을 입력하여 산출한다.

SUM | =D20/C20

	A	B	C	D	E	F	G	H	I	J
16										
17		<사업성 분석>								(단위 : 백만원)
18		할인율	NPV(투자비)	NPV(수입)	PI	NPV	IRR	사업성유무(○,×)	사업성유무(○,×)	사업성유무(○,×)
19			C	B		(수지차)	(내부수익률)	(PI기준)	(NPV기준)	(IRR기준)
20		9.00%	6,203	6,509	=D20/C20	305	12.1%	○	○	○

❖[그림 2-32] A지구 사업 PI 산출

⑦ A지구 사업 순현재가치법(NPV) 산출하기

각 NPV에 대한 투자비와 수입을 산출한 C20셀과 D20셀을 활용하여 순현재가치법(NPV)을 산출하는데, 순현재가치법(NPV)의 결과 셀인 F20셀에 수입에서 투자비를 차감한 산식인 "=D20−C20"을 입력하여 산출한다.

SUM | =D20-C20

	A	B	C	D	E	F	G	H	I	J
16										
17		<사업성 분석>								(단위 : 백만원)
18		할인율	NPV(투자비)	NPV(수입)	PI	NPV	IRR	사업성유무(○,×)	사업성유무(○,×)	사업성유무(○,×)
19			C	B		(수지차)	(내부수익률)	(PI기준)	(NPV기준)	(IRR기준)
20		9.00%	6,203	6,509	1.05	=D20-C20	12.1%	○	○	○

❖[그림 2-33] A지구 사업 NPV 산출

⑧ A지구 사업 내부수익률(IRR) 산출하기

각 기간별 순회수금액(할인가격)인 E14셀에서 J14셀까지의 값을 활용하여 내부수익률(IRR)을 산출한다. 내부수익률은 r을 구하는 것이므로, 엑셀에서의 함수인 IRR을 활용하여 계산한다. 엑셀의 함수 IRR는 부록에서 자세하게 설명이 되어 있다. 0기간에서 5기간의 순회수금액(할인가격)인 E14셀에서 J14셀까지를 활용한 산식 "=IRR($E$14:$J$14)"를 G20셀에 입력하여 산출한다.

SUM | =IRR($E$14:$J$14)

	A	B	C	D	E	F	G	H	I	J
10			비용 합계	7,432	1,046	1,046	2,170	1,970	1,200	0
11		수익	분양수익	9,000				3,000	5,000	1,000
12			수익 합계	9,000	0	0	0	3,000	5,000	1,000
13		순회수금액		1,568	-1,046	-1,046	-2,170	1,030	3,800	1,000
14		순회수금액(할인가격)		762	-1,046	-994	-1,961	885	3,103	776
15					0	1	2	3	4	5
16										
17		<사업성 분석>								(단위 : 백만원)
18		할인율	NPV(투자비)	NPV(수입)	PI	NPV	IRR	사업성유무(○,×)	사업성유무(○,×)	사업성유무(○,×)
19			C	B		(수지차)	(내부수익률)	(PI기준)	(NPV기준)	(IRR기준)
20		9.00%	6,203	6,509	1.05	305	E$14:$J$14)	O	O	X

❖[그림 2-34] A지구 사업 IRR 산출

⑨ A지구 사업 수익성지수법(PI) 사업성 결과 산출하기

산출된 수익성지수법(PI)의 결과를 따지기 위하여 각 할인율별 사업성이 존재하는지에 대하여 살펴보고자 한다. 본 사업성 유·무를 확인하기 위하여 엑셀의 IF함수를 활용한다. IF 함수에 대해서는 부록에서 자세하게 다룬다. 산출된 수익성지수법(PI) 결과 값인 E20셀에 대한 사업성 유·무를 확인하기 위하여 H20셀에 "=IF(E20〉1,"O","X")"를 작성한다. 이는 E20셀이 1보다 크면 사업성이 존재하는 "O"가 나타날 것이며, 사업성이 존재하지 않는다면, "X"가 표시될 것이다.

SUM | =IF(E20>1,"O","X")

	A	B	C	D	E	F	G	H	I	J
16										
17		<사업성 분석>								(단위 : 백만원)
18		할인율	NPV(투자비)	NPV(수입)	PI	NPV	IRR	사업성유무(○,×)	사업성유무(○,×)	사업성유무(○,×)
19			C	B		(수지차)	(내부수익률)	(PI기준)	(NPV기준)	(IRR기준)
20		9.00%	6,203	6,509	1.05	305	12.1%	=IF(E20>1,"O","X")	O	O

❖[그림 2-35] A지구 사업 PI 사업성 유 · 무 산출

⑩ A지구 사업 순현재가치법(NPV) 사업성 결과 산출하기

산출된 순현재가치법(NPV)의 결과를 따지기 위하여 각 할인율별 사업성이 존재하는지에 대하여 살펴보고자 한다. 본 사업성 유·무를 확인하기 위하여 엑셀의 IF함수를 활용한다. 산출된 순현재가치법(NPV) 결과 값인 F20셀에 대한 사업성 유·무를 확인하기 위하여 I20셀에 "=IF(F20〉0,"O","X")"를 작성한다. 이는 F20셀이 0보다 크면 사업성이 존재하는 "O"가 나타날 것이며, 사업성이 존재하지 않는다면, "X"가 표시될 것이다.

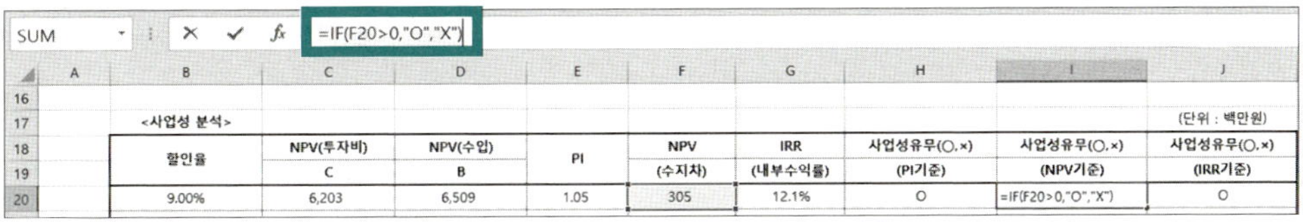
SUM =IF(F20>0,"O","X")

	A	B	C	D	E	F	G	H	I	J
16										
17		<사업성 분석>								(단위 : 백만원)
18		할인율	NPV(투자비)	NPV(수입)	PI	NPV	IRR	사업성유무(○,×)	사업성유무(○,×)	사업성유무(○,×)
19			C	B		(수지차)	(내부수익률)	(PI기준)	(NPV기준)	(IRR기준)
20		9.00%	6,203	6,509	1.05	305	12.1%	O	=IF(F20>0,"O","X")	O

❖[그림 2-36] A지구 사업 NPV 사업성 유 · 무 산출

⑪ A지구 사업 내부수익률(IRR) 사업성 결과 산출하기

산출된 내부수익률(IRR)의 결과를 따지기 위하여 각 할인율별 사업성이 존재하는지에 대하여 살펴보고자 한다. 본 사업성 유·무를 확인하기 위하여 엑셀의 IF함수를 활용한다. 산출된 내부수익률(IRR) 결과 값인 G20셀에 대한 사업성 유·무를 확인하기 위하여 J20셀에 "=IF(G20〉B20,"O","X")"를 작성한다. 이는 G20셀이 할인율인 B20셀보다 크면 사업성이 존재하는 "O"가 나타날 것이며, 사업성이 존재하지 않는다면, "X"가 표시될 것이다.

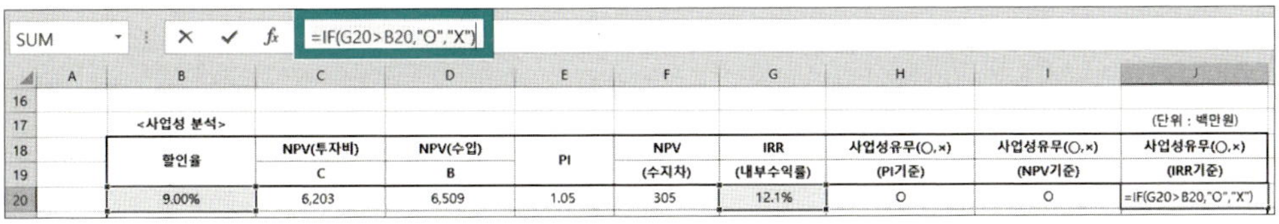
SUM =IF(G20>B20,"O","X")

	A	B	C	D	E	F	G	H	I	J
16										
17		<사업성 분석>								(단위 : 백만원)
18		할인율	NPV(투자비)	NPV(수입)	PI	NPV	IRR	사업성유무(○,×)	사업성유무(○,×)	사업성유무(○,×)
19			C	B		(수지차)	(내부수익률)	(PI기준)	(NPV기준)	(IRR기준)
20		9.00%	6,203	6,509	1.05	305	12.1%	O	O	=IF(G20>B20,"O","X")

❖[그림 2-37] A지구 사업 IRR 사업성 유 · 무 산출

⑫ A지구 사업 최종 사업성 결과 산출하기

앞서 11가지의 과정을 거쳐 J20셀까지 산출을 하였으며, 할인율 별로 사업성 유·무를 파악하기 위하여 할인율을 B20셀 밑으로 1%씩 감소되게 입력한다. B24셀에는 본 분석의 할인율인 5.2%를 입력하며, 최소 할인율인 2%(B28셀)까지 입력한다. 그런 다음 산출된

C20셀부터 J20셀까지를 28행까지 복사하여 붙여 넣는다. 그 결과 아래의 그림처럼 나타나게 된다.

<사업성 분석> (단위 : 백만원)

할인율	NPV(투자비)	NPV(수입)	PI	NPV	IRR	사업성유무(○,×)	사업성유무(○,×)	사업성유무(○,×)
	C	B		(수지차)	(내부수익률)	(PI기준)	(NPV기준)	(IRR기준)
9.00%	6,203	6,509	1.05	305	6.5%	O	O	X
8.00%	6,321	6,737	1.07	416	6.5%	O	O	X
7.00%	6,443	6,976	1.08	534	6.5%	O	O	X
6.00%	6,569	7,227	1.10	658	6.5%	O	O	O
5.20%	6,673	7,435	1.11	762	6.5%	O	O	O
5.00%	6,699	7,489	1.12	789	6.5%	O	O	O
4.00%	6,835	7,763	1.14	928	6.5%	O	O	O
3.00%	6,976	8,050	1.15	1,074	6.5%	O	O	O
2.00%	7,122	8,352	1.17	1,230	6.5%	O	O	O

❖[그림 2-38] A지구 사업 사업성 분석 결과

위 12개의 과정을 거쳐 A지구 사업에 대한 사업성 분석 전체 결과 엑셀은 [그림 2-39]와 같다.

<연차별 투입 및 회수금액> 할인율 5.20% (단위: 백만원)

구 분		합계	0	1	2	3	4	5
비용	대지비	2,000	1,000	1,000				
	취등록세(4.6%)	92	46	46				
	건축공사비	4,000			1,500	1,500	1,000	
	철거비/토목공사비	300			150	150		
	인입공사비	40			20	20		
	부대비	1,000			500	300	200	
	비용 합계	7,432	1,046	1,046	2,170	1,970	1,200	0
수익	분양수익	9,000				3,000	5,000	1,000
	수익 합계	9,000	0	0	0	3,000	5,000	1,000
순회수금액		1,568	-1,046	-1,046	-2,170	1,030	3,800	1,000
순회수금액(할인가격)		762	-1,046	-994	-1,961	885	3,103	776
			0	1	2	3	4	5

<사업성 분석> (단위 : 백만원)

할인율	NPV(투자비)	NPV(수입)	PI	NPV	IRR	사업성유무(○,×)	사업성유무(○,×)	사업성유무(○,×)
	C	B		(수지차)	(내부수익률)	(PI기준)	(NPV기준)	(IRR기준)
9.00%	6,203	6,509	1.05	305	6.5%	O	O	X
8.00%	6,321	6,737	1.07	416	6.5%	O	O	X
7.00%	6,443	6,976	1.08	534	6.5%	O	O	X
6.00%	6,569	7,227	1.10	658	6.5%	O	O	O
5.20%	6,673	7,435	1.11	762	6.5%	O	O	O
5.00%	6,699	7,489	1.12	789	6.5%	O	O	O
4.00%	6,835	7,763	1.14	928	6.5%	O	O	O
3.00%	6,976	8,050	1.15	1,074	6.5%	O	O	O
2.00%	7,122	8,352	1.17	1,230	6.5%	O	O	O

❖[그림 2-39] A지구 사업 사업성 분석 전체 결과

본 A지구의 5.2%의 할인율에 대한 수익성지수법(PI) 결과는 1.11로 나타났으며, 순현재가치법(NPV)은 762백만 원으로 산출되었으며, 내부수익률(IRR)은 6.5%로 파악되었다. 사

업성 유·무를 따졌을 경우 모두 5.2% 할인율에 대하여 사업성이 존재하는 것으로 분석되었다.

앞서 12개의 과정을 B지구에도 동일하게 적용하였을 경우 아래와 같이 산출되었다.

<연차별 투입 및 회수금액> 할인율 5.20% (단위: 백만원)

구분		합계	0	1	2	3	4	5
비용	대지비	3,000	1,500	1,500				
	취등록세(4.6%)	138	69	69				
	건축공사비	3,500			1,500	1,000	1,000	
	철거비/토목공사비	300			200	100		
	인입공사비	40			20	20		
	부대비	1,000			500	300	200	
	비용 합계	7,978	1,569	1,569	2,220	1,420	1,200	0
수익	분양수익	9,000				3,000	5,000	1,000
	수익 합계	9,000	0	0	0	3,000	5,000	1,000
순회수금액		1,022	-1,569	-1,569	-2,220	1,580	3,800	1,000
순회수금액(할인가격)		169	-1,569	-1,491	-2,006	1,357	3,103	776
			0	1	2	3	4	5

<경제성 분석> (단위 : 백만원)

할인율	NPV(투자비) C	NPV(수입) B	PI	NPV (수지차)	IRR (내부수익률)	사업성유무(○,×) (PI기준)	사업성유무(○,×) (NPV기준)	사업성유무(○,×) (IRR기준)
9.00%	6,824	6,509	0.95	-315	1.2%	X	X	X
8.00%	6,934	6,737	0.97	-197	1.2%	X	X	X
7.00%	7,049	6,976	0.99	-73	1.2%	X	X	X
6.00%	7,168	7,227	1.01	59	1.2%	O	O	X
5.20%	7,266	7,435	1.02	169	1.2%	O	O	X
5.00%	7,291	7,489	1.03	198	1.2%	O	O	X
4.00%	7,418	7,763	1.05	345	1.2%	O	O	X
3.00%	7,551	8,050	1.07	500	1.2%	O	O	X
2.00%	7,688	8,352	1.09	664	1.2%	O	O	X

❖[그림 2-40] B지구 사업 사업성 분석 전체 결과

B지구의 5.2%의 할인율에 대한 수익성지수법(PI) 결과는 1.02로 나타났으며, 순현재가치법(NPV)은 169백만 원으로 산출되었으며, 내부수익률(IRR)은 1.2%로 파악되었다. 사업성 유·무를 따졌을 경우 내부수익률(IRR)은 5.2% 할인율에 대하여 사업성이 존재하지 않는 것으로 분석되었고, 순현재가치법(NPV)와 수익성지수법(PI)는 사업성이 존재하는 것으로 분석되었다.

하지만 본 사업성 분석은 A지구에 대한 사업성과 B지구의 사업성에 대하여 비교하는 것이다. 동일한 할인율(5.2%)를 적용하였을 시, 수익성지수법(PI)과 순현재가치법(NPV), 내부수익률(IRR) 모두 B지구에서 사업하는 것보다 A지구에서 사업을 진행하는 것이 유리한 것으로 파악된다.

CHAPTER 03

부동산 시장분석의 이해

1. 포트폴리오의 이해

2. 통계를 활용한 시장분석

CHAPTER

03 부동산 시장분석의 이해

1. 포트폴리오의 이해

1) 포트폴리오란?

투자자들은 어떠한 부동산에 투자하기 전에 그 부동산의 기대수익과 위험에 대해서 판단한다. 합리적인 투자자라면 같은 수준의 위험을 가지고 있는 부동산들 중에서 더 높은 수익률을 기록하는 부동산 투자 안을 선택할 것이다. 그렇다면, 개별 부동산들의 수익률은 어떻게 측정을 할 수 있는지 의문점이 존재하게 된다. 이러한 의문점을 해결하기 위하여 본 장에서는 개별 부동산에 대한 위험과 기대수익률을 측정하는 방법에 대하여 알아가고, 여러 부동산에 모두 투자할 때 위험을 최소화하는 포트폴리오(Portfolio)구성에 대해서 설명한다. 여기서 포트폴리오란 둘 또는 그 이상의 개별자산의 결합(Combination of Two or More Assets)을 의미한다(조지호 · 정성훈, 2012). 일반적으로 개별자산이란 주식 · 채권 · 부동산 등 경제성이 있는 모든 자산을 의미하지만, 본 책에서는 부동산자산으로만 한정하여 설명한다.

포트폴리오와 부동산 시장과는 밀접하게 연관되어 있으며, 개별 부동산의 수익률과 위험도 관계가 있다. 그러므로 부동산 시장분석을 위해서는 필수적으로 포트폴리오 이론에 대하여 살펴볼 필요가 있다. 또한 부동산 투자를 할 때, 같은 지역의 부동산에 투자하는 것보다 여러 지역의 부동산에 분산투자함으로써 위험을 감소시킬 수 있다. 따라서 부동산 투자자에게 있어서 포트폴리오 이론은 매우 중요시된다.

① 포트폴리오이론의 가정

Markowitz가 포트폴리오 이론을 전개 시 설정한 기본적인 가정은 다음의 네 가지가 있다.

포트폴리오의 가정

1. 시장은 합리적인 투자자만이 존재한다. 합리적인 투자자의 의미는 위험 회피적이고 기대효용의 극대화를 목표로 한다는 것이다. 투자자를 의미한다.
2. 투자자들은 동질적인 예측을 한다. 투자자는 투자수익률의 확률분포를 이미 알고 있으며, 확률분포에 대해 모든 투자자가 동질적으로 예측함을 의미한다.
3. 투자자의 효용은 기대수익률과 위험에 의해 결정된다. 기대수익률은 평균으로 나타낼 수 있고 위험은 분산 또는 표준편차로 나타낼 수 있다. 그러므로 투자하고자 하는 자산의 평균과 분산을 비교하여 투자 대상을 선정한다.
4. 단일기간의 투자기간을 고려하는 투자자들로 구성되어 있다.

출처: 조지호 · 정성훈(2012).

현재도 Markowitz가 제시한 네 가지 가정은 포트폴리오이론의 기본적인 가정으로 인식되고 있다. 위의 가정들 중에서 합리적인 투자자만이 존재한다는 점 등은 현실과 괴리가 있는 것으로 판단되지만, 이를 제외하고는 현실에 크게 벗어나는 것은 아니다. 따라서 이론의 배경이 되는 가정으로 설정할 수 있고 이는 무리한 설정은 아니다. 또한 이러한 점은 포트폴리오이론의 존재가치와 타당성에는 크게 영향을 미치지 못한다.

② 개별자산의 수익과 위험

투자자들이 부동산 포트폴리오를 구성하기 위해서는 우선, 포트폴리오를 구성할 개별부동산자산의 가치를 평가할 수 있어야 한다. 개별부동산자산의 가치를 평가하기 위해서는 기대수익률과 위험을 알아야한다. Markowitz의 경우 기대수익률과 위험을 미래수익의 확률분포를 이용한 확률론적 방법으로 분석하였다. 즉, 미래수익률의 확률분포를 고려하여 기대수익률을 산출하였고, 기대수익률의 분산정도를 이용하여 위험을 측정할 수 있다. 이후 이를 통해 개별부동산자산 가치를 평가할 수 있다. 본 항에서 개별부동산자산의 기대수익률과 분산은 다음과 같이 측정된다.

③ 개별부동산자산의 기대수익

개별부동산자산에서 미래 발생할 기대수익을 산정하기에는 현실적으로 곤란하다. 하지만 미래의 경제상황 변화를 기초로 미래수익률의 확률분포(Probability Distribution)를 작성 · 이용하면 미래수익률의 평균치를 통해서 기대수익률(Expected Return)을 측정할 수 있다. 확률분포를 이용한 기대수익률을 산출하는 방법은 아래의 식과 같다.

$$E(r_i) = \sum_{i=1}^{n} r_i P_i \qquad \text{[식 3-1]}$$

r_i : i상황의 수익률

P_i : i상황이 발생할 확률

예를 들어 A지역 부동산자산의 미래투자수익률(실현가능수익률)이 〈표 3-1〉 같이 다섯 가지의 상황에서 발생한다고 하자.

〈표 3-1〉 A지역의 부동산자산 실현가능수익률과 발생확률

A지역 부동산자산의 실현가능수익률(r_i)	발생확률(P_i)
0.30	0.10
0.10	0.20
0.20	0.35
0.05	0.25
-0.20	0.10

[식 3-1]에 따르면 A지역 부동산자산의 기대수익률은 위의 식과 같이 산출하면 $E(r_i) = \sum_{i=1}^{n} r_i P_i = 0.1125$ 같이 산출된다. 0.1125는 A부동산의 기대수익률이다. 그러나 앞에서도 밝혔듯 부동산자산 미래수익률의 확률분포를 이용하기는 현실적으로 확률분포추정이 어려움이 있다. 이로 인해 미래수익률의 확률분푸를 이용한 기대수익률 산출은 어렵다. 따라서 실무에서는 기대수익률을 산출하기 위해서 과거 부동산자산의 자료를 활용하여 미래수익률을 측정한다.

과거 부동산자산의 자료를 이용하여 미래수익률을 측정하려면 [식 3-2]를 통해 산출된 일정단위기간의 수익률 r_{it}이 필요하다. 일정기간 동안 이 수익률의 평균값이 기대수익률로 사용할 수 있다.

$$r_{i,t}=\frac{(P_{i,t}-P_{i,t-1})}{P_{i,t-1}} \qquad [식\ 3-2]$$

$P_{i,t}$: i자산의 t시점에서의 시장가격

$P_{i,t-1}$: i자산의 $t-1$시점에서의 시장가격

④ 개별자산의 위험

앞서 부동산자산의 기대수익률에 대해 살펴보았다. 마코위츠의 이론은 기대수익률과 함께 위험의 측정이 중요하다. 마코위츠의 이론에서 위험은 기대수익률의 분산(Variance)을 통해 나타나게 된다. 이는 부동산 투자에 있어서 일반적으로 미래 부동산자산의 가격변화를 알 수 없을 때 투자자들이 느끼는 불안을 위험으로 보는 것이다. 즉, 위험(Risk)이란 미래에 어느 정도로 불확실성(Uncertainty)을 가지고 있는가를 통해 측정이 가능하다. 따라서 개별부동산자산의 위험은 부동산 투자로부터 미래에 획득 가능한 수익이 어떠한 분포를 하고 있는가 하는 수익의 확률분포에 관한 것이며, 미래수익분포의 분산으로 표시된다. [식 3-3]을 이용하는 계산된 기대수익률의 위험인 분산(Variance) 혹은 표준편차(Standard Deviation)[1]는 아래의 식으로 측정된다.

$$Var(r_i)=\sigma_i^2=\sum_{i=1}^{n}\{r_i-E(r_i)\}^2\cdot P_i \qquad [식\ 3-3]$$
$$\sigma=\sqrt{\sigma_i^2}$$

위 [식 3-3]의 방법으로 측정된 수익률의 분산이나 표준편차가 크면 클수록 미래수익률의 분포는 넓어지므로 위험은 증가한다.

앞의 예에서 A자산의 위험은 다음과 같다.

$$Var(r_i)=\sum_{i=1}^{n}\{r_i-E(r_i)\}^2\cdot P_i \fallingdotseq 0.0170$$
$$\sigma=\sqrt{Var(r_i)}\fallingdotseq 0.13038$$

1) 확률변수가 기댓값을 중심으로 움직일 경우 분산과 표준편차는 확률변수가 기댓값을 중심으로 어떻게 흩어져 있는지 나타내는 것이다. 이때 분산과 표준편차는 확률변수의 값과 기댓값의 차이를 기준으로 산출할 수 있다. 그러나 기댓값과 확률변수의 차이를 산출할 때 그 차이 값이 음의 값을 가질 수도 있기 때문에 그 차이 값을 제곱하여 양의 값으로 만든 다음 평균을 산출하게 된다. 이것이 분산이며, 분산과정에서 제곱한 것을 일반화된 단위로 만들어 주기 위해서 제곱근을 씌워 표준편차를 산출하게 된다(이긍희 · 박진호, 2009).

위와 같이 개별부동산자산의 위험을 측정할 때 몇 가지 의문점에 직면한다. 첫째, 기본적으로 위험측정시의 기대수익보다 높은 부분과 낮은 부분이 존재하기 마련이다. 이때 기댓값의 상향이탈(부동산 투자자가 기대한 수익보다 훨씬 더 많은 수익을 얻은 부분)시는 위험으로 봐야하는가에 대한 의문을 제기할 수 있다(임재만, 2008). 둘째, 원칙적으로는 부동산자산이 가지는 미래수익률의 확률분포를 추정하여야 하며 이를 통하여 분산 및 표준편차를 계산해야 한다. 하지만 현실에서 활용하려면 과거의 자료를 이용하여야 한다. 이러한 점 때문에 논리전개의 타당성에 대한 의문을 제시할 수 있다.

2) 포트폴리오의 수익과 위험

앞에서 개별 부동산자산의 수익과 위험에 대해 알아보았다. 투자자들은 개별 부동산자산에 투자할 수도 있지만 각기 다른 부동산에 투자함으로써 포트폴리오를 구성할 수도 있다. 따라서 본 항에서는 포트폴리오의 수익과 위험에 대해서 알아본다. 먼저 포트폴리오의 수익과 위험은 개별 부동산자산과 마찬가지로 기대수익률과 분산 또는 표준편차로 나타낼 수 있다. 그리고 부동산 포트폴리오의 가치 또한 수익과 위험을 기준으로 평가한다.

포트폴리오의 기대수익률과 위험을 산출하는 방법을 보면 기대수익률의 산정방법은 개별 부동산자산과 유사하지만 위험을 산정할 때는 차이가 있다. 포트폴리오의 기대수익률은 포트폴리오를 구성하고 있는 개별 부동산자산의 기대수익의 합으로 나타낼 수 있다. 반면 포트폴리오의 위험은 개별자산의 분산(혹은 표준편차)의 합으로 나타나는 것은 아니다.

① 포트폴리오의 기대수익

포트폴리오의 기대수익을 산출하기 위해서는 개별부동산자산의 기대수익률의 합을 이용한다. 하지만 합으로만 산출하기에는 각 부동산자산의 투자구성 비율이 반영되지 않는다. 따라서 포트폴리오를 구성하고 있는 개별 부동산자산의 기대수익률을 각 자산의 투자구성 비율(Weight)에 따라 가중 평균한 평균수익률로 표시된다. 예를 들어 어떤 포트폴리오가 n개의 부동산자산으로 구성되어 있고, 각 부동산자산에 투자한 비율을 총 투자금에 대한 부동산자산의 매입비용이라고 한다면, $W_i(i=1,2,3\cdots n)$는 부동산자산의 가중치가 된다. 이때 포트폴리오의 기대수익률 $E(r_p)$는 다음의 식으로 나타난다.

$$E(r_p) = W_i \cdot E(r_i) \quad \text{[식 3-4]}$$

$$\left(\text{이때 } \sum_{i=1}^{n} W_i = 1,\ E(r_i)\text{는 } i\text{부동산자산의 기대수익률}\right)$$

② 포트폴리오의 위험

포트폴리오의 위험을 산출할 때는 기대수익률과 같은 방식으로 가중평균합산을 해서는 안 된다. 포트폴리오의 분산(혹은 표준편차)은 구성자산들이 가지고 있는 수익률의 확률분포에 나타나는 상관관계를 고려해서 측정되어야 한다. 실제로 포트폴리오의 위험은 각 개별자산의 표준편차를 단순 가중 평균한 값보다 훨씬 작다. 포트폴리오의 분산은 다음의 식으로 계산된다.

$$\sigma_p^2 = \sum_{i=1}^{n} W_i^2 \sigma_i^2 + \sum_{j=1}^{n} W_j^2 \sigma_j^2 + \sum_{\substack{i=1 \\ i \neq j}}^{n} \sum_{j=1}^{n} W_i W_j Cov(r_i, r_j) \quad \text{[식 3-5]}$$

W_i : i자산의 투자구성비율

W_j : j자산의 투자구성비율

σ_i^2 : i자산의 미래수익률의 분산

σ_j^2 : j자산의 미래수익률의 분산

$Cov(r_i, r_j)$: i자산과 j자산의 미래수익률의 공분산

부동산자산 i와 j의 수익률의 공분산(Covariance)은 부동산자산 i와 j의 수익률분포로부터 두 부동산 간의 관계를 나타낸 것으로 $Cov(r_i, r_j)$ 혹은 σ_{ij}로 표시되며 [식 3-6]로 측정된다.

$$Cov(r_i, r_j) = \sum_{i=1}^{n} \sum_{j=1}^{n} [\{r_i - E(r_i)\}\{r_j - E(r_j)\}] \cdot P(r_i r_j) \quad \text{[식 3-6]}$$

$P(r_i r_j)$: r_i와 r_j가 동시에 발생될 확률

공분산의 개념은 포트폴리오이론에서 매우 중요한 개념이다. 위에서 공분산은 두 부동산 간의 관계를 나타낸다고 했다. 왜냐하면 공분산은 두 개의 수익률간의 상호 변화방향을 그 값에 반영함으로써 포트폴리오의 위험의 크기로서의 분산에 영향을 미치기 때문이다.

환언하면 공분산은 각기 다른 두 부동산의 수익률변수가 그 기대치를 중심으로 같은 방향으로 움직일 경우 +값을 가지게 되고, 반대로 하나의 수익률변수가 그 기대치보다 높게 될 때 다른 수익률은 해당기대치보다 낮은 경우처럼 서로의 변화방향이 상반될 때 공분산의 값은 마이너스가 된다. 즉, 공분산은 두 개 자산의 방향성을 보여 준다고 할 수 있다.

이 공분산의 값이 양(+)인가 음(−)의 값인가에 따라 그것이 포트폴리오의 분산 값에 미치는 영향은 [식 3−5]을 보면 쉽게 알 수 있다. 공분산의 음(−)값이 크면 클수록 포트폴리오의 전체 분산은 줄어든다. 이는 서로 반대방향의 수익률분포를 보이고 있기 때문이다. 즉, 하나의 부동산이 음(−)의 수익률을 나타내면 또 다른 하나의 부동산은 양(+)의 수익률을 나타난다. 따라서 그 수익률이 가지는 위험수준은 감소한다.

그러나 현실적으로 공분산의 활용에는 문제점이 있다. 공분산의 크기가 어느 정도의 수준인지 가늠할 수 없다는 점이다. 공분산의 값이 음(−)의 값을 띈다면 수익률의 방향이 서로 반대라는 점은 알 수 있으나 어느 정도인지 파악할 수 없다. 공분산의 값은 극단적으로 크거나 작은 값을 가질 수 있으므로 그 상대적인 크기를 계량할 수 없기 때문이다. 상관관계의 강도(Degree of Correlation)를 정확하게 표현하지 못한다. 이에 대한 대안으로 상관계수(ρ)를 이용한다.

상관계수(Correlation Coefficient)는 통계학적 개념인데, 개별자산이 변동하는 방향에 대한 정도를 나타내는 것을 상관관계(Correlation)라 한다. 이 때 방향의 정도를 측정하는 것을 상관계수 ρ라고 한다. r_i와 r_j 간의 상관계수를 ρ_{ij} 하면 이는 다음과 같다.

$$\rho_{ij} = \frac{Cov(r_i, r_j)}{\sigma_i \sigma_j} \qquad [식\ 3-7]$$

[식 3−7]과 같이 공분산을 표준화하여 상관계수를 산출하기 위해서는 r_i와 r_j의 공분산을 각각의 표준편차인 σ_i와 σ_j의 곱으로 나눈다. 이때 산출된 값인 상관계수 ρ_{ij}는 최소 −1과 최대 1의 값을 갖는다. 만약 ρ_{ij}가 1의 값을 가진다면 r_i와 r_j는 완전 정의 상관관계(Perfectly Positive Correlation)를 가진다. 이때 r_i의 증가는 반드시 r_j의 상응한 증가를 가져오고, r_i의 감소는 항상 r_j의 감소와 함께 실현된다. 반면, ρ_{ij}가 −1의 경우 r_i와 r_j는 완전 부의 상관관계(Perfectly Negative Correlation)를 갖는다고 한다. ρ_{ij}가 0의 경우는 그 변화가 상호 독립적이며, 상관이 없다고 한다. 이 관계를 그림으로 나타내면 [그림 3−1]과 같다.

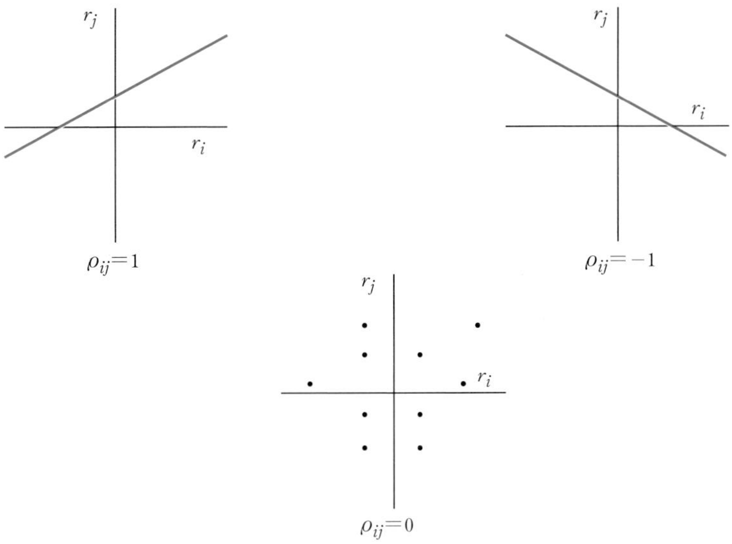

❖[그림 3-1] 부동산자산의 상관관계

포트폴리오의 분산을 공분산 대신 상관관계로도 표현이 가능하다. 공분산은 아래와 같이 상관관계와 표준편차를 이용해서 표현하면 $Cov(r_i, r_j)=\rho_{ij}\sigma_i\sigma_j$ 이다.

[식 3-5]를 이용하여 두 종류의 부동산으로 구성된 포트폴리오의 분산을 구하는 식은 [식 3-8]과 같다.

$$\sigma_p^2 = W_1^2\sigma_1^2 + W_2^2\sigma_2^2 + 2W_1W_2\rho_{12}\sigma_1\sigma_2$$ [식 3-8]

세 종류의 부동산으로 구성된 포트폴리오의 분산을 측정하는 계산식은 [식 3-9]가 된다.

$$\sigma_p^2 = W_1^2\sigma_1^2 + W_2^2\sigma_2^2 + W_3^3\sigma_3^2 + 2W_1W_2\sigma_{12} + 2W_1W_3\sigma_{13} + 2W_2W_3\sigma_{23}$$ [식 3-9]

σ_{12} = 1번 부동산과 2번 부동산의 공분산

σ_{13} = 1번 부동산과 3번 부동산의 공분산

σ_{23} = 2번 부동산과 3번 부동산의 공분산

3) 상관계수와 포트폴리오효과

포트폴리오를 구성하는 부동산의 수가 증가할수록 포트폴리오의 위험이 감소하는 현상이 나타난다. 이러한 현상을 주식 투자에서는 포트폴리오효과 또는 분산투자효과라고 한다.

[식 3-9]에서 알 수 있듯이 포트폴리오의 위험을 결정하는 데 각 부동산자산 수익률간의 상관계수가 중요한 요소로 작용하고 있다. 포트폴리오의 주요요소인 상관계수(ρ_{ij})는 다음의 식으로 계산된다.

$$\begin{aligned}\rho_{ij} &= \sigma_{ij}/\sigma_i\sigma_j \\ &= Cov\left[\left(\frac{r_i - E(r_i)}{\sigma(r_i)}\right), \left(\frac{r_j - E(r_j)}{\sigma(r_j)}\right)\right]\end{aligned} \quad \text{[식 3-10]}$$

앞서 상관계수가 포트폴리오 위험의 주요요소라 밝혔다. 이러한 상관계수의 값에 따라 포트폴리오의 위험, 즉 분산이 어떻게 변화하는지를 알기 위하여 두 개의 부동산자산으로 구성된 포트폴리오의 위험을 산출해 보자.

〈표 3-2〉 부동산자산 수익률과 위험

	A 부동산	B 부동산
$E(r_i)$	0.10	0.12
σ_i	0.09	0.09
W_i	0.5	0.5

① 상관계수(ρ_{12})=1일 경우

$$\sigma_p^2 = W_1^2\sigma_1^2 + W_2^2\sigma_2^2 + 2W_1W_2\sigma_1\sigma_2$$

ρ_{AB}=1일 때

$$\begin{aligned}\sigma_p^2 &= (0.5)^2(0.09)^2 + (0.5)^2(0.09)^2 + 2(0.5)(0.5)(1.0)(0.06)(0.09) \\ &= 0.00675\end{aligned}$$

$$\sigma_p = \sqrt{0.00675} = 0.08216$$

앞서 분산투자 및 포트폴리오 투자 시 일반적으로 위험이 줄어든다고 하였다. 하지만 두 부동산자산의 상관관계가 완전한 양(+)의 상관관계를 가진 경우, 포트폴리오를 구성하였지만 위험감소효과는 나타나지 않는다.

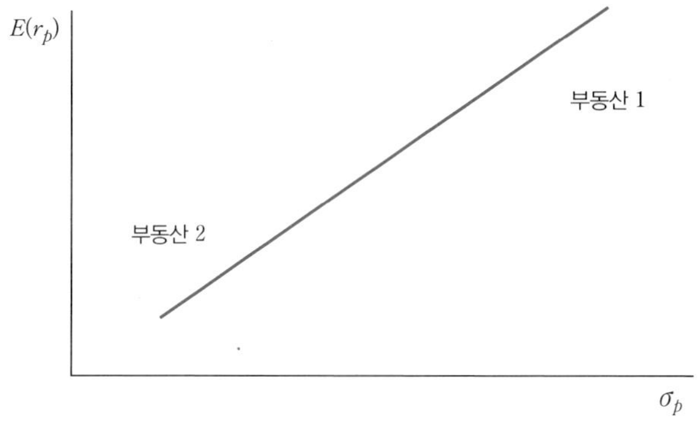

❖[그림 3-2] 상관계수$(\rho_{12})=1$일 경우

② 상관계수$(\rho_{12})=0$일 경우

$$\sigma_p^2 = (0.5)^2(0.09)^2 + (0.5)^2(0.09)^2 + 2(0.5)(0.5)(0)(0.09)(0.09)$$
$$= 0.00405$$
$$\sigma_p \fallingdotseq 0.06364$$

두 부동산자산의 상관계수가 0일 때는 두 부동산자산 간의 상관관계는 존재하지 않는다. 위의 산식과 마찬가지로 포트폴리오를 구성함으로써 위험감소효과를 가지게 된다.

③ 상관계수$(\rho_{12}) = -1$일 경우

$$\sigma_p^2 = (0.5)^2(0.09)^2 + (0.5)^2(0.09)^2 + 2(0.5)(0.5)(0.09)(0.09)$$
$$= 0$$

두 자산이 완전 음(−)의 상관관계를 가지고 있는 경우에는 포트폴리오 분산은 0이 되며, 이는 포트폴리오를 구성함에 따라 위험을 완전히 제거할 수 있게 된다는 것을 의미한다.

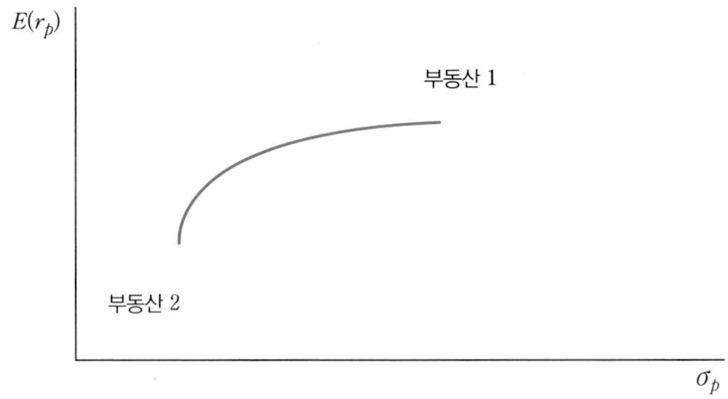

❖[그림 3-3] 상관계수(ρ_{12}) = −1일 경우

[그림 3-4]는 각기 다른 상관계수에 따른 포트폴리오의 기대수익과 표준편차의 관계를 나타내는 그래프이다.

[그림 3-4]에서와 같이 포트폴리오구성자산의 상관계수가 (−1)에 가까울수록 포트폴리오의 표준편차, 즉 위험은 감소되고 (+1)에 가까울수록 위험을 증가시킨다. 따라서 2 이상의 부동산자산에 투자하여 위험을 감소시키는 포트폴리오는 가능한 구성자산간의 상관계수가 (−1)에 가까운 부동산자산들로 구성될수록 포트폴리오의 효과는 증가한다. 하지만 현실적으로 부동산시장의 특성상 자산 간의 상관계수가 (−)값을 갖는 것은 찾아보기가 힘들며, 특히 완전 부(−)의 상관관계와 완전 정(+)의 상관관계는 존재하지 않는다. 그러므로 인해 대부분의 부동산자산들은 0과 1 사이의 상관계수를 갖는다.

한편 상관계수(ρ_{ij})는 (−1)과 (+1) 사이의 값을 가지므로 포트폴리오의 표준편차는 구성자산의 표준편차로 가중 평균한 것보다 낮다. 이것은 복수의 부동산자산에 분산투자함으로써 실현되는 위험감소효과로 포트폴리오효과를 설명한다.

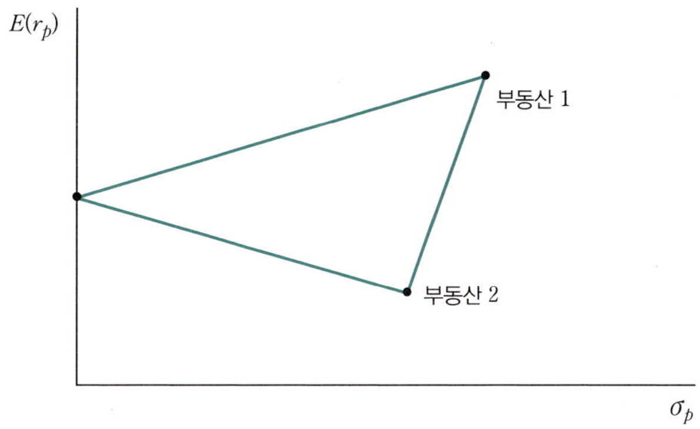

❖[그림 3-4] 상관계수와 포트폴리오의 기대수익률위험

4) 효율적인 포트폴리오 선택

① 효율적 프론티어

앞서 분산과 위험에 대한 설명을 통해 부동산자산의 포트폴리오 구성은 위험을 감소시킬 수 있다는 것을 알 수 있었다. 많은 부동산자산들 중에서 어떤 부동산을 선택하여 얼마만큼의 비중으로 투자하느냐에 따라서 가능한 포트폴리오는 수없이 많이 존재한다. 구성가능한 포트폴리오들은 기대수익률과 표준편차에 따라 [그림 3-5]와 같이 무수히 많은 점으로 표시된다.

[그림 3-5]의 포트폴리오집합은 부동산 투자자의 선택가능한 모든 포트폴리오의 기대수익률과 위험의 조합을 나타낸다. 마코위츠는 이것을 가능조합(Attainable Combination)이라고 하였다.

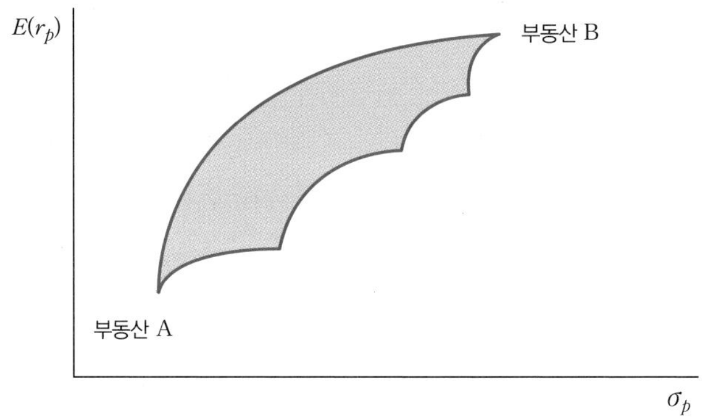

❖[그림 3-5] 포트폴리오의 집합과 효율적 프론티어

마코위츠가 명명한 포트폴리오의 가능조합에서 부동산 투자자들은 어떠한 조합에 투자해야하는지 선택의 기로에 놓이게 된다. [그림 3-5]를 참고하면 투자자들은 포트폴리오를 선택할 때 포트폴리오의 가능조합에서 지배원리(Dominance Principle)에 따라 동일수준의 위험을 갖는 포트폴리오 중에서는 가장 높은 수익을 갖는 포트폴리오를 선택하게 되고, 동일수준의 기대수익을 갖는 포트폴리오 중에서는 가장 낮은 위험의 포트폴리오를 선택하는 것을 나타낸다. 이때 투자자들의 가장 합리적인 선택은 [그림 3-5]의 AB선상에 있는 조합의 선택을 의미한다. 이 AB선상의 포트폴리오를 효율적 포트폴리오(Efficient Portfolio) 또는 효율적 프론티어(Efficient Frontier)라고 하며, 마코위츠는 이를 효율적 조합(Efficient Combination)이라고 하였다.

마코위츠가 제시한 효율적 프론티어를 통해 이성적 투자자들은 부동산자산의 효율적인 분산투자가 가능하다. 이때의 효율적 프론티어는 투자가능한 모든 부동산 포트폴리오 중에서 지배원리를 충족시키는 포트폴리오를 뜻한다.

한편, 앞서 밝혔듯이 현실적으로 각 부동산 수익률간의 상관계수는 (−1)과 (+1) 사이에 존재한다. 상관계수와 포트폴리오의 관계를 고려했을 때 [그림 3-5]와 같이 곡선의 형태로 나타남을 알 수 있다.

② 포트폴리오의 선택

투자자들은 무수히 많은 부동산 포트폴리오 중에서 어떠한 포트폴리오를 선택해야 할지 기로에 놓이게 된다. 이때 Markowitz가 제안한 효율적 프론티어는 지배원리를 이용해서 보다 효율적인 투자안을 찾을 수 있게 한다. 하지만 효율적 프론티어 안의 어느 부동산 투자안이 가장 유리한 투자안이라 밝힐 수는 없다. 다시 말해 효율적 프론티어상의 포트폴리오는 위험이 크면 기대수익률이 크고, 위험이 작으면 기대수익률이 작으므로 객관적으로 가장 효율적인 최적포트폴리오(Optimal Portfolio)를 얻을 수는 없다.

따라서 부동산 투자자들은 효율적 프론티어상에 있는 포트폴리오 중에서 부동산 투자자 자신에게 최대의 가치를 가져다 주는, 즉 최대의 효용을 얻을 수 있는 포트폴리오를 선택하게 된다. 이때 J. Tobin은 포트폴리오 선택과정을 분리이론(Separation Theorem)으로 제안하였다. 분리이론이란 투자대상의 선정과 선택이 다르다는 의미를 내포하고 있다. 그리고 불확실성하에서 부동산 투자자의 효용은 기대수익과 위험의 함수로 나타낼 수 있다.

$$U = f(E(r_i), \sigma) \qquad \text{[식 3-11]}$$
$$U : \text{효용}(utility)$$

위의 [식 3-11]은 부동산 투자자의 효용함수를 기대수익과 위험의 함수로 나타낸 것이다. 또한 개개인의 효용의 정도는 다 다르기에 부동산 투자자에 따라서 효용함수는 달라진다.

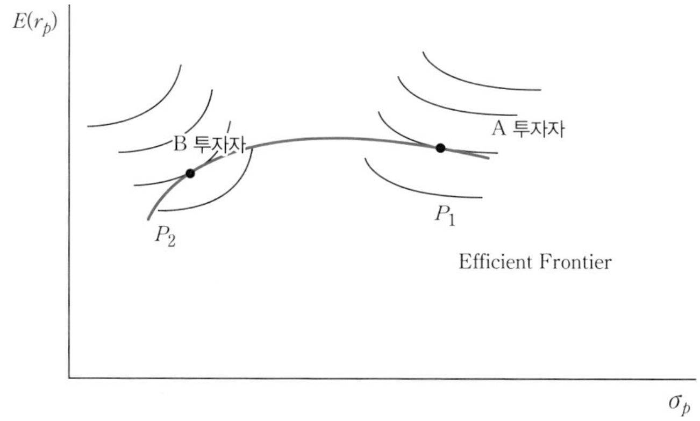

❖[그림 3-6] 포트폴리오의 선택

[그림 3-6]은 부동산 투자자의 효용을 나타내는 무차별곡선(Indifference Curve)을 $[E(r_p) - \sigma_p]$ 평면상에 도시하였다. 이때의 투자자들은 위험 회피적인 투자자들로 가정하

였다. 투자자들의 무차별 곡선은 σ_p 축에 볼록한 형태의 여러 종류의 곡선군을 이루게 된다. σ_p 축에 볼록한 이유는 기대수익률의 크기가 증가함에 따라 한계효용이 체감하기 때문에 볼록한 형태를 취하고 있으며, 부동산 투자자의 위험과 기대수익률에 대한 가치기준이 다르므로 각 무차별곡선의 기울기는 서로 다르게 나타난다.

[그림 3-6]에서 부동산 투자자 B는 부동산 투자자 A보다 위험에 대해 훨씬 민감한 반응을 보이는 것을 볼 수 있다. 이를 통해 부동산 투자자의 위험에 대한 성향을 나타낼 수 있다. 부동산 투자자 A는 부동산 투자자 B에 비해 위험선호형(Risk Taker), 혹은 공격적 투자자이며, 부동산 투자자 B는 위험회피형(Risk Averter) 혹은 보수적 투자자라고 할 수 있다.

[그림 3-6]의 $[E(r_p)-\sigma_p]$ 평면상에 효율적 프론티어와 각 부동산 투자자들의 무차별 곡선을 함께 도시하였다. 이후 효율적 프론티어상의 포트폴리오 중에서 효용을 극대화할 수 있는 포트폴리오를 찾는다. 효용을 극대화하는 포트폴리오는 효율적 프론티어와 부동산 투자자의 효용무차별곡선이 만나는 접점에서 나타난다. [그림 3-6]에서는 p_1과 p_2가 부동산 투자자 A, B가 선택하게 되는 최적포트폴리오이다. 즉, 부동산 투자자는 자신의 효용무차별곡선과 효율적 프론티어가 접하는 점의 포트폴리오를 선택하여 효용을 극대화한다.

5) 다수의 부동산자산과 포트폴리오

① 다수 부동산자산과 포트폴리오

앞선 포트폴리오의 이론은 2개의 부동산자산 또는 3개의 부동산자산을 활용하였다. 실제로 일반적 투자자들은 2개 또는 3개의 부동산자산에 투자하여 포트폴리오를 구성한다. 하지만 항상 3개 이하의 투자안만 선택하는 것은 아니므로 다수의 부동산자산을 이용하여 포트폴리오를 구성하는 방법과 절차를 설명한다.

② 부동산자산의 행렬과 포트폴리오

앞에서 두 부동산 간의 상관관계에 따른 위험과 기대수익률의 음의 상관관계가 포트폴리오의 위험을 감소시킨다는 것을 알 수 있었다. 하지만 포트폴리오를 구성하는 부동산자산의 수가 매우 많아져 무한대가 된다면, 포트폴리오의 위험은 공분산의 평균이 남게 된다.

여기에서 포트폴리오의 위험을 감소시키려면 완전 음(−)의 상관을 가진 자산들만 배분하지 않아도 되는 것을 알 수 있다.

N개의 부동산자산으로 구성된 포트폴리오가 존재한다고 하자. 이때 포트폴리오의 기대수익은 앞선 절에서 언급한 바와 같이 아래의 식을 통해서 산출하게 된다.

$$E(r_p) = \sum_{i=1}^{n} w_i r_i \qquad \text{[식 3−12]}$$

[식 3−12]는 가중평균을 이용하여(w_i) N개의 자산의 기대수익률을 합산하여 얻을 수 있다. 여기에서 w를 N개의 자산에 대한 각각의 가중치를 보유한 벡터라고 가정한다. 그리고 r을 N개의 자산에 대한 수익률을 보유한 벡터로 가정한다. 이때의 벡터를 이용한 포트폴리오의 기대수익률은 아래의 [식 3−13]과 같다. 여기서 벡터를 사용하는 이유는 많은 부동산자산을 이용하는 포트폴리오를 산출하기 위해서 행렬의 개념이 포함되어야 하기 때문이다.

$$E(r_p) = w' r_p \qquad \text{[식 3−13]}$$

다음으로 각 부동산자산의 수익률에 대한 분산은 아래의 [식 3−14]와 같이 포트폴리오의 기대수익 보다 복잡한 면이 있다. 하지만 자세히 살펴보면 $\sigma_i \sigma_j \rho_{ij}$는 i자산과 j자산의 공분산이고 w_i와 w_j는 각 자산의 비중이기에 기존의 포트폴리오와 같이 쉽게 이해할 수 있다.

$$\sigma_p^2 = \sum_i \sum_j \sigma_i \sigma_j \rho_{ij} w_i w_j \qquad \text{[식 3−14]}$$

위의 [식 3−14]에서 각 자산의 분산이 나오지 않은 것에 대한 의문이 생길 수도 있다. 만약 i자산의 분산 σ_i^2을 풀어보면 아래와 같다.

$$\sigma_p^2 = \sigma_i \sigma_i \rho_{ii} \qquad \text{[식 3−15]}$$

[식 3-15]는 i자산의 분산을 공분산의 형태로 풀어쓴 것이다. 자신의 표준편차간의 곱과 상관계수(i와 자신의 상관계수는 1)를 곱하면 분산이 된다. 따라서 포트폴리오의 분산은 각 자산의 비중과 공분산의 형태로 나타낼 수 있는 것이다.

다음의 [식 3-16]은 n개의 자산과 공분산을 이용한 분산-공분산 행렬과 가중치 행렬이다.

$$v = \begin{bmatrix} \sigma_{11} & \sigma_{12} & \cdots & \sigma_{1n} \\ \sigma_{21} & \sigma_{22} & \cdots & \sigma_{2n} \\ \vdots & \vdots & & \ddots \\ \sigma_{1n} & \sigma_{2n} & & \sigma_{nn} \end{bmatrix}$$
$$w' = \begin{bmatrix} w_1 \\ w_2 \\ \vdots \\ w_n \end{bmatrix} \qquad \text{[식 3-16]}$$

가중치의 행렬과 공분산의 행렬을 이용하여 다음의 식을 나타낼 수 있다.

$$\sigma_p^2 = w'\,Vw$$
$$\sigma_p^2 = [w_1 \cdots w_n] \begin{bmatrix} \sigma_{11} & \sigma_{12} & \cdots & \sigma_{1n} \\ \sigma_{21} & \sigma_{22} & \cdots & \sigma_{2n} \\ \vdots & \vdots & & \ddots \\ \sigma_{1n} & \sigma_{2n} & & \sigma_{nn} \end{bmatrix} \begin{bmatrix} w_1 \\ w_2 \\ \vdots \\ w_n \end{bmatrix} \qquad \text{[식 3-17]}$$

[식 3-17]은 분산-공분산 행렬을 이용한 포트폴리오의 위험을 나타냈다. 각 부동산에 대한 위험을 나타내기 위해서는 다소 복잡하지만 분산-공분산 행렬을 이용하여 포트폴리오의 위험을 판단해야 한다.

2. 통계를 활용한 시장분석 실습

1) 부동산자산의 최적가중치와 최소분산 포트폴리오

앞서 행렬식을 통해서 다수의 부동산자산 보유시의 포트폴리오 위험을 판단할 수 있었다. 이러한 포트폴리오의 위험 산출방식은 비교를 통한 투자자들의 의사결정에 도움을 준다. 하지만 비교는 두 가지 이상의 포트폴리오 안이 존재할 시 가능하다. 그리고 투자자산의 한계가 있는 투자자들에게는 포트폴리오의 비교 보단 포트폴리오를 구성하는 비중의 산출이 더욱 유용하다. 따라서 지금부터는 최소분산 포트폴리오(MVP: Minimum Variance Portfolio)에 대하여 다루고자 한다.

최소분산 포트폴리오란 현재 구성되어 있는 포트폴리오에서 가장 분산이 작은 부동산자산의 조합을 의미한다. 이는 가장 낮은 위험을 지닌 부동산자산의 조합을 찾는 것을 의미한다. 우리는 기존의 예제를 통해서 최소분산 포트폴리오를 산출한 적이 있다. 아래의 [그림 3-7]은 위에서 다루었던 예제의 내용이다. 이때 우리는 2개의 지역을 이용하여 효율적 프론티어를 구성하였다. 효율적 프론티어 중에서 투자비율이 15%에 해당하는 부분이 가장 낮은 표준편차 값을 가지면서 최소분산 포트폴리오를 산출할 수 있었다. 이와 같이 투자비율을 조정하여 각 가중치에 따른 포트폴리오의 분산을 산출한다면 2개의 부동산자산에서는 쉽게 찾을 수 있다. 하지만 부동산자산의 숫자가 2개보다 많은 5개, 6개가 된다면 가중치 조절로 인한 최소분산 포트폴리오의 산출은 힘들게 된다. 하지만 엑셀 프로그램 속 해 찾기 기능을 이용하면 손쉽게 찾을 수 있다.

	인천 중구(X)	광주 동구(Y)	E(rp)
2000	5.59%	-1.65%	-0.73%
2001	2.63%	-1.93%	-1.35%
2002	14.73%	-0.30%	1.61%
2003	2.42%	0.03%	0.33%
2004	5.49%	0.65%	1.27%
2005	7.46%	-3.72%	-2.30%
2006	8.33%	0.35%	1.36%
2007	7.00%	0.70%	1.50%
2008	1.47%	-1.09%	-0.77%
2009	0.97%	0.25%	0.34%
2010	0.51%	0.41%	0.42%
2011	0.35%	0.37%	0.36%
2012	-0.94%	0.53%	0.35%
2013	-0.23%	0.63%	0.52%

E(ri)	3.98%	-0.34%	0.21%
Var	0.19%	0.02%	0.01%
S.D	4.36%	1.30%	1.14%
Cov	-0.01%		
상관계수	-23.94%		

Wx	12.72%

Minium Variable Portfoilo

투자비율	Portfolio S.D	Portfolio Mean
Asset X(%)	1.13888%	0.20821%
0	1.30187%	-0.34214%
5	1.20334%	-0.12586%
[illegible]	[illegible]	[illegible]
[illegible]	[illegible]	[illegible]
[illegible]	[illegible]	[illegible]
25	1.27770%	0.73925%
30	1.40414%	0.95553%
35	1.55816%	1.17181%
40	1.73244%	1.38809%
45	1.92145%	1.60436%
50	2.12127%	1.82064%
55	2.32912%	2.03692%
60	2.54303%	2.25320%
65	2.76159%	2.46948%
70	2.98378%	2.68576%
75	3.20885%	2.90204%
80	3.43622%	3.11831%
85	3.66548%	3.33459%
90	3.89629%	3.55087%
95	4.12838%	3.76715%
100	4.36156%	3.98343%

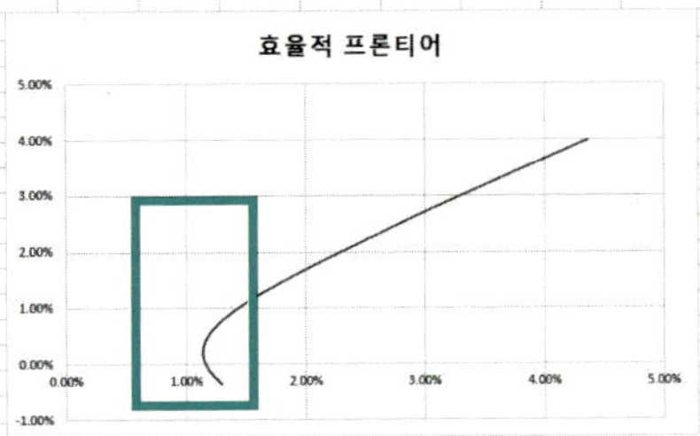

❖[그림 3-7] 효율적 프론티어의 예제

먼저 자산의 숫자에 따른 분산-공분산 행렬이 존재한다고 앞서 밝혔다. 엑셀에서도 행렬을 이용하여 산식을 구성할 수 있는데 지금부터 세세하게 살펴보도록 한다. 본 책에서는 각 지역별 지가지수를 바탕으로 포트폴리오를 구성해 보도록 한다.

〈표 3-3〉 적정가중치 산출의 절차

엑셀을 통한 적정가중치 산출 절차
1. 각 지역별 지가지수 자료를 수집한다. (Onnara 부동산)
2. 각 지가지수 자료를 이용하여 지역별 기대수익률을 산출해 본다.
3. 각 지역의 공분산을 이용하여 행렬을 구성한다. (공분산 벡터)
4. 수익률 벡터를 구성한다.
5. 가중치 벡터를 구성한다. (여기서는 임의의 가중치를 준다.)*
6. 포트폴리오의 기대수익률을 산출한다.
7. 포트폴리오의 분산을 산출한다.
8. 해 찾기 기능을 활용하여 포트폴리오의 가중치를 찾는다.
* 임의의 가중치의 합은 1이 되어야 한다.

① 각 지가지수 자료를 이용하여 지역별 기대수익률을 산출하기

각 지역별 지가지수 자료를 다운받아서 기간별 수익률을 산정한다. 본 책에서는 지역을 7개의 광역시를 기준으로 잡았다. 이때 수익률 산정의 방법에는 자연로그를 활용하여 수익률을 계산한다. 자연로그를 사용하는 이유는 다음과 같은 예로써 설명이 가능하다.

1월의 서울 지가지수가 100에서 2월에 10point가 오른 110을 기록했다. 이때의 수익률은 10%의 수익률이다. 3월의 지가지수가 10point 떨어진 100을 기록한다면 실질적인 지수는 1월과 같으나 이때의 수익률은 −9.1%를 기록하게 된다. 이러한 현상에서 자연로그를 사용하게 된다면 −9.5%로 일반적인 방법을 사용했을 때 보다 10%의 근사치로 산출됨을 알 수 있다. 만약 일반적인 수익률기법을 사용한다면 스프레드(Spread)의 차이에 인해서 최종수익률의 값이 다르게 산출되어 혼동하게 된다. 반면 로그수익률을 사용하게 되면 최종수익률의 값은 최종적으로 변화하는 수익률로 나타나기 때문에 혼동의 여지가 없다. 따라서 자연로그를 사용하여 수익률 간의 스프레드를 평탄화(Smoothing)를 해줄 필요성이 있기 때문에 사용한다.

D6 =LN(L7/L6)*12

	D	E	F	G	H	I	J	K	L	M
1										
2										
3	지가지수 수익률 자료									
4	1	2	3	4	5	6	7			
5	부산	대구	인천	광주	대전	울산	서울		부산	대구
6	-0.00554	-0.0036	0.114603	-0.00463	0.0194	0.043107	0.062789		89.1	97.0
7	-0.00645	-0.01473	0.057456	0	0.006694	0.111653	0.06771		89.1	97.0
8	-0.00985	-0.00964	0.094602	0.002326	-0.00897	0.038309	0.053236		89.1	96.9
9	-0.02783	0.018788	0.075042	-0.03664	0	0.021002	0.050063		89.0	96.8
10	-0.00131	-0.01599	0.029239	-0.01554	-0.00402	0.059033	0.066505		88.8	97.0
11	-0.00416	0.023232	0.109806	0.023286	0.007476	0.023314	0.079834		88.8	96.8
12	0.002097	-0.00595	0.037745	0.021454	-0.01341	0.035237	0.033266		88.7	97.0
13	0.002176	0.009551	0.106459	-0.05107	0.011214	0.022003	0.070986		88.7	97.0
14	0.004585	0.009738	0.059277	0.009857	0.03018	0.017503	0.062494		88.8	97.0
15	0.005167	0.018872	0.156961	-0.00099	0.013773	0.048271	0.097228		88.8	97.1

❖[그림 3-8] 부산지역의 수익률 산출

위에서는 로그수익률을 사용하여 부산지역의 수익률을 산출하고 있다. 로그수익률에 12를 곱한 이유는 월별자료를 받았기 때문에 연간으로 설정된 기준과 맞지 않아서 12를 곱해 주었다.

② 각 지역의 공분산을 이용하여 행렬을 구성하기

위의 [그림 3-8]과 같은 수익률자료들을 이용하여 공분산 행렬을 구성한다. 아래에서 공분산 행렬은 "covar_mat"으로 명명한다.

아래의 대각선으로 색을 칠한 부분은 1과 1의 교차점, 즉 부산과 부산의 공분산인 분산을 나타내고 있다. 공분산을 산정하는 방법은 엑셀에서 "=covariance.p(입력범위 1, 입력범위 2)"를 해주면 된다. 이때의 기간은 같아야 한다.

아래와 같이 행렬을 작성한 뒤, 블록 설정하고 좌측상단에 행렬의 이름을 작성한 다음 "Ctrl+Shift+Enter"를 함께 눌러준다.

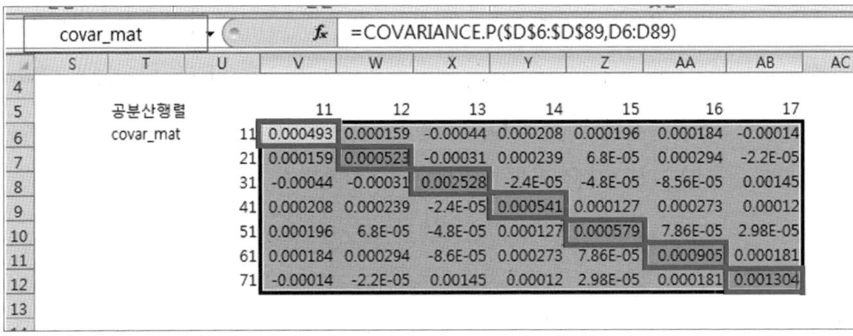

❖[그림 3-9] 행렬의 설정

③ 각 지역의 수익률을 이용하여 행렬을 구성하기

이전과 같이 수익률의 행렬을 설정한다. 수익률을 산출할 때는 엑셀에서 "=average"를 이용해서 일정 기간 동안의 수익률의 평균을 산정해준다.

블록 설정한 부분 좌측의 숫자 1은 부산의 수익률을 2는 대구의 수익률을 나타내고 있는데 이는 위의 [그림 3-8] 상단에 나타나고 있다. 아래의 블록과 같이 설정한 뒤 [그림 3-10]과 같이 "r_vector"라는 이름을 명명해 주고 "Ctrl+Shift+Enter"를 동시에 눌러준다.

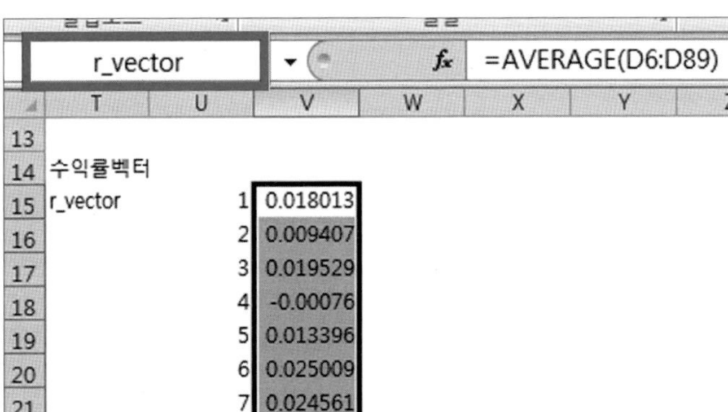

❖[그림 3-10] 수익률의 벡터

④ 가중치 벡터를 구성하기

다음으로는 임의의 가중치 벡터를 산정한다. 가중치를 줄 때 사용자가 원하는 숫자로 주어도 상관이 없다. 하지만 합이 1이 되도록 산정해야 한다. 이후 블록 설정한 부분을 "weight_v"라고 명명하고 "Ctrl+Shift+Enter"를 함께 눌러준다.

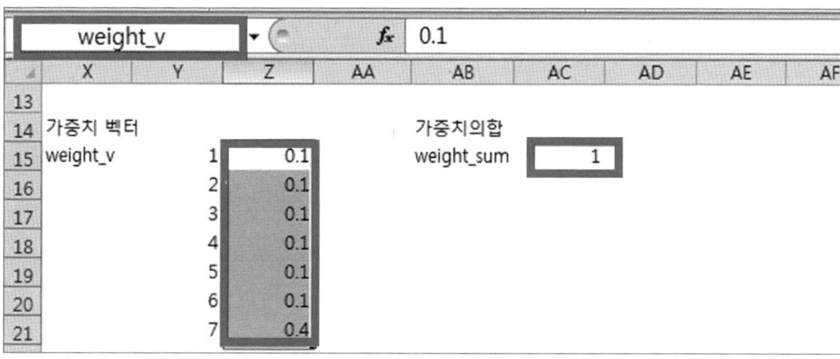

❖[그림 3-11] 가중치의 벡터와 가중치의 합

⑤ 포트폴리오의 기대수익률과 분산을 산출하기

[그림 3-12]는 포트폴리오의 기대수익률과 분산을 산출하는 방법에 대해서 설명한다. 우선 포트폴리오의 분산은 행렬의 함수를 사용해야 한다. MMULT함수를 사용하는데 이는 행렬의 곱을 산출하는 것이다. 이때 MMULT 안의 TRANSPOSE는 가로범위셀을 세로범위로, 세로범위셀을 가로범위로 바꾸어 주는 함수이다. 즉 가중치의 가로 행렬을 만들어 주기 위해서 사용되었다.

포트폴리오의 분산을 산출할 때는 우측의 식을 사용하고 마지막에 "Ctrl+Shift+Enter"를 함께 눌러 주어야 한다. 이는 행렬의 식이기 때문에 함께 눌러주지 않는다면 오류가 발생한다.

$$\sigma_p^2 = w'\,Vw$$

$$\sigma_p^2 = [w_1 \cdots w_n]\begin{bmatrix} \sigma_{11} & \sigma_{12} & \cdots & \sigma_{1n} \\ \sigma_{21} & \sigma_{22} & \cdots & \sigma_{2n} \\ \vdots & \vdots & & \ddots \\ \sigma_{1n} & \sigma_{2n} & & \sigma_{nn} \end{bmatrix}\begin{bmatrix} w_1 \\ w_2 \\ \vdots \\ w_n \end{bmatrix}$$

다음으로 위의 식으로 산출된 포트폴리오의 분산은 제곱의 형태를 띄고 있다. 따라서 제곱근을 이용해서 표준편차를 구해야 한다. 위의 식으로 나온 포트폴리오의 분산에

"=SQRT"함수를 이용하여 제곱근을 구해 준다. 아래 [그림 3-12]의 표준편차라고 작성된 곳은 셀의 이름을 "stdev_port"로 명명해 준다. 이렇게 셀의 이름을 지속적으로 설정해 주는 것은 해 찾기 기능을 사용할 때보다 수월하게 사용하기 위해서이다. 만약 셀의 이름을 명명하지 않았다면 해 찾기 기능을 사용할 때 셀의 이름을 각각 찾아야 하기 때문이다.

포트폴리오의 수익은 각 지역의 수익률을 가중치를 두어 더해 주면 된다. 이 포트폴리오 수익은 "r_port"로 명명한다.

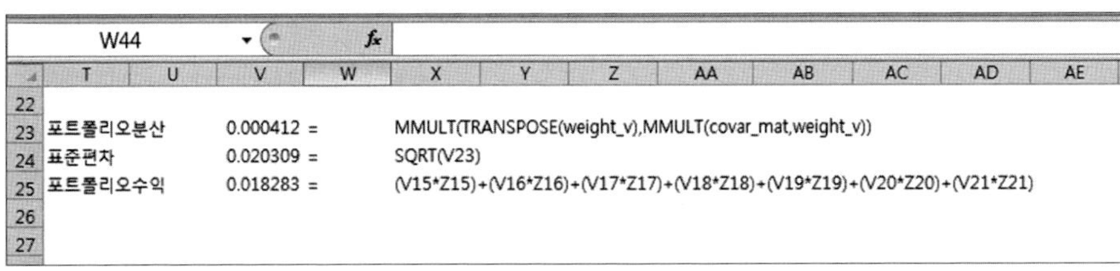

❖[그림 3-12] 포트폴리오의 기대수익률과 분산산출

⑥ 해 찾기 기능을 이용하기

일반적인 엑셀 사용자들은 해 찾기 기능을 주로 사용하지 않는다. 하지만 재무함수를 자주 사용하는 사용자들에게는 데이터 분석과 함께 잘 알려진 기능이다. 이 기능을 엑셀에서 사용하기 위해서는 해 찾기 기능을 추가하여야 한다. 기능추가는 엑셀 좌측상단의 메뉴에서 옵션을 통해 가능하다.

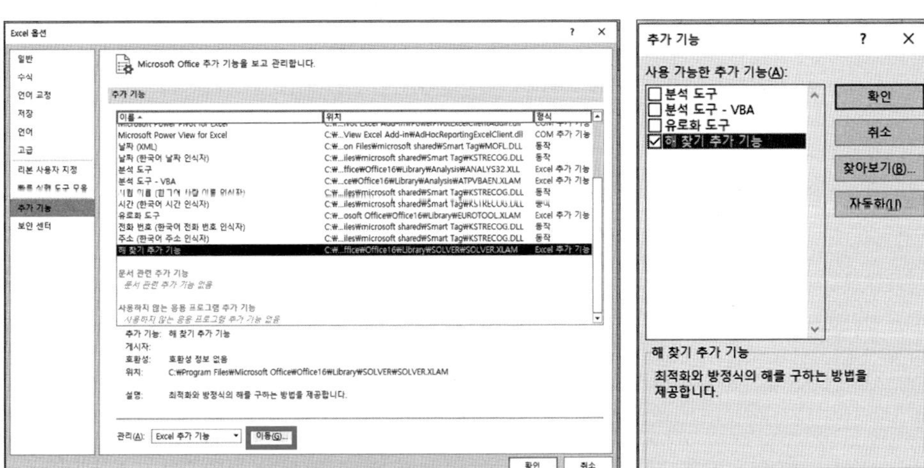

❖[그림 3-13] 엑셀의 해 찾기 기능 추가

위의 이동을 클릭하게 되면 해 찾기 기능을 추가할 수 있다. 여기서 해 찾기란 특정 조건을 만족하는 값을 찾는 것이다. 최소분산포트폴리오의 경우 분산이 최소가 되는 가중치를 찾아야 한다. 따라서 분산이 최소화가 되는 조건을 만족하는 가중치의 해를 찾으면 된다.

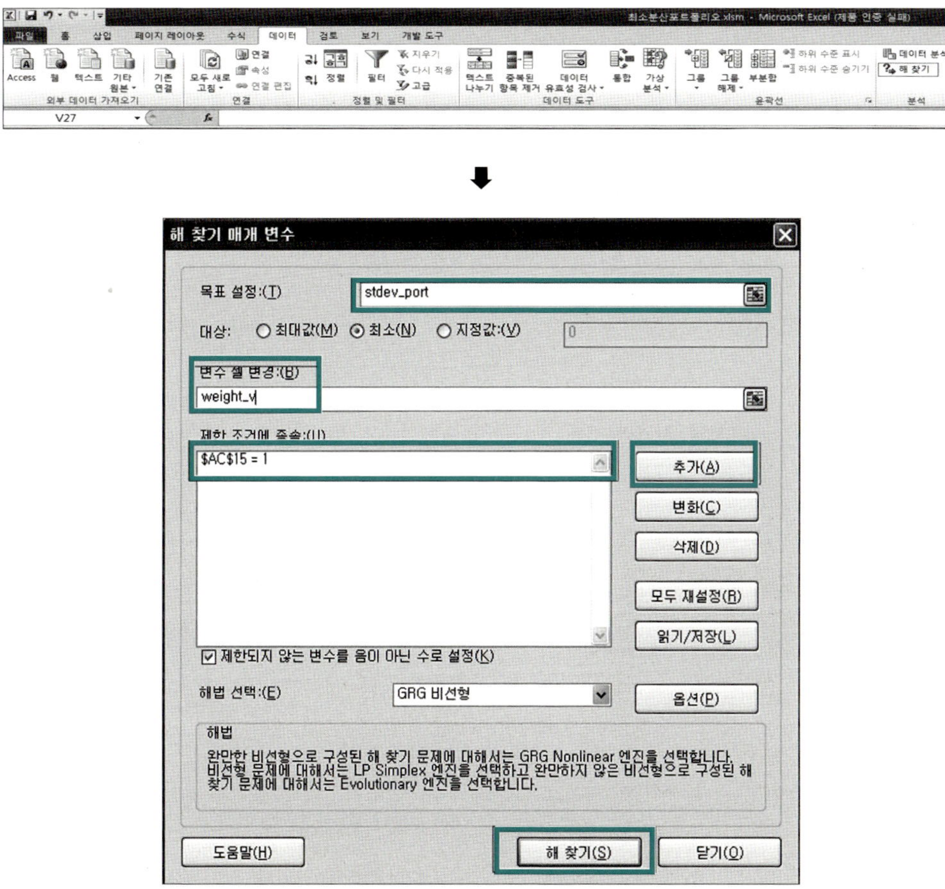

❖[그림 3-14] 해 찾기 기능의 활용

위의 [그림 3-14]의 절차를 따라서 해 찾기 기능을 클릭하면 아래의 해 찾기 매개변수라는 창이 나오게 된다. 이 창에 나온 목표 및 변수를 넣어주면 된다. 먼저 목표는 최소분산포트폴리오의 목표인 표준편차를 넣어준다. 이전에 표준편차의 셀을 "stdev_port"로 설정하였기에 바로 입력해 준다. 다음으로 대상을 최소로 클릭한다. 우리의 목표는 최소분산포트폴리오기 때문이다. 이후 변수 셀 변경은 변경될 셀을 넣어준다. "weight_v"는 최소분산포트폴리오의 가중치이다. 우리는 가중치를 변경해야 하기에 변수 셀 변경에 입력한다. 마지막으로 제한조건이 필요한데 이는 우측중단의 추가버튼을 이용하여 가중치의 합이 1이 되는 제한조건을 입력한다.

위의 모든 작업이 끝나면 해 찾기 버튼을 누른다. 이때 팝업창으로 해 찾기 해 보존이라는 창이 뜬다 그럼 확인을 누른다. 일련의 과정을 거치면 아래와 같은 최소분산의 가중치가 산출되게 된다. 아래의 그림을 보면 1(부산)의 가중치는 0.325, 즉 32.5%의 가중치를 두고 투자하면 된다. 2(대구)의 경우 28.8%의 가중치를 두면 된다. 다음으로 포트폴리오의 표준편차는 0.013이 산출되었다. 이 포트폴리오의 최소분산의 값은 0.013이 되며 수익률은 0.0147이 산출되었다.

AJ40 fx

	T	U	V	W	X	Y	Z	AA	AB	AC	AD	AE
4												
5	공분산행렬		11	12	13	14	15	16	17			
6	covar_mat	11	0.000493	0.000159	-0.00044	0.000208	0.000196	0.000184	-0.000135			
7		21	0.000159	0.000523	-0.00031	0.000239	6.8E-05	0.000294	-2.24E-05			
8		31	-0.00044	-0.00031	0.002528	-2.4E-05	-4.8E-05	-8.56E-05	0.0014501			
9		41	0.000208	0.000239	-2.4E-05	0.000541	0.000127	0.000273	0.0001201			
10		51	0.000196	6.8E-05	-4.8E-05	0.000127	0.000579	7.86E-05	2.984E-05			
11		61	0.000184	0.000294	-8.6E-05	0.000273	7.86E-05	0.000905	0.0001807			
12		71	-0.00014	2.2E-05	0.00145	0.00012	2.98E-05	0.000181	0.001304			
13												
14	수익률벡터				가중치 벡터				가중치의합			
15	r_vector	1	0.018013		weight_v	1	0.325588		weight_sum	1		
16		2	0.009407			2	0.288222					
17		3	0.019529			3	0.166467					
18		4	-0.00076			4	0.027517					
19		5	0.013396			5	0.164269					
20		6	0.025009			6	0.027937					
21		7	0.024561			7	0					
22												
23	포트폴리오분산		0.000176 =		MMULT(TRANSPOSE(weight_v),MMULT(covar_mat,weight_v))							
24	표준편차		0.013268 =		SQRT(V23)							
25	포트폴리오수익		0.014705 =		(V15*Z15)+(V16*Z16)+(V17*Z17)+(V18*Z18)+(V19*Z19)+(V20*Z20)+(V21*Z21)							

❖[그림 3-15] 최소분산의 산출

2) 부동산 시장 상관관계분석

앞서 상관계수에 대하여 설명하였다. 상관계수는 부동산 시장에서 밀접한 연관이 있다. 예를 들어 A지역과 B지역 간의 상관관계에 따라 포트폴리오의 위험이 증가하거나 감소하기 때문이다. 상관계수는 −1에서 +1 사이의 값을 가지게 된다. 포트폴리오상 A지역과 B지역의 부동산에 투자할 경우, 상관계수가 +1에 가까울수록 위험이 상승하게 되며, −1에 가까울수록 위험이 감소하게 된다. 이는 +1에 가까이 갈수록 부동산 가격이 같이 움직인다는 뜻이며, −1에 가까이 갈수록 부동산 가격이 서로 상반되게 움직인다는 뜻이다.

본 책에서는 한국감정원에서 산출하는 부동산통계정보 중 공동주택 매매 실거래가격지수에서 아파트 실거래가격지수를 활용하여 부동산 시장분석을 상관관계분석으로 실시하고자 한다.

① 아파트 실거래가격지수 가져오기

한국감정원에서 제공하는 부동산통계정보(www.r−one.co.kr)을 접속한다. 홈페이지 오른쪽 부분의 Quick Menu에서 부동산통계 아이콘을 클릭하면, R−ONE 부동산통계뷰어 창이 열리게 된다.

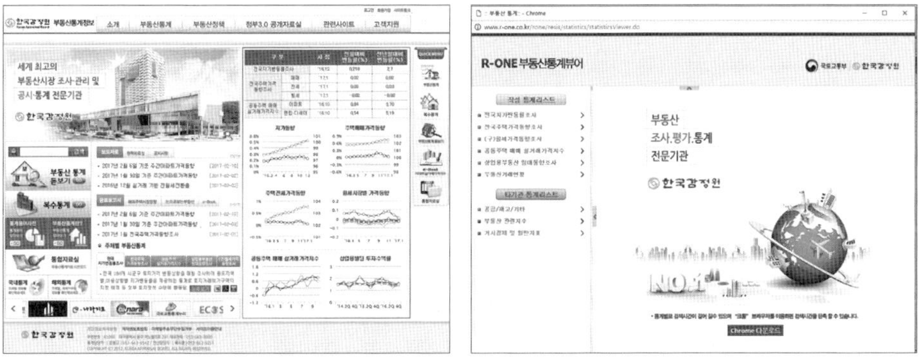

❖[그림 3−16] R−ONE 부동산통계뷰어 열기

R−ONE 부동산통계뷰어 창에서 왼쪽 메뉴 중 "공동주택 매매 실거래가격지수" 메뉴를 클릭하고 하위항목으로 "아파트 실거래가격지수"를 클릭한다.

❖[그림 3-17] 아파트 실거래가격지수 열기

② 지역별(월별) 데이터 가져오기

아파트 실거래가격지수를 연 뒤 왼쪽 상단의 지역 란의 항목을 클릭하여 시도별 기준으로 선택을 하고, 가져올 지역을 선택한다. 추가적으로 검색기간을 설정(아파트 실거래가격지수는 2006년 1월을 기준으로 함)하고 확인버튼을 누른다. 마지막으로 오른쪽 부분에 엑셀 아이콘을 클릭하여 데이터를 다운로드한다. 다운로드한 데이터를 정렬한다.

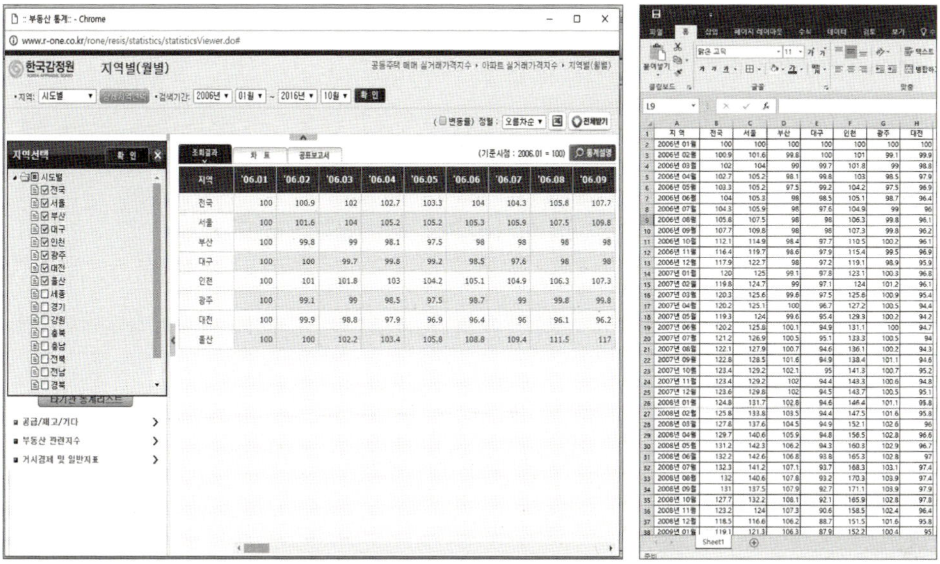

❖[그림 3-18] 지역별(월별) 데이터 가져오기

③ 상관관계분석 툴(Tool) 실행하기

엑셀 왼쪽 상단의 파일 메뉴를 클릭한 후 옵션을 선택한다. Excel 옵션 창이 열리게 되는데, 왼쪽 메뉴 중 추가 기능을 클릭한다. 추가 기능 메뉴에서 분석 도구를 클릭한 후, 아래쪽에 있는 이동 버튼을 클릭한다. 이동 버튼을 클릭하면, 아래의 우측 그림과 같이 추가 기능 창이 열리게 되는데, 분석 도구를 체크한 뒤 확인 버튼을 누른다.

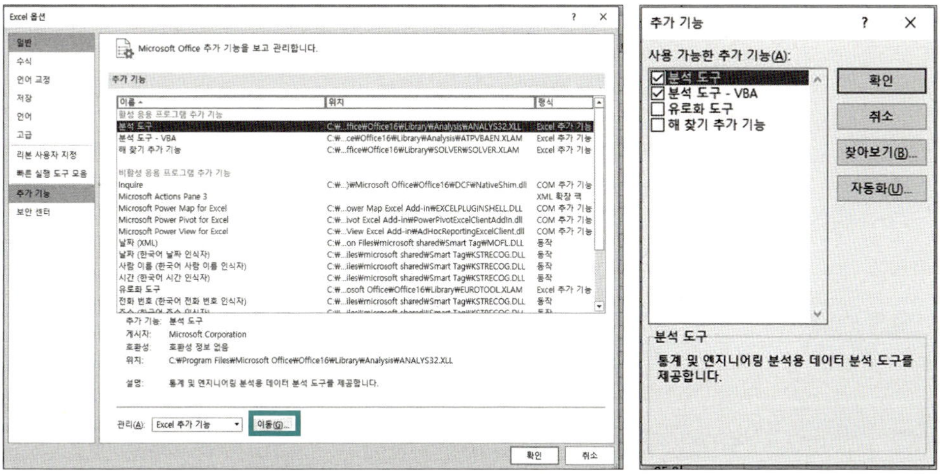

❖[그림 3-19] 엑셀 옵션에서 분석도구 불러오기

엑셀의 상단 메뉴 중 데이터 메뉴를 클릭하게 되면 오른쪽 상단에 데이터 분석이라는 아이콘이 생성된다.

❖[그림 3-20] 데이터 메뉴에서 데이터 분석 아이콘 확인

데이터 분석 아이콘을 클릭하게 되면 아래의 그림과 같이 통계 데이터 분석 창이 열리게 되고 분석 도구 중 상관 분석을 클릭한 뒤 확인버튼을 누른다.

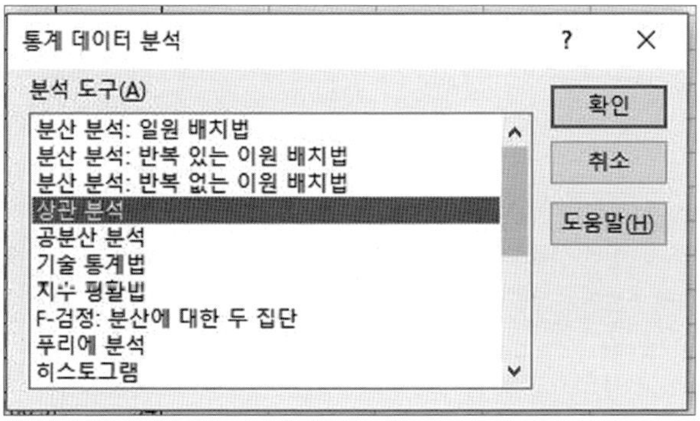

❖[그림 3-21] 통계 데이터 분석에서 상관 분석 불러오기

④ 상관관계분석 입력 범위 설정하기

앞서 상관 분석을 불러오게 되면, 아래의 그림과 같이 상관 분석 창이 열리게 되고 입력 범위를 설정한다. 입력범위는 데이터의 이름과 수치가 나타나게 범위를 설정한다. 본 예시에서는 2006년 1월부터 2016년 10월까지 전국 · 서울 · 부산 · 대구 · 인천 · 광주 · 대전 지역에 대한 데이터를 다운로드하였기 때문에, 범위는 "$B$1:$H$131"로 설정하였다. 다음으로 옵션에 첫째 행 이름표 사용에 대한 체크를 한 후 확인 버튼을 누른다.

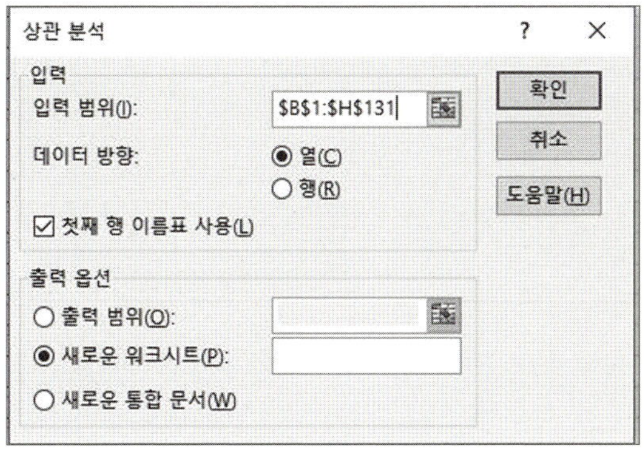

❖[그림 3-22] 상관관계분석 입력 범위 설정하기

⑤ 상관관계분석 결과 해석하기

상관관계분석 결과가 앞서 옵션에 따라 새로운 워크시트(Work Sheet)에 생성이 되며, 결과 값을 활용하여 부동산 시장을 분석을 실시한다.

H21

	A	B	C	D	E	F	G	H
1		전국	서울	부산	대구	인천	광주	대전
2	전국	1						
3	서울	0.732054	1					
4	부산	0.928603	0.496696	1				
5	대구	0.840254	0.379006	0.840991	1			
6	인천	0.57187	0.903368	0.320498	0.163767	1		
7	광주	0.920001	0.452522	0.946551	0.965539	0.251916	1	
8	대전	0.854759	0.3826	0.973324	0.75907	0.216833	0.87913	1
9								

❖[그림 3-23] 상관관계분석 결과 해석하기

2006년 1월부터 2016년 10월까지의 데이터 예시를 살펴보면, 부산지역과 대전지역의 아파트 실거래 매매가가 0.973324로 매우 밀접한 상관계수를 가진다고 파악할 수 있다. 대구지역과 인천지역의 상관계수는 0.163767로 가장 낮은 상관계수를 가지고 있다. 전국을 기준으로는 부산지역이 0.928603으로 가장 밀접하며, 인천지역이 0.57187로 가장 낮은 상관계수를 가지고 있다.

3) 부동산 시장 회귀분석

부동산 시장을 분석하기 위해서는 부동산 가격이 필수요소이다. 부동산은 매매를 통하여 가격이 형성되는데, 부동산 가격의 변화는 기본적으로 부동산수요와 부동산공급이라는 두 가지 힘에 의하여 결정되고 변화된다. 추가적으로 부동산 가격은 정책과 제도, 거시경제 환경, 소득증가, 비용증가 등이 존재한다(김지현 · 정성훈, 2015). 그러므로 부동산 시장을 분석하기 위해서는 부동산 가격에 어떠한 요인들이 영향을 미치는지 파악할 필요가 있다. 본 예시에서는 부동산 가격 변화에 기본적으로 영향을 미치는 부동산 거래량으로 회귀분석을 실시하고자 한다.

우선적으로 회귀분석은 기준이 되는 변수가 하나 또는 그 이상의 다른 변수들과 어떤 관계를 가지는지에 대하여 살펴보는 분석이다. 기준이 되는 변수를 종속변수(Dependent Variable)으로 불리며, 다른 변수들은 독립변수(Independent Variable)라고 한다. 즉, 독립변수들이 종속변수에 어떠한 영향을 미치는지 살펴보는 것이 회귀분석이라고 할 수 있다.

회귀분석은 선형회귀모형과 다중회귀모형 등으로 분류되는데, 본 책에서는 단순회귀모형을 최소제곱(OLS: Ordinary Least Squares) 방법으로 추정을 실시한다. 간단한 회귀모형의 기본적 산식은 다음과 같다.

$$y_i = \beta_0 + \beta_1 x_{1,i} + \epsilon_i \qquad \text{[식 3-18]}$$

y_i : i번째 관찰치의 종속변수

β_0 : 절편

β_1 : 기울기, 1번째 독립변수의 회귀계수

x_1 : 1번째 독립변수의 i번째 관찰지

ϵ_i : 오차항

위와 같은 식을 활용하여 본 회귀분석은 종속변수를 전국 아파트 실거래가 변동률로 설정하고, 독립변수는 아파트 거래량으로 Excel에서 회귀분석을 실시하고자 한다.

① 데이터 다운로드 받기

부동산거래현황의 하위항목인 아파트 거래현황(월별 행정구역별)을 연 뒤 왼쪽 상단의 지역 란의 항목을 클릭하여 시도별 기준으로 선택을 하고, 가져올 지역(전국)을 선택한다. 추가적으로 검색기간을 설정하고 확인버튼을 누른다. 마지막으로 오른쪽 부분에 엑셀 아이콘을 클릭하여 데이터를 다운로드한다. 그리고 다운로드한 데이터를 정렬한다.

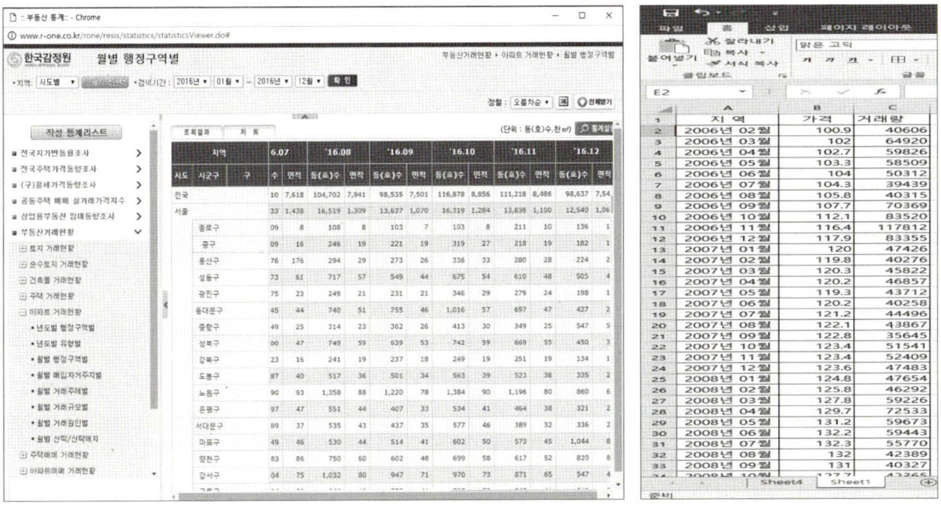

❖[그림 3-24] 회귀분석 데이터 다운로드 받기

② 회귀분석 툴(Tool) 실행하기

엑셀 왼쪽 상단의 파일 메뉴를 클릭한 후 옵션을 선택한다. Excel 옵션 창이 열리게 되는데, 왼쪽 메뉴 중 추가 기능을 클릭한다. 추가 기능 메뉴에서 분석 도구를 클릭한 후, 아래쪽에 있는 이동 버튼을 클릭한다. 이동 버튼을 클릭하면, [그림 3-25]의 우측 그림과 같이 추가 기능 창이 열리게 되는데, 분석 도구를 체크한 뒤 확인 버튼을 누른다.

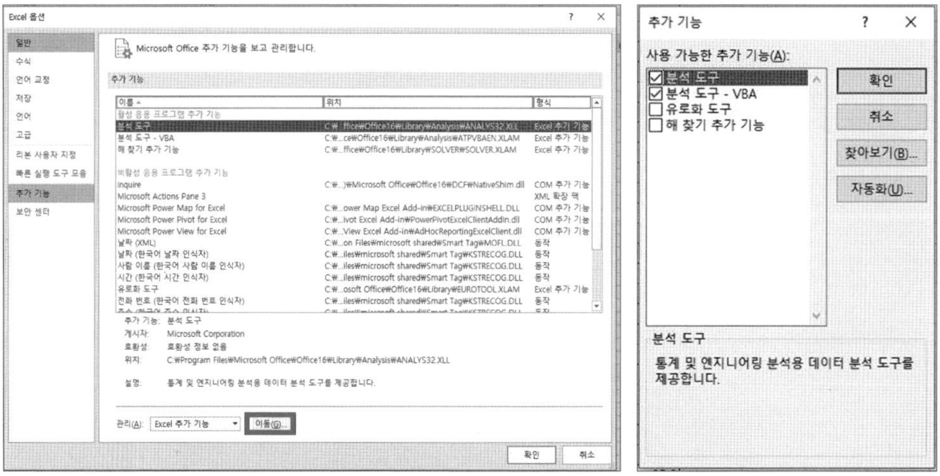

❖[그림 3-25] 엑셀 옵션에서 분석도구 불러오기

엑셀의 상단 메뉴 중 데이터 메뉴를 클릭하게 되면 오른쪽 상단에 데이터 분석이라는 아이콘이 생성된다.

❖[그림 3-26] 데이터 메뉴에서 데이터 분석 아이콘 확인

데이터 분석 아이콘을 클릭하게 되면 아래의 그림과 같이 통계 데이터 분석 창이 열리게 되고 분석 도구 중 회귀분석을 클릭한 뒤 확인 버튼을 누른다.

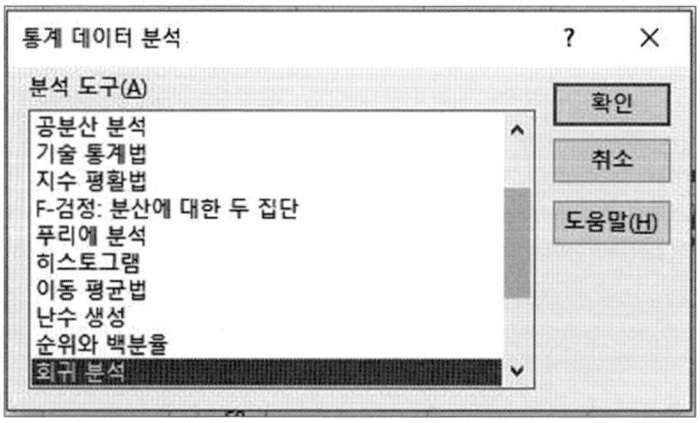

❖[그림 3-27] 회귀분석 실행하기

③ 회귀분석 데이터 입력하기

앞서 회귀분석을 불러오면, 아래의 그림과 같이 회귀분석 창이 열리게 되고 입력 범위를 설정한다. Y축 입력범위는 가격 데이터 범위를 설정하고 X축 입력범위는 거래량 데이터 범위를 설정한다. 데이터의 이름과 수치가 나타나게 범위를 설정한다. 본 예시에서는 2006년 2월부터 2016년 10월까지 전국 지역에 대한 데이터를 다운로드하였다. 다음으로 옵션에 극단치를 고려하여 신뢰수준에 체크를 한 후 확인 버튼을 누른다.

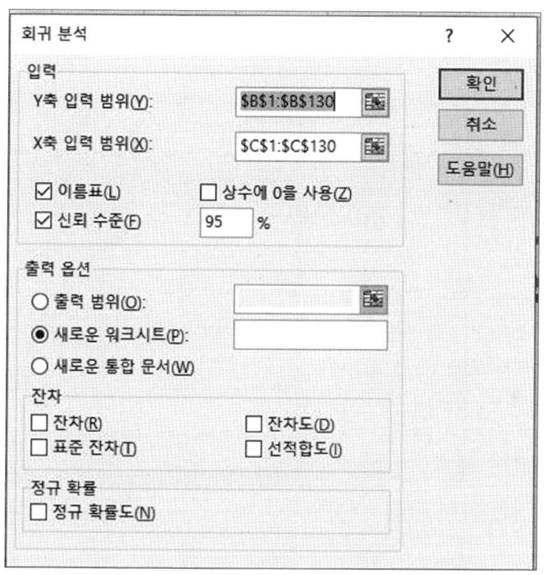

❖[그림 3-28] 회귀분석 데이터 입력하기

④ 회귀분석 결과 해석하기

2006년 2월부터 2016년 10월까지의 기간에 종속변수를 아파트 실거래 가격으로 설정하였으며, 독립변수로는 아파트 거래량으로 설정을 하였다. 이때, 회귀분석 결과를 살펴보면, 결정계수는 0.037337로 회귀모형이 거래량에 대한 가격의 반응을 3.7% 정도 설명을 한다고 해석을 할 수 있다. 또한 통계 분석에 대한 유의성 분석 결과를 보면 P-값의 수치가 0.028235로 산출되어 5%의 유의수준으로 통계적으로 유의한 것으로 파악할 수 있다. 마지막으로 절편 값은 125.9435로 산출되었으며, 기울기는 0.000192로 나타났다. 이는 거래량이 1단위 증가할 때 가격이 0.000192 증가하는 것으로 해석할 수 있다.

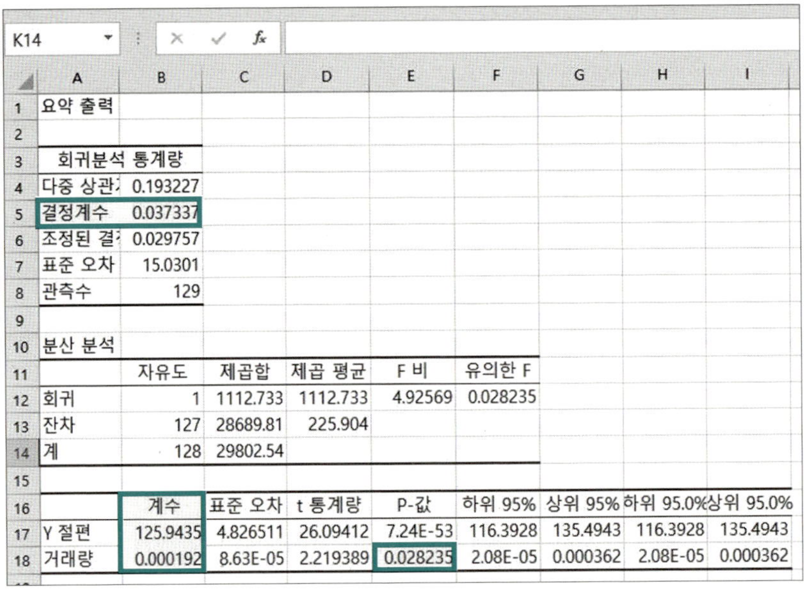

K14

	A	B	C	D	E	F	G	H	I
1	요약 출력								
2									
3	회귀분석 통계량								
4	다중 상관	0.193227							
5	결정계수	0.037337							
6	조정된 결	0.029757							
7	표준 오차	15.0301							
8	관측수	129							
9									
10	분산 분석								
11		자유도	제곱합	제곱 평균	F 비	유의한 F			
12	회귀	1	1112.733	1112.733	4.92569	0.028235			
13	잔차	127	28689.81	225.904					
14	계	128	29802.54						
15									
16		계수	표준 오차	t 통계량	P-값	하위 95%	상위 95%	하위 95.0%	상위 95.0%
17	Y 절편	125.9435	4.826511	26.09412	7.24E-53	116.3928	135.4943	116.3928	135.4943
18	거래량	0.000192	8.63E-05	2.219389	0.028235	2.08E-05	0.000362	2.08E-05	0.000362

❖[그림 3-29] 회귀분석 결과 해석하기

⑤ 회귀분석 그래프로 나타내기

마지막으로 회귀분석을 그래프로 나타내기 위해서는 엑셀 메뉴 중 삽입 메뉴에서 차트를 분산형으로 선택한다.

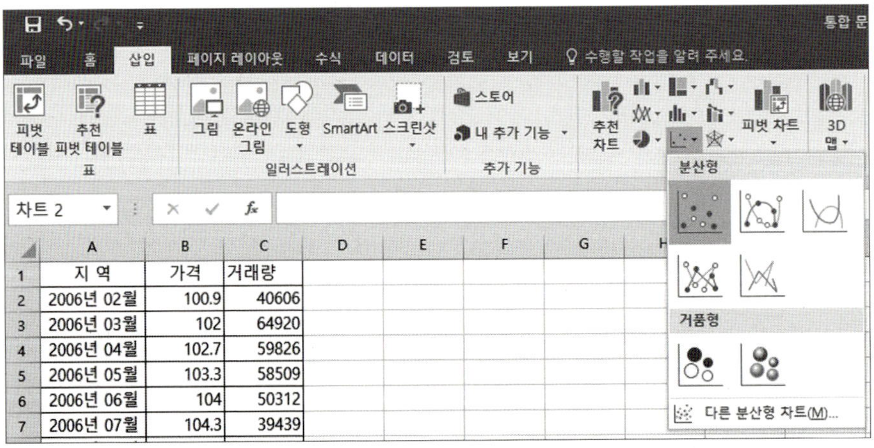

❖[그림 3-30] 회귀분석 그래프 선택하기

분산형으로 선택을 하면, 빈 그래프가 나타난다. 이때, 엑셀 메뉴 중 디자인에서 데이터 선택을 클릭하여 데이터 입력을 준비한다.

❖[그림 3-31] 회귀분석 그래프 데이터 선택하기

데이터 입력 아이콘을 클릭하면 다음과 같이 계열 편집이라는 항목을 선택할 수 있다. 이때, 계열 X값에는 독립변수인 거래량 데이터를 범위 지정하며, 계열 Y값에는 종속변수인 가격 데이터를 범위 지정한다.

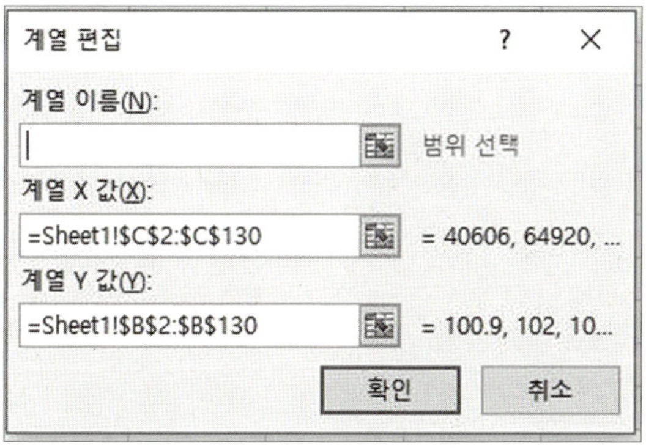

❖[그림 3-32] 회귀분석 그래프 데이터 입력하기

그래프 데이터를 입력하게 되면 아래의 파란색 점들로 이루어진 그래프가 나타난다. 이때, 데이터 1개를 선택하여 오른쪽 클릭을 하여 추세선 추가 버튼을 클릭한다.

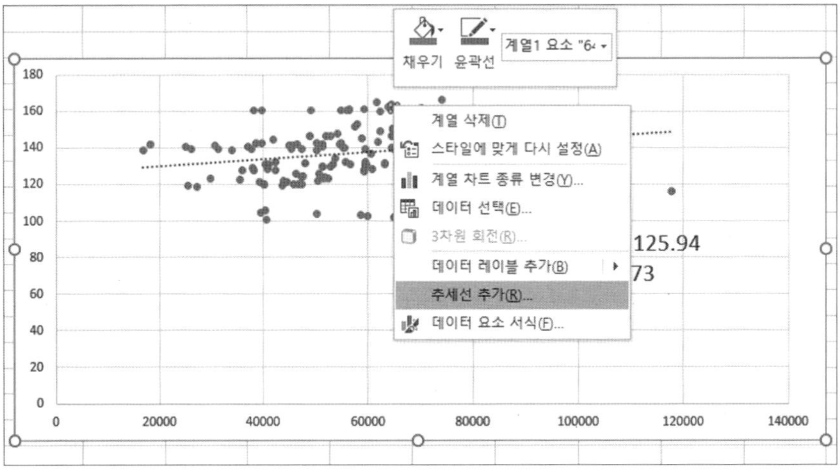

❖[그림 3-33] 회귀분석 그래프 추세선 입력하기

아래의 그림과 같이 추세선 서식에서 선형 모형으로 선택을 하며, "수식을 차트에 표시"와 "R-제곱 값을 차트에 표시"란에 체크를 한다. 그 결과 아래의 오른쪽 그림과 같이 수식과 R-제곱 값이 나타나게 된다. 최종적으로 가격과 거래량에 대한 회귀식은 $y=0.0002x+125.94$로 산출되었다.

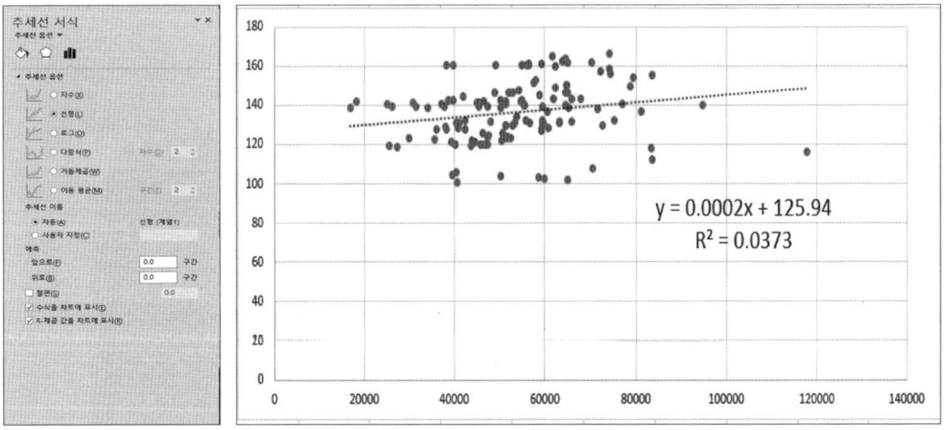

❖[그림 3-34] 추세선 입력 및 결과

CHAPTER 04

부동산 가치평가

CHAPTER

04 부동산 가치평가

1. 자본자산 가격결정모형

1) 할인율의 산정

부동산 투자안의 경제성을 할인현금흐름법을 사용하여 분석할 때 할인율에 따라 투자안의 채택과 기각이 달라지는 것을 알 수 있었다. 이렇듯 투자안의 경제성을 평가할 때 할인율은 중요한 요인이다. 재무학에서는 할인율을 산정할 때 가중평균자본비용(WACC: Weighted Average Cost of Capital)을 사용한다. 이 가중평균자본비용(WACC)는 부동산 투자안의 평가와 가치평가를 할 때에 할인율로 적용된다. 따라서 본 절에서는 투자안 평가시 할인율(가중평균자본비용)을 어떻게 산정하는지에 대해 설명한다.

① 부동산 투자자의 기대수익률

앞서 설명한 가중평균자본비용(WACC)이란 자본이용의 대가를 의미하는 자본비용을 자기자본과 타인자본의 비중을 두어 산정하는 것이다. 환언하면, 투자안 평가 및 부동산의 가치평가에서 적용되는 할인율은 자기자본과 타인자본의 비중에 맞게 가중평균자본비용(WACC)을 산정하여 적용한다. 여기서 자기자본비용은 자기자본을 사용하는 대가를 의미한다. 자기자본을 사용하는 대가란 투자하는 부동산에 대한 투자자의 기대수익률을 의미한다. 기대수익률은 제1장 포트폴리오 기초이론에서 이성적인 투자자가 어떠한 방법으로 부동산 포트폴리오의 투자가치를 평가하는지 그리고 최적포트폴리오는 어떻게 선택하는지 알 수 있었다. 따라서 앞으로 기대수익률을 산출하는 모형인 토지시장선(LML: Land Market Line)에 대해 배우고 가중평균자본비용의 한 부분인 자기자본비용에 대해 설명한다.

LML을 설명하기 전에 부동산 투자자가 투자활동을 하여 시장 전체가 균형상태(Equilibrium Condition)에 있을 때, 부동산을 비롯한 자본자산의 균형가격은 어떻게 결정되는가를 수익과 위험의 상반관계(Trade off Between Return and Risk)로 설명하는 모형인 자본자산가격결정모형(CAPM: Capital Asset Pricing Model)에 대해서 알아야 한다. 여기서 말하는 시장균형(Market Equilibrium)이란 부동산시장 전체에서 부동산의 수요·공급이 일치되도록 부동산가격이 형성되어 있는 상태를 말한다.

② 자본자산가격결정모형의 제 가정

자본시장의 균형이론을 모형에 의해 제시하기 위하여 복잡한 여러 요인들을 가정하여 단순화하는 것이 필요하다. 자본자산가격결정이론은 재무학에서 사용되는 모형이기에 이를 부동산에 맞춰 설명한 가정이 필요하다.

첫째, 부동산 투자자들은 평균-분산 모형의 지배원리에 따라 포트폴리오를 선택한다.
둘째, 모든 부동산 투자자가 무위험이자율로 차입 또는 대출을 할 수 있다.
셋째, 부동산 투자자는 위험회피형 부동산 투자자이며 기대효용을 극대화하고자 한다.
넷째, 단일기간의 투자기간을 고려하는 부동산 투자자들로 구성되어 있다.
다섯째, 세금과 거래비용이 존재하지 않는다.
여섯째, 자본시장은 완전시장으로 모든 부동산 투자자는 가격수용자(Price-taker)이며, 어떤 개인의 거래도 시장가격에 영향을 줄 만큼 크지 못하다. 그리고 정보는 모든 부동산 투자자에게 공정하게 배분된다.
일곱째, 모든 부동산 투자자들은 자산의 기대수익률과 위험에 대해 동질적인 예측을 한다.

기존의 재무학에서는 이상의 가정을 기초로 자본자산가격결정모형을 중심으로 한 자본시장이론은 단계적으로 발전하여 왔다. 재무학에서는 두 개의 모형이 이 이론을 대표하는데 하나는 투자자의 개인균형으로서의 자본시장선(CML: Capital Market Line)이며, 다른 하나는 시장균형으로서의 주식시장선(SML: Security Market Line)이다. 이 두 개의 모형 중 주식시장선을 부동산에 맞게 계량한 토지시장선(LML: Land Market Line)을 본 교재에서는 제시한다.

③ 부동산 포트폴리오의 시장모형과 β

토지시장선을 설명하기 위해서는 CAPM이론이 필요하다고 앞서 밝혔다. CAPM에 대한 본격적 이론전개를 위해서는 먼저 체계적 위험의 개념을 분명히 할 필요가 있다. 포트폴리오 이론에서 부동산자산의 위험을 미래수익흐름의 불확실성 정도에서 파생한다고 했다. 이러한 위험은 자산 특유의 요인에 의하여 초래되는 부분(Issuer Specific Component)과 여러 부동산자산에 공통으로 영향을 미치는 부분으로 구분될 수 있다. 이 때 전자를 여타 자산의 사정과는 관계없이 해당 부동산자산 고유의 특수한 성격 또는 요인에 따라 불규칙하게 실현되는 수익률의 변동이라 하여 비체계적 위험(Unsystematic Risk 또는 Unique Risk)이라 하고, 반대로 해당 부동산자산 특유의 요인보다는 경제전반의 변화와 관련하여 초래되는 수익률의 변동가능성을 우리는 부동산시장 자체의 전체적 움직임에 따라 체계적인 관련성을 갖는다는 체계적 위험(Systematic Risk, Market Risk) 또는 베타(β)위험이라 정의한다.

체계적 위험이 흔히 이자율 변동과 관련한 수익률의 변동가능성(Variability), 또는 인플레 진행과 관련된 수익률 변동, 조세정책 및 토지이용에 관한 계획 및 규제 등과 같은 경제전반의 변화위험에서 대부분 유래하는 반면 비체계적 위험은 특정 자산의 건축비용, 주택에 대한 수요, 원가구조, 경영능률 및 기술수준 등에 의하여 영향받는 부동산자산 고유의 관리위험(Management Risk)과 부동산자산 특유의 자본구조와 관련된 재무위험(Financial Risk)으로부터 영향을 받는 것이 많다.

다만 중요한 것은 경영위험이나 재무위험이 비체계적 위험이지만 그것이 부동산시장 전체의 변화에 영향을 받는다면 그 부분은 체계적 위험의 원천으로 파악되어야 한다. 반면, 오직 특정 자산 고유의 요인일 경우에는 비체계적 위험으로 인식된다는 점이다. 요컨대 해당 위험이 특정 부동산의 고유 특성에서 유래하는지 아니면 대부분의 부동산이 공통으로 가지는 요인이라서 부동산시장 전체의 움직임과 변화를 함께하는지가 체계적 위험과 비체계적 위험 구분의 기준이 되는 것이다.

자산의 총위험은 체계적 위험과 비체계적 위험의 합이 된다. 투자대상의 총위험이나 비체계적 위험은 포트폴리오 이론에서 언급했듯이 부동산 투자자산의 예상수익률의 분산 또는 표준편차로 계량화할 수 있다. 하지만 체계적 위험은 β를 이용하여 나타내야 한다. 이를 회귀식을 이용하여 나타내면 다음과 같은 시장모형(Market Model)이 된다.

$$r_i = \alpha_i + \beta_i r_m + \epsilon_i \qquad \text{[식 4-1]}$$

r_i : i부동산의 수익률

r_m : 부동산시장수익률

ϵ_i : i부동산수익률의 오차항

여기서 β_i가 i부동산의 체계적 위험을 나타내고 있다. 여기서 의미하는 체계적 위험은 회귀식을 통하여 봤을 때 i부동산이 부동산 시장에서 차지하는 위험을 의미하기 때문이다. εi는 수익률의 편차를 의미하므로 비체계적 위험을 나타낸다. 수익률의 총위험은 $Var(r_i)$이므로 다음과 같이 나타낼 수 있다.

$$Var(r_i) = Var(\alpha_i + \beta_i r_m + \epsilon_i) \qquad \text{[식 4-2]}$$

위의 [식 4-2]에서 α_i와 r_m, r_m과 ϵ_i는 회귀방정식의 기본가정에 의해 서로 독립적이므로 다음과 같이 쓸 수 있다.

$$Var(r_i) = Var(\alpha_i) + Var(\beta_i r_m) + Var(\epsilon_i) \qquad \text{[식 4-3]}$$

이때 [식 4-3]에서 절편항을 나타내는 α_i의 분산, 즉 $Var\{\alpha_i\} = 0$이 되므로 총위험은 다음과 같다.

$$Var(r_i) = \beta_i^2\, Var(r_m) + Var(\epsilon_i) \qquad \text{[식 4-4]}$$

위 [식 4-4]에서 체계적 위험은 베타와 관계된 $\beta_i^2\, Var(r_m)$이며 비체계적 위험은 $Var(\epsilon_i)$가 된다.

이 식은 N개의 부동산으로 구성된 포트폴리오로 확장하면 [식 4-5]와 같이 확장시킬 수 있다. 즉 N개의 자산에 각 개별자산별 투자비율을 W_1로 하여 포트폴리오를 구성할 경우 예상수익률과 위험은 다음과 같다.

$$r_p = \sum_{i=1}^{N} W_i r_i$$
$$Var(r_p) = \left[\sum_{i=1}^{N} W_i \beta_i\right]^2 Var(r_m) + \sum_{i=1}^{N} W_i^2 \, Var(\epsilon_i) \quad \text{[식 4–5]}$$
$$= \beta_p^2 \, Var(r_m) + Var(\epsilon_p)$$

이때 부동산 포트폴리오를 구성하는 개별자산 종목 수 N이 커지면 커질수록 각 개별자산에 대한 투자비율 W_i도 그만큼 작아지고 W_i는 $0 < W_i < 1$의 범위를 갖게 되므로 W_i^2은 더욱 작아져

$$\sum_{i=1}^{N} W_i^2 \, Var(\epsilon_i) \simeq 0 \quad \text{[식 4–6]}$$

에 근접하게 된다. 그러므로

$$Var(r_p) = \beta_p^2 \, Var(r_m) \quad \text{[식 4–7]}$$

이 된다.

포트폴리오의 구성에서 개별자산의 총위험이 아닌 오직 β_i의 중요성이 강조되는 이유가 바로 여기에 있다. 가급적 다수 부동산을 포트폴리오로 구성하면 부동산의 비체계적 위험은 사실상 제거된다. 이후 포트폴리오의 위험으로 남는 것은 부동산자산의 체계적 위험이 합하여 된 β_p가 된다. 이를 도시하면 [그림 4–1]과 같다.

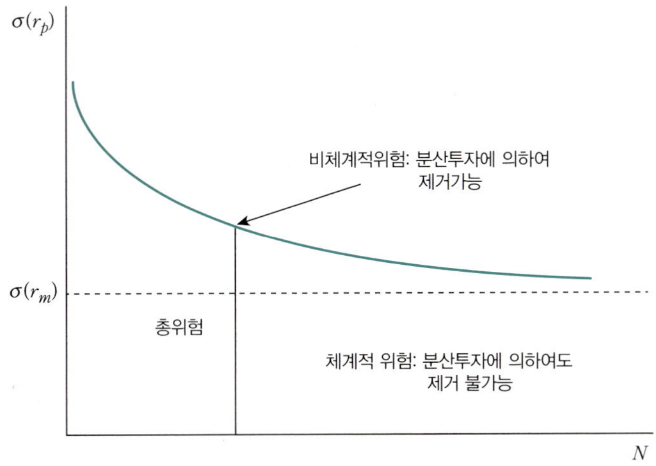

❖[그림 4-1] 분산투자와 위험 제거효과

한편 β의 구체적인 의미와 그 추정방법을 살펴보아야 할 것이다. 이미 앞장에서 설명한 것처럼 시장포트폴리오의 위험 $\alpha_2(r_m)$은 그를 구성하고 있는 모든 개별자산 수익률 간의 공분산의 합으로서 [그림 4-2]와 같이 나타낼 수 있다.

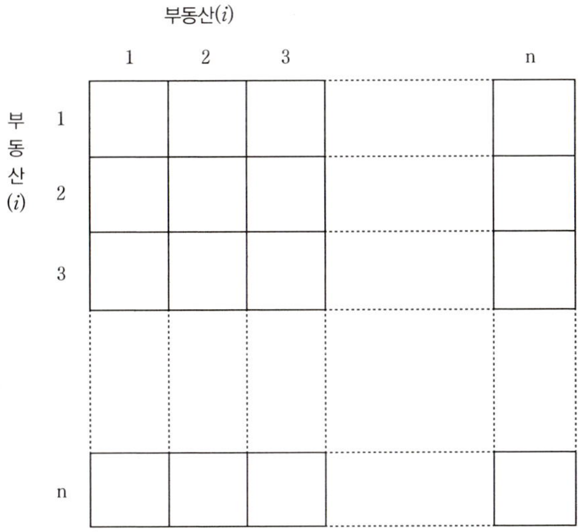

$$\text{부동산(1)의 공헌} = w_1 \sum_{j=1}^{n} w_j \sigma_{1j} = w_1 \sigma_{1m}$$

$$\text{부동산(2)의 공헌} = w_2 \sum_{j=1}^{n} w_j \sigma_{2j} = w_2 \sigma_{2m}$$

$$\text{부동산(3)의 공헌} = w_3 \sum_{j=1}^{n} w_j \sigma_{3j} = w_3 \sigma_{3m}$$

$$\text{부동산}(n)\text{의 공헌} = w_n \sum_{j=1}^{n} w_j \sigma_{nj} = w_n \sigma_{nm}$$

$$\text{총위험} = \sum_{i=1}^{n} \sum_{j=1}^{n} w_i w_j \sigma_i = \sigma_{m^2}$$

❖[그림 4-2] 포트폴리오의 위험 개별부동산의 공헌도

[그림 4–2]에서는 각 부동산들이 포트폴리오의 위험에 미치는 영향을 알아볼 수 있다. 시장포트폴리오는 n개의 부동산으로 구성되어 있다고 가정하자. [그림 4–2]에서 각 부동산 자산이 시장포트폴리오의 위험, 즉 분산 중에서 차지하는 부분을 살펴보자.

먼저 시장포트폴리오의 전체분산 σ_m^2 을 살펴보면 다음과 같다.

$$\sigma_m^2 = \sum_{i=1}^{n}\sum_{j=1}^{n} W_i W_j \sigma_{ij} \qquad \text{[식 4–8]}$$

σ_m^2 은 완전히 분산 투자된 포트폴리오, 즉 시장포트폴리오의 수익률(r_m)의 분산(Variance)이다. 이 중에서 개별자산의 영향은 위에서 찾아볼 수 있다. 즉 자산 (1)의 영향은 다음의 [식 4–9]로 나타낼 수 있다.

$$\text{부동산(1)의 공헌} = \sum_{j=1}^{n} W_1 W_j \sigma_{1j} \qquad \text{[식 4–9]}$$

W_1 : 부동산(1)의 구성비

σ_{1j} : 부동산(1)과 부동산(j)의 공분산

$$\sum_{j=1}^{n} W_1 W_j \sigma_{1j} = W_i \sum_{j=1}^{n} W_j \sigma_{1j} = W_1 \sigma_{1m}$$ [1)]

이 [식 4–9]는 앞으로의 전개에 있어서 매우 중요한 의미를 갖는 식이다. 이는 포트폴리오의 위험 중에서 개별 부동산의 영향을 나타내는 식이다. 부동산 i의 영향은 다음과 같이 표현된다.

$$\text{부동산}i\text{가 시장포트폴리오에 미치는 위험의영향} = W_i \sigma_{im}$$

즉 [개별부동산의 투자비율]×[개별부동산 i와 시장포트폴리오의 공분산]이다. 그러므로

1) $\sum a x_i = a \sum x_i$(a는 상수)
$Cov(r_i, r_m) = Cov(r_i, W_1 r_1 + W_2 r_2 + W_n r_n)$이다.
$Cov(z, ax+by) = aCov(x, z) + bCov(y, z)$이므로 $\sum W_i \sigma_{ij} = Cov(r_i, r_m)$과 같다.

시장포트폴리오의 위험 σ_m^2 중에서 개별자산 i가 미치는 위험의 비율은 다음의 식으로 나타낸다.

$$\text{부동산}i\text{가 시장포트폴리오에 미치는 위험의 비율} = W_i \frac{\sigma_{im}}{\sigma_m^2}$$

σ_{im} 은 부동산시장 수익률 전체의 움직임과 부동산 수익률 개별의 움직임 간 공분산이라고 한다. 이는 시장 전체의 변화에 대해 개별부동산이 가지는 민감도를 나타낸다. 여기서 보면 부동산시장의 움직임에 대하여 민감한 반응을 보이는 i부동산은 σ_{im} 이 큰 값을 가지므로 시장포트폴리오의 위험을 증가시키고, 민감하지 않은 부동산은 σ_{im} 이 작은 값을 가지므로 시장포트폴리오의 위험에 미치는 영향이 적은 것을 알 수 있다.

위 식에서 σ_{im}/σ_m^2 을 부동산 i의 체계적인 위험이라 하여 β로 나타낼 수 있다.

$$\frac{\sigma_{im}}{\sigma_m^2} = \beta_i \qquad \text{[식 4-10]}$$

체계적 위험을 베타(β)로 나타내기 때문에 이를 위에서 언급했던 베타위험(β-risk)이라고 한다. 이러한 위험을 β라고 하게 된 이유는 시장포트폴리오의 수익률(r_m)과 개별자산의 수익률(r_i)의 상관관계를 보기 위하여 다음과 같이 회귀식을 구할 때 $\beta_i = \sigma_{im}/\sigma_m^2$ 으로 계산되기 때문이다.

$$r_i = \alpha_i + \beta_i r_m \qquad \text{[식 4-11]}$$

이 식을 이용한 회귀분석을 통하여 β를 계산하면 [식 4-10]의 베타와 일치한다. [식 4-11]는 앞에서 설명한 시장모형으로서 개별자산의 수익률과 시장수익률의 관계를 직선으로 나타낸 식이다.

④ 토지시장선

토지시장선(LML: Land Market Line)은 개별부동산자산 또는 부동산 포트폴리오의 기대수익률과 체계적 위험의 관계를 회귀방정식을 통해 직선식으로 나타낸 것이다. 이는 개별

부동산이 부동산시장의 균형 하에서 있다면, 그 위험에 상응한 위험프리미엄이 그 기대수익률에 반영되어야 한다. 이 때 분산투자를 전제로 하면 체계적 위험의 크기인 β_i만이 실제위험으로 평가된다. 토지시장선을 그림으로 나타내면 [그림 4–3]과 같고 식으로는 아래와 같이 쓸 수 있다.

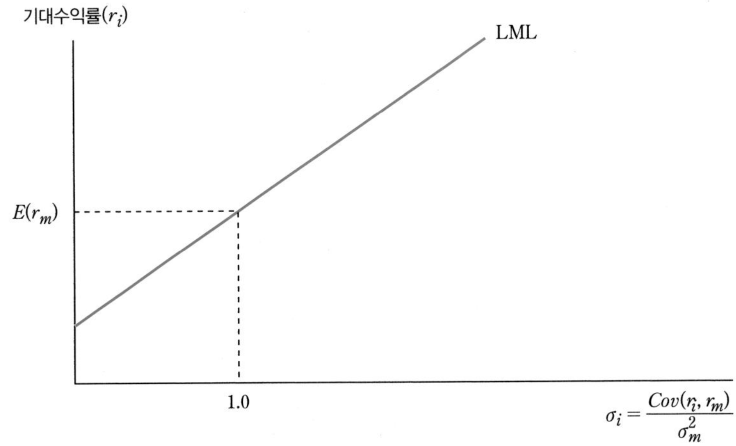

❖[그림 4–3] 토지시장선

$$E(r_i) = r_f + \frac{E(r_m) - r_f}{\sigma_m^2} Cov(r_i, r_m) \qquad \text{[식 4–12]}$$

$E(r_i)$: 자산i의 기대수익률

σ_m^2 : 시장포트폴리오의 분산

$Cov(r_i, r_m)$: 부동산자산i의 수익률과 시장포트폴리오 수익률의 공분산

위 [시 4–12]에서 $Cov(r_i, r_m)/\sigma_m^2$ 는 부동산 시장의 위험한 단위당 기대수익률의 증가율이다. 이는 부동산시장에서 형성되는 단위위험에 대한 프리미엄을 나타낸다. 이를 시장위험프리미엄(Market Risk Premium)이라고 하며, 위 식을 다음의 [식 4–13]과 같이 바꿔 쓸 수 있다.

$$\begin{aligned} E(r_i) &= r_f + \frac{Cov(r_i, r_m)}{\sigma_m^2}[E(r_m) - r_f] \\ &= r_f + \beta_i[E(r_m) - r_f] \end{aligned} \qquad \text{[식 4–13]}$$

이 식에서 $Cov(r_i, r_m)/\sigma_m^2$은 시장모형 $r_i = \alpha_i + \beta_i r_m + \epsilon_i$에서 β_i의 계산식이며 이를 베타위험이라 한다. 위 토지시장선이 의미하는 것은 개별부동산 i의 수익률(r_i)은 기본적으로 무위험자산의 수익률 r_f와 부동산자산 i의 위험에 대한 보상이율 $\beta_i[E(r_m) - r_f]$로 구성되며, 특히 시장포트폴리오 구성에서 개별부동산 i의 총위험에 대한 기여비율은 β_i이고 동 β_i는 시장포트폴리오 수익률의 변화에 대한 개별자산 i의 탄력치이자 민감도이므로 i의 위험에 대한 위험프리미엄은 시장포트폴리오의 위험프리미엄 $[E(r_m) - r_f]$에 β_i를 곱한 것이 된다.

[그림 4-3]에 아래의 과정을 이용하여 토지시장선을 도출하기로 한다.

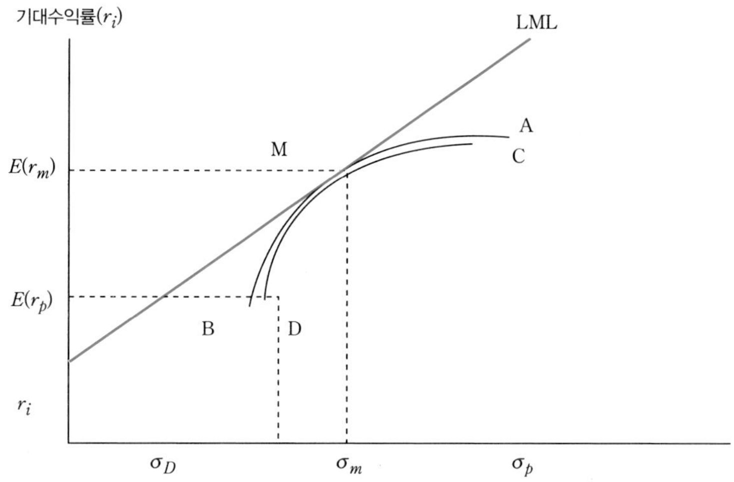

❖[그림 4-4] 토지시장선의 도출

우선 [그림 4-4]에서 부동산 투자자 임의로 비효율적인 개별 부동산자산이나 포트폴리오 j를 선택하여 j에 W_j만큼 투자하고 나머지 $(1 - W_j)$를 시장포트폴리오 M에 투자한다고 하면, 비효율적 포트폴리오 j의 집합인 CD선상에서 점 D는 모든 자금이 j에만 투자되고, 점 M에서는 시장포트폴리오에 모든 자금이 투자되고 있음을 의미한다. 그런데 시장포트폴리오에는 j가 포함되어 있으므로 약간의 j를 소유한다. 이에 점 C는 j를 소유하고 있지만 j의 순보유수가 0이 되도록 공매(Short Selling)가 이루어짐을 나타낸다.

CMD를 연결하는 곡선상에 존재하는 포트폴리오의 기대수익률 $E(r_p)$ 분산 σ_p는 다음

과 같이 나타낼 수 있다.[2)]

$$E(r_p) = W_j E(r_j) + (1 - W_j) E(r_m) \qquad \text{[식 4-14]}$$

$$\sigma_p^2 = W_j^2 \sigma_j^2 + (1 - W_j)^2 \sigma_m + 2 W_j (1 - W_j) \sigma_{jm} \qquad \text{[식 4-15]}$$

다음으로, 실제로 W_j와 $(1-W_j)$의 크기에 따라 무수히 많은 부동산 포트폴리오가 형성될 수 있으며, 모든 가능한 포트폴리오는 M을 포함하므로, 점 M에서 반드시 접하게 된다. 그러나 CMD곡선은 위험자산으로 구성된 효율적 프론티어인 AMB를 관통할 수 없으며, CMD와 AMB가 접하는 곳은 M뿐으로 이 점에서 CMD의 기울기와 AMB의 기울기가 같아야 한다. 이것은 CML과 CMD는 모두 점 M에서 AMB와 접하게 되므로, LML의 기울기는 점 M에서의 CMD의 접선의 기울기와 동일하여야 한다는 것을 의미한다.

따라서 CMD의 접선의 기울기를 측정하여 토지시장선의 기울기를 일치시키면, j의 균형적 기대수익을 추정할 수 있다. CMD의 점 M에서의 접선의 기울기는 σ_p에 대한 $E(r_p)$의 편도함수이므로, 미분의 연진법칙을 이용하고 [식 4-14]와 [식 4-15]를 사용하면 다음의 식으로 나타난다.

$$\begin{aligned} \frac{\partial E(r_p)}{\partial \sigma_p} &= \frac{\partial E(r_p)}{\partial W_j} \cdot \frac{\partial W_j}{\partial \sigma_p} \\ &= \{E(r_i) - E(r_m)\} \times \frac{\sigma_p}{W_j(\sigma_j^2 + \sigma_m^2 - 2\sigma_{jm}) + \sigma_{jm} - \sigma_m^2} \end{aligned}$$

그런데 점 M에서는 $\sigma_p = \sigma_m$이고, $W_j = 0$이므로

$$= \{E(r_i) - E(r_m)\} \times \frac{\sigma_m}{\sigma_{jm} - \sigma_m^2} \qquad \text{[식 4-16]}$$

그리고 토지시장선(LML)의 기울기는 다음 식과 같이 $\dfrac{E(r_m) - r_f}{\sigma_m}$이므로 [식 4-16]과 결

2) 조지호 · 정성훈, 현대재무관리, 박영사, 2012, pp 205-208

합하여 정리하면 다음과 같다.

$$\{E(r_i)-E(r_m)\}\cdot\frac{\sigma_m}{\sigma_{jm}-\sigma_m^2}=\frac{E(r_m)-r_f}{\sigma_m}$$

$$E(r_i)\cdot\frac{\sigma_m}{\sigma_{jm}-\sigma_m^2}=\frac{E(r_m)-r_f}{\sigma_m}+\frac{E(r_m)\cdot\sigma_m}{\sigma_{jm}-\sigma_m^2}$$

$$E(r_i)=\frac{\{E(r_m)-r_f\}\{\sigma_{jm}-\sigma_m^2\}}{\sigma_m^2}+\frac{E(r_m)\cdot\sigma_m}{\sigma_m}$$

$$=\frac{E(r_m)\cdot\sigma_{jm}-E(r_m)\sigma_m^2-r_f\sigma_{jm}+r_f\sigma_m^2+E(r_m)\sigma_m^2}{\sigma_m^2}$$

$$=r_f+\{E(r_m)-r_f\}\cdot\frac{\sigma_{jm}}{\sigma_m^2}$$

마지막으로 토지시장선에서 포트폴리오(혹은 개별 부동산자산)의 기대수익률과 위험의 관계식은 아래의 식으로 표시된다.

$$E(r_j)=r_f+\beta_j[E(r_m)-r_f]$$
$$E(r_j)-r_f=\beta_j[E(r_m)-r_f] \qquad [식\ 4-17]$$
$$\beta_j=Cov(r_j,r_m)/\sigma_m^2$$

위의 [식 4-17]은 자본자산가격결정모형의 기본식이며, β_j는 개별부동산 자산(혹은 포트폴리오) j의 체계적 위험을 나타내고 시장포트폴리오의 β는 1의 값을 갖는다. [그림 4-5]는 개별부동산(혹은 포트폴리오)의 기대수익률과 체계적 위험의 관계를 나타내는 토지시장선(LML)을 도시한 것이다. 개별부동산의 기대수익률 $E(r_j)$는 분산 불가능한 위험을 나타내는 베타계수에 대한 증가함수이며 베타계수는 민감도를 나타낸다. 다시 말해서 위험이 증가하면 증가할수록 기대수익률은 더 높아지고, 위험이 낮아질수록 기대수익률은 더 낮아지게 된다.

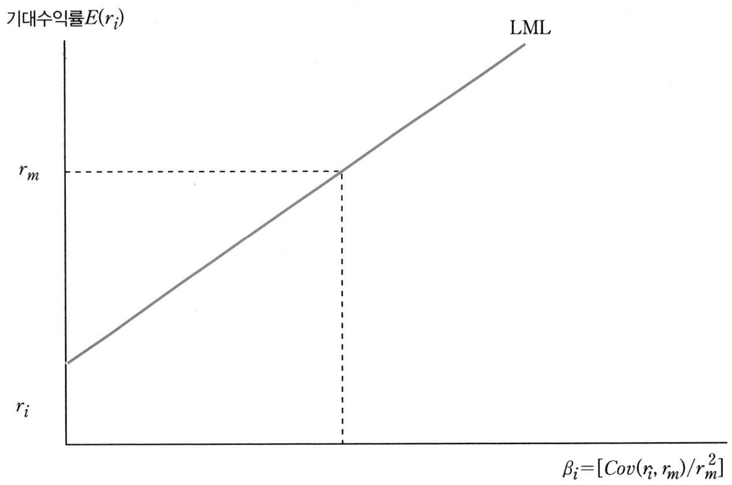

❖[그림 4-5] 토지시장선

위의 모형은 크게 ① 무위험수익률, r_f ② 위험프리미엄, $\beta_i \times [E(r_m)-R_f]$와 같이 두 부분으로 나뉜다. 위험프리미엄 중 $E(r_m)-r_f$ 부분은 시장위험프리미엄(Market Risk Premium)이라 부르는데, 이는 부동산 투자자들이 시장포트폴리오를 보유함으로써 안게 되는 위험에 대한 보상이다. 따라서 시장위험프리미엄은 부동산 투자자들의 위험회피도에 달려 있다고 하겠다. 만약에 현재 국공채 수익률(즉, 무위험수익률), r_f 이 9%이고, 시장에 존재하는 부동산들의 기대수익률의 평균(즉, 시장수익률)이 15%이라고 가정하자. 그러면 시장위험프리미엄은 6%가 된다.

$$시장위험프리미엄 = E(r_m)-r_f = 15\%-9\% = 6\%$$

만약에 A부동산이 B부동산의 위험보다 2배 높다면, A부동산의 위험프리미엄은 B부동산에 비해 2배 높게 될 것이며, 반대로 A부동산 위험이 B부동산 위험의 1/2이라면, A부동산의 위험프리미엄은 B부동산의 1/2만큼이 될 것이다. 게다가 한 부동산의 상대적인 위험도는 해당부동산의 베타계수로 측정할 수가 있다. 따라서 시장위험프리미엄과 i부동산의 위험측정치인 베타계수, β_i를 안다면, i부동산의 위험프리미엄은 이들의 곱, $\beta_i \times [E(r_m)-r_f]$이 된다.

예를 들어 $\beta_i=0.5$ 그리고 $E(r_m)-r_f=6\%$ 이라면, 개별자산의 위험프리미엄은 3%가 된다.

$$i\text{부동산의 위험프리미엄} = \beta_i[E(r_m) - r_f] = 0.5(6\%) = 3.0\%$$

요컨대, 무위험수익률, 시장포트폴리오의 기대수익률 그리고 베타계수가 주어져 있다면, i부동산의 기대수익률은 다음과 같이 계산된다.

$$E(r_i) = r_f + \beta_i[E(r_m) - r_f] = 9\% + 0.5(15\% - 9\%) = 12\%$$

한편 부동산 j가 부동산 i보다 위험이 더 크다면, 즉 j부동산의 베타값(β_j)이 2.0인 경우, j부동산의 요구수익률은 21%가 될 것이다.

$$E(r_j) = 9\% + 2.0(6\%) = 21\%$$

그리고 $\beta = 1.0$ 인 부동산들의 요구수익률은 시장수익률과 동일한 12%가 된다.

$$E(r_A) = 9\% + 1.0(6\%) = 15\%$$

위의 토지시장선(LML)을 이용하여 가중평균자본비용의 한 부분인 자기자본비용을 산출할 수 있다.

$$K_e = r_f + \beta_i[E(r_m) - r_f] \qquad \text{[식 4-18]}$$

K_e : 자기자본비용
β_i : 부동산i의 베타계수
$E(r_m) - r_f$: 시장프리미엄
r_f : 무위험이자율

투자자가 A지역에 상가의 투자용도로 부동산 투자를 하려고 한다. 이때 이 부동산에 투자하면서 기대하는 수익률은 자기자본에 대한 비용이라 할 수 있다. 따라서 자기자본 비용을 산출하기 위해서는 [식 4-18]의 식을 이용하여 K_e를 산출해야 한다. 일반적으로 부동산에 대한 베타(β_i)를 산출하여 관리하지 않는다. 따라서 대용변수로 A지역 투자용도의 베타를 산출하여 적용한다.

A지역의 베타가 만약 1.2이고 시장프리미엄이 5% 무위험이자율이 3%라면 이 부동산자산의 자기자본비용(기대수익률)은 9%가 산출된다.

$$3\% + 1.2[5\%] = 9\%$$

기대수익률 9%는 투자자가 A지역의 상가에 투자했을 때 9%의 수익률을 기대하는 것이며, 이는 9%의 자기자본비용으로 나타낼 수 있다.

⑤ 부동산 투자자의 타인자본비용

부동산자산은 일반적으로 고가인 특징을 갖고 있다. 이러한 특징 때문에 투자자들이 자기자본만 가지고 투자하는 경우는 거의 찾아보기 힘들다. 따라서 부동산 투자자의 타인자본비용을 산정하는 방법을 알아본다.

아래의 [식 4-19]은 부동산자산에 투자할 때 타인자본 비용을 식으로써 나타낸 것이다.

$$K_d = \frac{F}{B}(1-t) \qquad \text{[식 4-19]}$$

K_d = 타인자본비용
B = 순차입금
F = 연간이자지급액
t = 영업소득세율

타인자본비용에서는 자기자본비용과 달리 영업소득세율이 식에 포함되어 있는 것을 알 수 있다. 이는 이자비용이 가지는 절세효과 때문이다. 이자비용은 회계적으로 손비처리(회계장부상에는 영업외비용으로 처리)가 되기 때문에 이자비용에 세율을 곱한 만큼 영업소득세가 공제된다고 볼 수 있다. 따라서 영업소득세율을 공제한 $(1-t)$를 곱해준다. 다음으로 F는 연간이자지급액인데 일반적으로 저당대출로 인한 이자 지급액을 의미한다. 마지막으로 B는 투자자가 부동산 투자를 위해 대출한 차입금을 나타낸다.

만약 투자자가 A지역 상가에 투자하기 위해서 5000만 원을 대출하고 연 500만 원의 이자를 지급해야 한다면 아래의 식과 같이 표현될 수 있다.

$$K_d = \frac{500\text{만 원}}{5000\text{만 원}}(1-20\%)$$

*영업소득세율을 20%로 가정했을 때

K_d는 8%의 값이 산출된다. 즉, 투자자가 A지역 상가에 투자할 때 타인자본비용으로써 8%가 산출된 것이다.

⑥ 가중평균자본비용

앞서 자기자본비용과 타인자본비용에 대해 알아보았다. 자기자본비용은 9%로 산출되었고 타인자본비용은 8%로 산출되었다. 하지만 할인현금흐름법에 사용하여 투자안을 평가하거나 가치를 평가할 때 적용하여 할 할인율이 무엇인지 알지 못한다. 자기자본비용만을 투입하기도, 타인자본비용만을 투입하기도 적절하지 않다. 다시 말해 투자자가 투자하는 금액의 자기자본과 타인자본의 비율만큼 가중 평균한 자본비용을 산정하여 할인율에 적용시켜야 한다.

지금부터 위의 A지역 상가에 투자하는 사례를 이용하여 가중평균자본비용을 산출한다.

〈표 4-1〉 가중평균자본비용의 산출

	투하된 금액	비중	산출된 비용
자기자본	1억 5000만 원	75%	9%
타인자본	5000만 원	25%	8%

* 세금은 고려하지 않음(세금을 고려한다면, 타인자본(1-t)에 계산되어야 함).

〈표 4-1〉은 가중평균자본비용을 산출하기 위해 위의 1항과 2항에서 산출된 비용과 비중을 나타냈다. A지역 상가를 투자하기 위해 투자자는 2억 원을 투자하였다. 그 중 1억 5000만 원은 자기자본이며 5000만 원은 은행에서 저당대출을 하였다. 이때 가중평균자본

비용은 아래의 [식 4-20]을 통해 구할 수 있다.

$$W_eK_e + W_dK_d = WACC$$
$$0.75 \times 9\% + 0.25 \times 8\% = 8.75\%$$
[식 4-20]

위의 [식 4-20]을 통해 산출된 가중평균자본비용(WACC)은 8.75%이다.

2. 현금흐름할인법을 활용한 부동산의 가치평가

1) ATCF를 사용한 부동산 자산의 가치평가

본 절에서는 경제성분석에서 사용하였던 할인현금흐름방법(DCF: Discounted Cash Flow)을 이용하여 부동산자산의 가치를 평가해 본다. 가치평가에 사용되는 모형은 할인현금흐름방법 중 순현가법(NPV)을 이용한다. 순현가법(NPV)은 앞서 단지 투자안의 평가를 통한 투자여부 결정의 기준이었지만, 본 절에서는 부동산자산의 가치분석을 위한 모형으로 응용된다.

재무관리에서는 기업의 가치를 산정하기 위해서 두 가지의 방법을 사용한다. 첫째는 FCFE(Free Cash Flow to Equity)이며, 이는 주주의 입장에서의 현금흐름을 이용하여 분석한다. 다음으로는 FCFF(Free Cash Flow to Firm)방법이다. 이 방법은 기업의 입장에서 현금흐름을 분석하여 가치평가를 한다. 그렇다면 부동산에는 어떠한 방법을 사용하여야 하는가? FCFE와 FCFF를 구분하는 기준은 안정적 레버리지를 사용하고 지분투자자의 입장에서 바라볼 경우 FCFE를 사용하고, 높은 부채비율을 유시하거나 레버리지에 관한 정보가 불충분할 경우, 부동산의 가치를 알고 싶은 경우 FCFF법을 사용한다. 일반적으로 기업에서는 FCFF의 방법을 이용하여 기업의 가치를 분석하며 이를 부동산에서도 FCFF의 방법을 이용하여 분석한다. 그러나 본 절에서는 지분투자자에게 귀속되는 현금흐름을 바탕으로 분석하는 FCFE를 먼저 알아본다. 아래의 [식 4-21]은 부동산자산의 가치를 평가하는 산식을 나타내었다.

$$Value\ of\ Real\ Estate = \sum_{t=1}^{n} \frac{FCFE_t}{(1+k_e)^t} + TV(\text{Termin al Value}) \qquad [\text{식 } 4-21]$$

$FCFE_t$ = 지분투자자에게 귀속되는 t기의 잉여현금흐름

(After Taxes Cash Flow in Year t)

k_e = 자기자본비용

TV(Termin al Value) = 부동산 자산의 잔존가치

위 [식 4-21]은 순현가법(NPV)의 산식과 닮았다. 다만 다른 점은 k_e를 이용한다는 점과 TV(Termin al Value)가 포함되어 있다는 점이다. 또한 부동산 가치 산정을 위한 [식 4-21]에서는 현금흐름과 할인율이 가치산정에 주요 요소로 포함되어 있는 것을 알 수 있다. 할인율의 경우 앞에서 다루었던 자기자본비용을 사용하게 된다. 또 다른 주요 요소인 부동산 사업의 현금흐름은 영업현금흐름과 잔존가치로 나눌 수 있다. 영업현금흐름의 경우 부동산을 통해 발생한 이익과 발생한 비용의 현금흐름을 측정한 것이다. 즉, 부동산 사업의 주체가 일정 사업기간동안 얻을 수 있는 잉여현금흐름이라 설명할 수 있다. 마지막으로 잔존가치는 예측기간 이후의 현금흐름의 현재가치이다. 환언하면, 부동산을 지속적으로 보유하였을 때 계속해서 얻어지는 잉여현금흐름을 가치화한 것이다.

① 세후 영업현금흐름과 FCFE의 산출[3]

부동산 시장에서 잉여현금흐름을 알기 위해서는 세후영업현금흐름(ATCF)을 알아야 한다. 세후영업현금흐름이란 지분투자자에게 최종적으로 귀속되는 현금흐름을 의미한다. 세후영업현금흐름을 산출하기 위해서는 잠재총소득(PGI: Potertial Gain Income)와 유효총소득(EGI) 순영업소득(NOI) 그리고 세전영업현금흐름(BTCF) 알아야 지분투자자에게 최종적으로 귀속되는 현금흐름을 알 수 있다.

우선 잠재총소득(Potential Gain)이란 투자자가 이 부동산에 투자하여 얻을 수 있는 잠재적 총소득을 의미한다. 예를 들어 투자자가 A임대부동산에 투자한다고 하자. 이때 A임대부동산은 총 임대호수가 10호가 있으며 각 호수는 연 350만 원씩의 수입이 있다고 한다. 그렇다면 A부동산이 잠재적으로 1년 동안 발생하는 소득은 총 임대호수에 각 호수의 수입을 곱하면 될 것이다.

3) 박원석(2013). 부동산 투자. 참고.

$$PGI = \sum_{i=1}^{n} G_i \qquad [식\ 4-22]$$

PGI = 총잠재이익

G_i = i부분의 수익

위의 [식 4-22]은 총잠재이익을 수식으로 산출한 것이다. 위의 식대로 A부동산의 총잠재이익을 산출해 보면 350만 원×10호 = 3,500만 원이 산출된다.

다음으로는 유효총소득(EGI)과 순영업소득(NOI)에 대해 알아본다. 유효총소득이란 현실적으로 판단했을 때 실현가능한 소득을 의미한다. 총잠재이익에서 공실로 인한 손실분과 불량부채를 차감하고 기타 수입 등을 더한 것을 의미한다. 여기서 공실이란 입주가 되지 않은 방을 의미한다. 공실률의 산정은 일반적으로 지역별 용도별 특성에 맞추어 산정한다. 만약 A부동산의 공실률이 10%라면 총 10호 중에서 1호가 공실이라는 의미이다. 따라서 공실률은 그 부동산의 인기를 의미한다. A부동산의 유효총소득을 산출하면 10%의 공실률에서는 차감금액이 350만 원(공실)이 되며 3,150만 원의 유효총소득이 산출된다.

$$EGI = PGI - V/BD + MI \qquad [식\ 4-23]$$

V/BD : 공실/불량채권

MI : 기타 수입

경영과 회계학에서 사용되는 영업이익과의 같은 성격인 순영업소득(NOI)은 유효소득에서 영업비용을 차감하여 산출한다. 영업비용이란 부동산 사업을 영위하면서 발생한 비용을 의미한다. 또한 순영업소득의 경우 부동산에 귀속되는 현금흐름이다. 이를 이용하여 FCFF와 같이 분석이 가능하다. 영업비용에 속하는 항목으로는 고정비용, 변동비용, 대체충당금, 유지보수비 등이 있다. [식 4-24]는 순영업소득의 산출 식을 나타낸 것이다.

$$NOI = EGI - OE \qquad [식\ 4-24]$$

NOI : 순영업소득

OE : 영업비용

순영업소득에서 금융비용(이자비용)을 차감하게 되는데 이는 세전영업현금흐름(BTCF)가 된다. 세전영업현금흐름(BTCF)에서 영업소득세(재무 및 회계학에서는 법인세)를 차감하게 되면 최종적으로 세후영업현금흐름(ATCF)가 산출된다. 세후영업현금흐름은 위에서도 밝혔듯이 지분투자자에게 최종적으로 귀속되는 현금흐름으로써 부동산의 자산가치평가에서 할인율(WACC)와 함께 분석의 중심이 된다.

$$BTCF = NOI - DS$$
$$ATCF = BTCF - TO$$

DS : 부채서비스
TO : 영업소득세

영업소득세를 산출하기 위해서는 순영업소득(NOI)에서 이자비용과 감가상각비용, 대출실행비용을 차감하고 비적격 준비금과 충당금을 더해준 금액이 과세대상소득이 된다. 이때 영업소득세율을 곱해주면 영업소득세가 산출된다. 아래의 〈표 4-2〉는 영업소득세를 추정하는 프로세스이다.

〈표 4-2〉 영업소득세의 추정 프로세스

영업소득세 추정 프로세스
순영업소득(NOI)
− 이자비용
− 감가상각비용
− 대출실행비용 상각
+ 비적격 준비금 및 충당금
과세대상소득
× 영업소득세율
영업소득세(TO)

출처: 박원석(2013). 부동산 투자론. p. 485.

〈표 4-3〉은 지분투자자에게 귀속되는 잉여현금흐름의 산출 프로세스이다. 자본적 지출과 운전자본의 변화량 그리고 감가상각의 경우 부채비율 만큼 차감해 준 값을 이용해야

한다. 왜냐하면 FCFE의 방법은 지분투자자에게 귀속되는 잉여현금흐름을 알기 위해서 현금흐름을 산출하는데 자본적 지출 그리고 운전자본 변화량, 감가상각비에는 부채의 비용이 포함되어 있기 때문이다.

〈표 4-3〉 잉여현금흐름 산출 프로세스

현금흐름 산출 항목
잠재 총소득(PGI)
– 공실률(Vacancy)
– 불량 부채(Bad Debt)
= 실질 총소득(EGI)
– 영업비용(Operating Expenses)
= 영업소득(Net Operating Income)
– 이자비용(Debt Service)
= 세전 영업현금흐름(Before-Tax Cash Flow)
– 영업소득세
= 세후 영업현금흐름(After-Tax Cash Flow)
– 자본적 지출 × (1–D/E)
– 운전자본 변화량 × (1–D/E)
+ 감가상각 × (1–D/E)
= 지분투자자에게 귀속되는 잉여현금흐름

〈표 4-4〉 지분투자자에게 귀속되는 잉여현금흐름의 산출과정과 예제

계정항목		1년차 현금흐름	2년차 현금흐름	3년차 현금흐름
잠재총소득 (PGI)		35,000,000	35,000,000	35,000,000
(–)	공실률	3,500,000	7,000,000	3,500,000
(+)	잡수익	0	0	0
유효총소득 (EGI)		31,500,000	28,000,000	31,500,000
(–)	영업비용	12,000,000	10,000,000	13,000,000
순영업소득 (NOI)		19,500,000	18,000,000	18,500,000
(–)	금융비용(이자)	9,500,000	9,500,000	9,500,000
세전영업현금흐름(BTCF)		10,000,000	8,500,000	9,000,000
(–)	영업소득세	2,400,000	2,040,000	2,160,000

세후영업현금흐름(ATCF)		7,600,000	6,460,000	6,840,000
(-)	자본적 지출*	1,333,333	1,466,667	1,066,667
(-)	운전자본 변화량*	666,666.7	1,000,000	0
(+)	감가상각*	2,000,000	2,000,000	2,000,000
잉여현금흐름(FCFE)		7,600,000	5,993,333	7,773,333

주 : 각 비용은 가정하였음.
*) 각 계정에 (1-부채비율)을 해주어야 함.

〈표 4-4〉는 A부동산의 각 연도별 영업현금흐름을 표로 나타내었다. 위의 표에서 세후영업현금흐름(ATCF)을 산출 후 지분투자자에게 귀속되는 잉여현금흐름(FCFE)을 산출하면 된다.

이때 감가상각비용이 300만 원이라 가정하자. 그리고 운전자본의 변화량은 1년차에는 100만 원 2년차에는 150만 원 3년차에는 없는 것으로 가정한다. 마지막으로 자본적 지출의 경우 1년차에는 200만 원, 2년차에는 220만 원, 3년차에는 160만 원으로 가정한다. 이때 FCFF는 다음과 같다.

② 잔존가치의 산출

부동산을 보유할 시 잔존가치는 재무학의 Terminal Value를 산출하는 방법을 기본으로 한다. 잔존가치의 산출 방법은 Gordon의 항상성장모형에 기초하고 있다. 항상성장모형의 특징은 성장률이 일정하다고 가정한다. 잔존가치의 산식은 아래의 [식 4-25]와 같다.

$$TV(Terminal\ Value) = \frac{FCFE_{t+1}}{k_e - g} \qquad [식\ 4\text{-}25]$$

g : 성장률

부동산의 잔존가치는 [식 4-25]의 산출방식을 통해서 산출이 가능하다. 이 때 확인해야 할 사항으로는 g값인 성장률인데, 분모의 k_e 값은 성장률(g)보다 커야만 한다. 만약 A부동산의 성장률이 6.75%라고 한다면 잔존가치는 아래와 같다.

$$\frac{7,773,333 \times (1+0.0675)}{0.08^{*}-0.0675} = 663,842,667$$

주* : (식 20)의 k_e값을 이용하였음

위의 값은 3년차의 지분투자자에게 귀속되는 잉여현금흐름(FCFE)에 성장률을 적용시켜 $FCFE_{t+1}$를 산출하였으며 아래의 WACC는 위에서 산출한 자료를 대상으로 하였다.

③ A부동산의 가치평가 사례

아래의 〈표 4-5〉는 A부동산을 할인현금방법을 사용하여 가치평가를 하였다. 1년차의 현금흐름은 760만 원으로 k_e값으로 할인할 시 703.7만 원이 산출되었다. 2년차 할인현금흐름은 508.7만 원, 3년차는 잉여현금흐름 777.3만 원과 잔존가치 6억 6,384만 원을 할인 시 5억 3,315만 원이 나왔다. 각 기간의 현금흐름의 합계는 지분투자자의 가치로서 5억 4,527만 원이 산출되었다.

〈표 4-5〉 A부동산의 가치평가 예제

(단위: 만 원)

계정항목	1년차 현금흐름	2년차 현금흐름	3년차 현금흐름
영업현금흐름 (ATCF)	760	593.3	777.3
잔존가치 (TV)			66,384.2
현금흐름	760	593.3	67,161.50
할인현금흐름(Ke로 할인)	703.7	508.7	53,315
부동산의 가치(할인 현금흐름의 합)	54,527		

2) NOI를 사용한 부동산 자산의 가치평가

앞에선 ATCF에 할인현금흐름(DCF)방법을 적용하여 지분투자자에게 귀속되는 현금흐름을 분석하였다. 본 절에서는 NOI를 이용하여 부동산에 귀속되는 현금흐름을 할인현금흐름방법을 적용하여 부동산의 가치를 분석한다. 앞의 내용과의 차이점은 앞에서는 지분투자자에게 귀속되는 현금흐름, 즉 지분투자자의 가치를 평가하였고 본 절은 부동산에 귀속되는 현금흐름을 이용하여 부동산의 가치를 평가하는 것이다.

① ATCF와 NOI 분석의 차이점

첫째, 세금고려의 차이점에 대하여, NOI를 이용하여 분석 할 시 ATCF는 차감한 세금에 대해서 분석에 포함시킨다는 점이다. 부동산 자산의 경우 세금의 크기가 작지가 않다. 따라서 부동산의 가치를 평가할 때는 세금을 고려하여 평가 하여야 한다. 즉, 세금의 부분에 있어서는 ATCF보다 NOI가 보다 부동산의 가치 평가에 적절하다고 할 수 있다.

둘째, 부채 및 이자 고려의 차이점에 대하여 ATCF를 이용하여 분석할 때에는 기존의 이자비용을 차감하고 지분투자자에게 귀속되는 현금흐름을 위주로 분석 하였다. 하지만 부동산 사업은 자기자본 뿐만 아니라 부채의 비중도 많으며, 세금을 고려하기 때문에 법인세(영업소득세) 절감 효과가 있다.

셋째, 할인율의 차이점에 대하여, 이전 앞 절에서의 ATCF는 할인현금흐름을 산출하기 위해 k_e를 할인율로 이용하여 분석하였다. 하지만 NOI에서는 할인율에 부채의 속성도 포함되어야 하기 때문에 가중평균자본비용(WACC)을 가치평가에 적용시켜야 한다.

② NOI 분석의 방법

PGI에서 공실과 불량부채를 차감하고 기타수입을 추가하여 EGI(실효수익)을 산출한다. 이때 EGI에서 OE(영업비용)을 차감하는데 영업비용에 속하는 것은 부동산사업을 하는 도중 발생하는 운영 유지비 또는 일반 관리비 등의 비용을 의미한다. 하지만 NOI를 가지고 직접 분석할 수는 없다. 왜냐하면 NOI의 경우 재무관리에서 EBITDA와 같기 때문이다. 따라서 이 항목에서 차감된 비현금항목을 더해주고 감가상각에 세율을 곱해 준다. 이후 운전자본의 변화를 추가하고 자본적 지출을 빼준다. 〈표 4-6〉은 NOI의 산출과정과 FCFF의 산출과정을 나타냈다.

〈표 4-6〉 NOI의 산출과 FCFF의 산출과정

PGI		NOI
−V (공실)		× (1-T)
−BD(불량부채)		+ (D×T)(감가상각)
+MI(기타수입)	➡	+ 차감된 비현금항목
= EGI		− 운전자본의 변화량
− OE(영업비용)		− 자본적 지출
= NOI		FCFF

가중평균자본비용은 앞 절에서 설명하였듯 할인현금흐름을 이용한 기업 및 부동산 그리고 사업성평가의 할인율이 된다. 가중평균자본비용의 산식은 아래의 [식 4-26]과 같이 설명할 수 있다.

$$k_e w_e + k_d w_d = WACC$$
$$\text{단}, w_e + w_d = 1 \qquad [식\ 4-26]$$

가중평균자본비용에서 k_e는 자기자본비용(ATCF분석의 할인율)이고 k_d는 타인자본비용이다. 이때 k_d에 $(1-t)$[4]를 해주어야 한다. 이는 부채의 사용이 기업에 있어서는 법인세 절감효과가 있듯 부동산에서의 부채의 사용은 영업소득세의 절감효과가 있기 때문이다.

성장률은 잔존가치(Terminal Value)의 산정에서 사용되며 부동산 사업의 앞으로 성장률을 측정하는 것이다. NOI기법과 ATCF기법의 성장률은 서로 차이가 나는데 일반적으로 ATCF의 성장률이 NOI보다 높게 산출되는 것을 알 수 있다. 이는 레버리지가 일반적으로 지분투자자의 현금흐름에 영향을 많이 미치기 때문이다.

성장률의 산출방법은 CAGR(Compound Annual Growth Rate)을 이용한 측정방법이 있다. 연평균 복합성장률을 의미하는 CAGR은 특정기간 동안의 성장률을 기하평균을 이용하여 측정하는 것이다. 일반적인 산술평균이 아닌 기하평균을 이용하여 산출하는 이유는 금

4) 1−영업소득세율

리를 예로 들어 설명하자면 산술평균은 단리를 의미하고 기하평균은 복리를 의미하기 때문이다. 따라서 인구증가율 또는 자본의 증가율과 같은 변화의 비율을 나타낼 때는 기하평균을 이용한다.

$$CAGR = \left(\frac{EV}{BV}\right)^{\left(\frac{1}{n}\right)} \quad [식\ 4-27]$$

$EV = End\ Value$

$BV = Begin\ Value$

$n = Vmber\ of\ Year$

위 식은 기하평균을 이용하여 성장률을 산정한 것이다.

잔존가치를 산출하기 위해서는 아래의 [식 4-28]을 이용하여 산출한다.

$$TV = \frac{FCFF_{t+1}}{WACC-g} \quad [식\ 4-28]$$

부동산의 가치평가를 위해서는 부동산에 유입되는 현금흐름(NOI)과 잔존가치를 할인율(WACC)로 할인현금흐름법(DCF)을 이용하여 분석한다.

$$Value = \sum_{t=1}^{n} \frac{FCFF_t}{(1+WACC)^t} + TV \quad [식\ 4-29]$$

③ NOI를 이용한 분석 예제

앞의 ATCF분석에서 사용했던 A부동산의 자료를 이용하여 NOI분석을 한다. 위의 순서를 맞춰서 순영업소득(NOI)을 산출한다.

〈표 4-7〉은 A부동산의 FCFF를 산출한 것이다. 여기서 감가상각이 300만 원씩 되고 차감된 비현금항목이 없다고 가정하자. 그리고 운전자본의 변화량은 1년차에는 100만 원 2년차에는 150만 원 3년차에는 없는 것으로 가정한다. 마지막으로 자본적 지출의 경우 1년차에는 200만 원, 2년차에는 220만 원, 3년차에는 160만 원으로 가정한다. 이때 FCFF는 다음과 같다.

〈표 4-7〉 NOI 분석의 예제

계정항목		1년차 현금흐름	2년차 현금흐름	3년차 현금흐름
잠재총소득 (PGI)		35,000,000	35,000,000	35,000,000
(−)	공실	3,500,000	7,000,000	3,500,000
(+)	기타수익	0	0	0
유효총소득 (EGI)		31,500,000	28,000,000	31,500,000
(−)	영업비용	12,000,000	10,000,000	13,000,000
순영업소득 (NOI)		19,500,000	18,000,000	18,500,000
×	(1−T)	×0.76	×0.76	×0.76
+	(D×T)	720000	720000	720000
+	차감된비현금항목	0	0	0
−	운전자본의 변화량	1,000,000	2,000,000	0
−	자본적 지출	2,000,000	2,200,000	1,600,000
잉여현금흐름 (FCFF)		12,570,000	10,730,000	13,210,000

아래의 [식 4−30]은 위의 [식 4−20]을 그대로 가져온 것이다. 자기자본의 비중은 75%이며 타인자본의 비중은 25%이기 때문에 총 가중평균자본비용(WACC)는 8.75%가 나오게 되었다.

$$W_eK_e + W_dK_d = WACC \qquad \text{[식 4−30]}$$
$$0.75 \times 9\% + 0.25\% \times 8\% = 8.75\%$$

A부동산의 성장률을 6.75%로 위에서 가정하였다. 이에 맞춰 잔존가치를 산정하면 아래와 같이 산출할 수 있다.

$$\frac{13,210,000(1+0.0675)}{0.0875^* - 0.0675} = 705,083,750$$

주* : [식 4−30]의 k_e 값을 이용하였음

부동산의 가치평가를 위해서 할인현금흐름 표를 아래의 〈표 4−8〉과 같이 산출해 낸다. 할인율은 위에서 산정한 가중평균자본비용(WACC)을 이용하였고 잔존가치 또한 위의 값을 이용하여 산출하였다. 각 할인현금흐름을 합산한 결과 부동산의 가치는 57,912만 원의 가치가 산출되었다.

〈표 4-8〉 A부동산의 가치평가 예제

(단위: 만 원)

계정항목	1년차 현금흐름	2년차 현금흐름	3년차 현금흐름
영업현금흐름(FCFF)	1,257	1,073	1,321
잔존가치(TV)			70,508.4
현금흐름	1,257	1,073	71,829.4
할인현금흐름(WACC으로 할인)	1,155.9	907.3	55,848.9
부동산의 가치(할인 현금흐름의 합)	57,912		

3. 부동산 가치평가 실습

1) CAPM을 활용한 토지시장선 도출

① 토지시장선 데이터 입력하기

앞서 감정원 부동산통계정보시스템(http://www.r-one.co.kr)에서 2006년부터 2015년까지의 지역별 부동산(아파트 실거래가) 수익률을 산출하여, 아래의 그림과 같이 데이터를 Excel의 "Sheet1"에 입력한다.

	A	B	C	D	E	F	G	H	I	J
1	지 역	전국수익률	서울수익률	부산수익률	대구수익률	인천수익률	광주수익률	대전수익률	울산수익률	세종수익률
2	2007년 12월	4.835	5.786	4.082	-2.778	20.655	1.618	-0.834	4.980	6.455
3	2008년 12월	-4.126	-10.169	4.118	-6.138	5.428	1.095	0.736	-3.690	-7.091
4	2009년 12월	9.620	21.184	11.394	4.510	6.007	1.476	10.438	8.522	0.664
5	2010년 12월	1.694	-3.185	17.921	1.834	-4.483	7.565	11.815	3.674	7.692
6	2011년 12월	6.435	-2.997	16.344	14.089	-5.802	18.756	11.919	18.972	12.959
7	2012년 12월	-2.632	-7.385	-2.649	6.685	-7.059	4.024	-4.230	3.972	8.582
8	2013년 12월	4.529	3.336	3.608	16.188	2.606	7.956	3.943	4.326	7.238
9	2014년 12월	5.171	4.409	4.093	14.082	5.152	9.263	0.152	6.624	-5.120
10	2015년 12월	6.711	9.125	9.566	10.637	8.765	11.943	0.455	10.707	-0.818

❖[그림 4-6] 토지시장선 데이터 입력하기

② 지역별 평균 구하기

"Sheet2"를 새로 만든 뒤 아래의 그림과 같이 틀을 만들고, 3행에 지역별 평균값을 구한다. Excel의 평균 값 함수는 "=AVERAGE"이며, 전국의 평균값은 "=AVERAGE (Sheet1!B2:B10)"으로 작성한다.

C3 =AVERAGE(Sheet1!B2:B10)

	A	B	C	D	E	F	G	H	I	J	K
1											
2			전국	서울	부산	대구	인천	광주	대전	울산	세종
3		E(ri)	3.58	2.23	7.61	6.57	3.47	7.08	3.82	6.45	3.40

❖[그림 4-7] 지역별 평균 구하기

③ 지역별 분산 구하기

지역별 평균을 구한 뒤, 4행에는 지역별 분산을 산출한다. Excel의 분산 함수는 "=VAR. S"이며, 전국의 분산은 "=VAR.S(Sheet1!B2:B10)"으로 작성한다. 다른 지역들도 동일하게 적용한다.

C4 =VAR.S(Sheet1!B2:B10)

	A	B	C	D	E	F	G	H	I	J	K
1											
2			전국	서울	부산	대구	인천	광주	대전	울산	세종
3		E(ri)	3.58	2.23	7.61	6.57	3.47	7.08	3.82	6.45	3.40
4		Var	20.12	91.03	44.88	62.20	74.66	34.02	36.76	37.82	46.08

❖[그림 4-8] 지역별 분산 구하기

④ 지역별 표준편차 구하기

Excel의 5행에는 각 지역별 표준편차를 구한다. Excel의 표준편차 함수는 "=STDEV.S"이며, C5셀 전국의 표준편차는 "=STDEV.S(Sheet1!B2:B10)"으로 작성한다. 다른 지역들도 동일하게 적용한다.

C5 | =STDEV.S(Sheet1!B2:B10)

	A	B	C	D	E	F	G	H	I	J	K
1											
2			전국	서울	부산	대구	인천	광주	대전	울산	세종
3		E(ri)	3.58	2.23	7.61	6.57	3.47	7.08	3.82	6.45	3.40
4		Var	20.12	91.03	44.88	62.20	74.66	34.02	36.76	37.82	46.08
5		S.D	4.49	9.54	6.70	7.89	8.64	5.83	6.06	6.15	6.79

❖[그림 4-9] 지역별 표준편차 구하기

⑤ 지역별 공분산 구하기

Excel의 6행에는 각 지역별 공분산을 구한다. Excel의 공분산 함수는 "=COVARIANCE.P"이다. 공분산의 기준은 전국수익률이며, 전국을 기준으로 D6셀에 "=COVARIANCE.P(Sheet1!$B$2:$B$10,Sheet1!C2:C10)"으로 작성한다. 전국 수익률에 고정옵션인 $를 하는 이유는 전국수익률이 공분산 산출에 대한 기준이기 때문이다.

D6 | =COVARIANCE.P(Sheet1!$B$2:$B$10,Sheet1!C2:C10)

	A	B	C	D	E	F	G	H	I	J	K
1											
2			전국	서울	부산	대구	인천	광주	대전	울산	세종
3		E(ri)	3.58	2.23	7.61	6.57	3.47	7.08	3.82	6.45	3.40
4		Var	20.12	91.03	44.88	62.20	74.66	34.02	36.76	37.82	46.08
5		S.D	4.49	9.54	6.70	7.89	8.64	5.83	6.06	6.15	6.79
6		Cov		32.85	12.36	15.25	10.46	8.48	11.08	17.42	3.56

❖[그림 4-10] 지역별 공분산 구하기

⑥ 지역별 공분산 구하기

Excel의 7행에는 각 지역별 베타를 구한다. Excel의 베타 함수는 "=LINEST"이다. 베타의 기준은 전국수익률이며, 전국을 기준으로 D7셀에 "=LINEST(Sheet1!$B$2:$B$10,Sheet1!C2:C10)"으로 작성한다. 전국 수익률에 고정옵션인 $를 하는 이유는 전국수익률이 베타 산출에 대한 기준이기 때문이다. 전국수익률을 기준으로 각 지역의 베타를 산출한다.

```
D7  =LINEST(Sheet1!$B$2:$B$10,Sheet1!C2:C10)
```

	전국	서울	부산	대구	인천	광주	대전	울산	세종
E(ri)	3.58	2.23	7.61	6.57	3.47	7.08	3.82	6.45	3.40
Var	20.12	91.03	44.88	62.20	74.66	34.02	36.76	37.82	46.08
S.D	4.49	9.54	6.70	7.89	8.64	5.83	6.06	6.15	6.79
Cov		32.85	12.36	15.25	10.46	8.48	11.08	17.42	3.56
Beta	1.00	0.41	0.31	0.28	0.16	0.28	0.34	0.52	0.09

❖[그림 4-11] 지역별 베타 구하기

⑦ 분산 그래프 산출하기

앞서 회귀분석에서 분산 그래프 산출하는 방법을 배웠다. 분산 그래프 산출하는 과정을 동일하게 진행하며, 함수의 계열 편집에서 계열의 X값은 지역별 베타인 7행의 지역베타를 범위로 지정하고, 계열의 Y값은 지역별 평균인 3행의 지역평균을 범위로 지정한다.

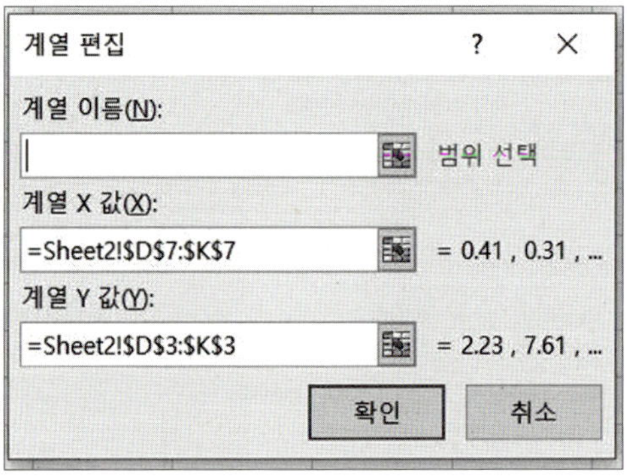

❖[그림 4-12] 함수 계열 값 넣기

위와 같은 범위를 설정하여 입력한 후, 회귀분석에서 추세 선을 추가하면 [그림 4-13]과 같은 그림이 표시된다.

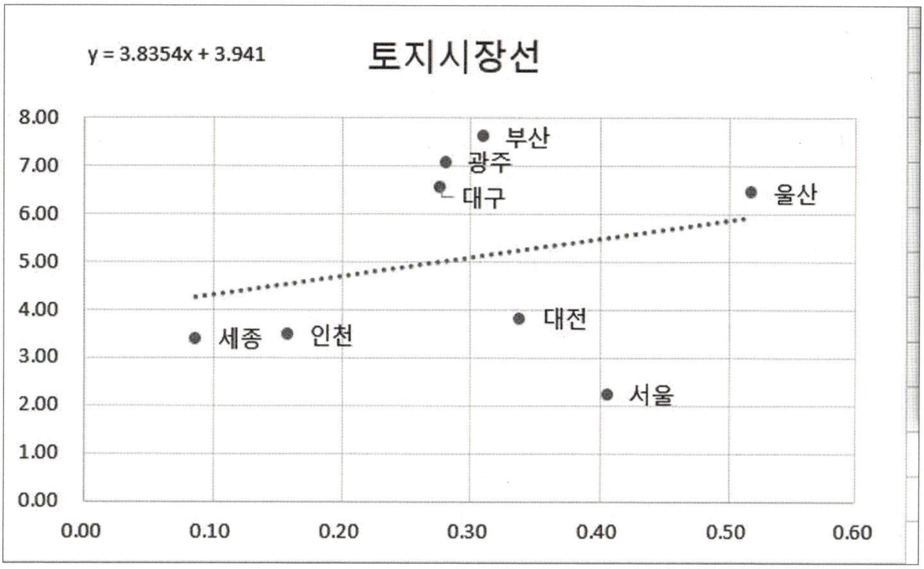

❖[그림 4-13] 토지시장선 산출

위 추세선이 전국의 토지시장선이며, 토지시장선의 기울기는 3.8354이며, 절편은 3.941로 산출되었다.

2) Excel을 활용한 부동산 가치 평가

부동산의 가치 평가를 앞서 이론들에 대하여 배워보았다. 본 파트에서는 현금흐름할인법을 활용하여 ATCF를 사용한 부동산의 가치 평가를 Excel을 활용하여 분석을 실시하고자 한다.

우선 부동산의 가치 평가를 위해서는 거래소에 상장된 부동산 관련 기업의 재무상태표가 필요하며, 기업 부채의 현황, 3년 만기의 국고채가 필요하다.

① 시장 프리미엄 산출하기

우선 시장 프리미엄을 산출하기 위하여, 무위험이자율과 연도별 리스크 프리미엄 값이 필요하다. 무위험이자율은 현재의 3년 만기 국고채 수익률을 사용하며, 연도별 종합주가지수와 연도별 3년 만기 국고채 수익률을 활용한다.

종합주가지수의 수익률은 아래의 그림과 같이 성장률을 구하는 공식인 "{당기의 지수−전기의 지수}/전기의 지수"를 적용하여 연간 수익률을 산출한다. 종합주가지수의 연간 수익률에서 3년 만기 국고채를 차감하여 각 연도별 리스크 프리미엄을 산출한다. 산출한 연도별 리스크 프리미엄을 평균하여 시장 프리미엄을 산출한다.

E6 =(D6-D5)/D5

	A	B	C	D	E	F	G
1							
2		무위험이자율(Rf)		1.66%	3년만기 국고채 수익률 %		
3		시장 프리미엄(Risk premium)					
4			연도	종합주가지수(A)	연간수익률(B)	3년만기 국고채(C)	리스크프리미엄(D=B-C)
5			2005	1,073.58		4.27%	
6			2006	1,352.22	25.95%	4.84%	21.12%
7			2007	1,712.46	26.64%	5.23%	21.41%
8			2009	1,429.04	-16.55%	4.04%	-20.59%
9			2010	1,764.99	23.51%	3.72%	19.79%
10			2011	1,983.42	12.38%	3.62%	8.76%
11			2012	1,930.37	-2.67%	3.13%	-5.80%
12			2013	1,960.50	1.56%	2.79%	-1.23%
13			2014	1,982.16	1.10%	2.59%	-1.48%
14			2015	2,011.85	1.50%	1.79%	-0.30%
15			2016	1,987.00	-1.24%	1.44%	-2.68%
16			시장 프리미엄(E= AVERAGE D)				3.90%

❖[그림 4-14] 시장 프리미엄 산출하기

② 자기자본비용 산출하기

자기자본비용은 CAPM(Capital Asset Pricing Model)의 공식을 활용하여 계산한다. 즉, 산출한 시장 프리미엄 값을 베타와 곱한 뒤 현재의 무위험이자율인 1.68%을 더한다. 여기서 베타 값은 0.4로 가정을 하며, 각 기업마다 고유의 베타 값을 적용하면 된다.

SUM | × ✓ f_x | =D2+D21*G16

	A	B	C	D	E	F	G
1							
2		무위험이자율(Rf)		1.66%	3년만기 국고채 수익률 %		
3		시장 프리미엄(Risk premium)					
4			연도	종합주가지수(A)	연간수익률(B)	3년만기 국고채(C)	리스크프리미엄(D=B-C)
5			2005	1,073.58		4.27%	
6			2006	1,352.22	25.95%	4.84%	21.12%
7			2007	1,712.46	26.64%	5.23%	21.41%
8			2009	1,429.04	-16.55%	4.04%	-20.59%
9			2010	1,764.99	23.51%	3.72%	19.79%
10			2011	1,983.42	12.38%	3.62%	8.76%
11			2012	1,930.37	-2.67%	3.13%	-5.80%
12			2013	1,960.50	1.56%	2.79%	-1.23%
13			2014	1,982.16	1.10%	2.59%	-1.48%
14			2015	2,011.85	1.50%	1.79%	-0.30%
15			2016	1,987.00	-1.24%	1.44%	-2.68%
16			시장 프리미엄(E= AVERAGE D)				3.90%
17		베타, 자산					
18			자본(E)	60,000	만원		
19			부채(D)	80,000	만원		
20			자산(A)	140,000	만원		
21			적용할 베타	0.4000			
22		자기자본비용(Ke)		=D2+D21*G16	Ke = Rf + β(E(Rm) − Rf)		

❖[그림 4-15] 자기자본비용 산출하기

위와 같은 과정을 거쳐 자기자본비용은 3.22%로 산출이 되었다.

③ 타인자본비용 구하기

타인자본비용을 구하려면, 기업의 부채(차입과 사채)의 현황을 파악하여야 한다. 본 분석에서는 차입과 사채의 금액과 이자율을 가정하여 입력을 하였으며, 그 결과 타인자본비용은 3.84%로 산출되었으나, (1−법인세율)을 반드시 곱하여 최종적인 타인자본비용을 구한다. 본 분석에서는 법인세율을 10%로 가정하였으며, 그 결과 최종적인 타인자본비용은 3.46%로 산출되었다.

D33 | =D31*(1-D32)

	A	B	C	D	E	F	G
19			부채(D)	80,000	만원		
20			자산(A)	140,000	만원		
21			**적용할 베타**	**0.4000**			
22		**자기자본비용(Ke)**		**3.22%**	Ke = Rf + β(E(Rm) − Rf)		
23		**타인자본비용(Kd)**	부채 종류	이자율	당기		가중평균
24			**차입**	4.12%	20,000	만원	1.10%
25			**사채**	3.54%	30,000	만원	1.42%
26				3.59%	10,000	만원	0.48%
27				3.25%	10,050	만원	0.44%
28				3.11%	10,000	만원	0.41%
29			사채할인발행차금		5,000	만원	
30			**가중평균 합계**	3.84%	75,050	만원	
31			타인자본비용	3.84%			
32			법인세율	10.0%			
33			**타인자본비용**	**3.46%**	**Kd * (1−법인세율)**		

❖[그림 4-16] 타인자본비용 산출하기

④ 가중평균자본비용(WACC) 할인율 산출하기

가중평균자본비용을 산출하기 위해서는 부채의 비중(D/A)와 자본 비중(E/A)를 산출한다. 다음으로 부채의 비중을 타인자본비용과 곱하고 자본 비중은 자기자본비용과 곱하여 각 산출된 값을 더한다. 이러한 과정을 Excel의 적용할 할인율 부분인 D39셀에서 "=D37*D36+D38*D35"를 입력한다.

SUM | =D37*D36+D38*D35

	A	B	C	D	E	F	G
18			자본(E)	60,000	만원		
19			부채(D)	80,000	만원		
20			자산(A)	140,000	만원		
21			**적용할 베타**	**0.4000**			
22		**자기자본비용(Ke)**		**3.22%**	Ke = Rf + β(E(Rm) − Rf)		
23		**타인자본비용(Kd)**	부채 종류	이자율	당기		가중평균
24			**차입**	4.12%	20,000	만원	1.10%
25			**사채**	3.54%	30,000	만원	1.42%
26				3.59%	10,000	만원	0.48%
27				3.25%	10,050	만원	0.44%
28				3.11%	10,000	만원	0.41%
29			사채할인발행차금		5,000	만원	
30			**가중평균 합계**	3.84%	75,050	만원	
31			타인자본비용	3.84%			
32			법인세율	10.0%			
33			**타인자본비용**	**3.46%**	**Kd * (1−법인세율)**		
34		**할인율**	D/E	133%			
35		wacc	D/A	57%	부채 비중		
36			E/A = (1-D/A)	43%	자본 비중		
37			자기자본비용	3.22%			
38			타인자본비용(kd * (1−법인세율)	3.46%			
39			**적용할 할인율**	=D37*D36+D38			

❖[그림 4-17] 할인율 산출하기

위의 과정을 거쳐 가중평균자본비용(WACC) 할인율을 산출한다.

⑤ 시나리오 입력하기

앞서 부동산 투자 기업의 할인율을 산출하였다면, 지금부터는 할인율을 활용하여 부동산 가치를 평가하고자 한다. 아래의 그림과 같이 분석을 위하여 가정을 세웠다. 금융비용은 앞서 "Sheet1"에서 D19셀의 부채와 D31셀의 타인자본비용을 곱하여 산출하였다. 본 부동산의 세대총수는 20세대이며, 보증금에 대한 이자 수익(수익률)은 4%로 가정을 하였으며, WACC(할인율)은 앞서 산출한 3.36%를 입력하였다. 임대료는 월세 40만 원인 연 480만 원이 발생하는 것으로 가정하였으며, 임대보증금은 2,000만 원으로 설정하였다.

C3 =Sheet1!$D$19*Sheet1!$D$31

	A	B	C	D	E
1					
2		시나리오 가정			
3		금융비용(만원)	3,073	세대총수	20
4		보증금 이자수익-이자율	4.00%	WACC(할인율)	3.36%
5		임대료(만원)	주거임대(월세*12)	480	
6			임대보증금	2000	

❖[그림 4–18] 시나리오 설정하기

⑥ 잠재 총소득 산출하기

앞서 잉여현금흐름 프로세스를 바탕으로 부동산 가치 평가를 실시하고자 한다.

〈표 4–9〉 잉여현금흐름 산출 프로세스

현금흐름 산출 항목
잠재 총소득(PGI)
– 공실률(Vacancy)
– 불량 부채(Bad Debt)
= 실질 총소득(EGI)
– 영업비용(Operating Expenses)
= 영업소득(Net Operating Income)

– 이자비용(Debt Service)
= 세전 영업현금흐름(Before-Tax Cash Flow)
– 영업소득세
= 세후 영업현금흐름(After-Tax Cash Flow)
– 자본적 지출 × (1-D/E)
– 운전자본 변화량 × (1-D/E)
+ 감가상각 × (1-D/E)
= 지분투자자에게 귀속되는 잉여현금흐름

본 가정의 주거 임대(월세)와 주거임대(보증금)을 잠재 총소득(PGI)로 설정하여, 주거임대(월세)는 D5셀의 주거임대(월세*12)의 금액과 세대총수 20세대를 곱하여 산출한다. 이때, 임대료는 매년 1%씩 성장하는 것으로 가정을 두었기 때문에 F10셀에서는 "=E10*1.01"을 입력하고 현금흐름 최종 기간까지 복사한다.

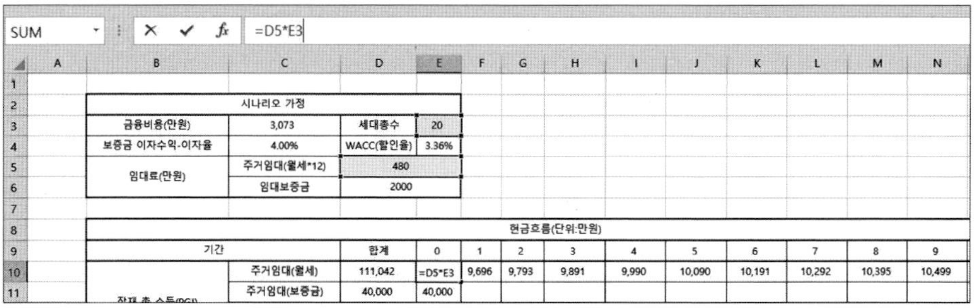

❖[그림 4-19] 주거임대(월세) 입력하기

다음으로 주거임대(보증금) E11셀에는 임대보증금인 D6셀과 세대총수 E3셀을 곱하여 산출하며, 보증금 이자수입은 C4셀의 보증금 이자수익-이자율과 산출된 보증금 총액인 E11셀의 값을 곱하여 산출한다. 보증금의 이자수입은 매년 동일하게 발생하는 것으로 가정하였다.

SUM | =$E$11*$C$4

시나리오 가정			
금융비용(만원)	3,073	세대총수	20
보증금 이자수익-이자율	4.00%	WACC(할인율)	3.36%
임대료(만원)	주거임대(월세*12)	480	
	임대보증금	2000	

현금흐름(단위:만원)													
기간		합계	0	1	2	3	4	5	6	7	8	9
잠재 총 소득(PGI)	주거임대(월세)	111,042	9,600	9,696	9,793	9,891	9,990	10,090	10,191	10,292	10,395	10,499
	주거임대(보증금)	40,000	40,000									
	보증금 이자 수입	17,600	1,600	=$E$11*	1,600	1,600	1,600	1,600	1,600	1,600	1,600	1,600
	합계	168,642	51,200	11,296	11,393	11,491	11,590	11,690	11,791	11,892	11,995	12,099

❖[그림 4-20] 보증금 이자수익 입력하기

주거임대(월세)와 주거임대(보증금) 보증금 이자 수입에 대하여 산출된 현금흐름을 "=SUM" 함수를 활용하여 합계한다. 이러한 합계 금액이 잠재 총소득(PGI)이다.

SUM | =SUM(E10:E12)

현금흐름(단위:만원)													
기간		합계	0	1	2	3	4	5	6	7	8	9	10
잠재 총 소득(PGI)	주거임대(월세)	111,042	9,600	9,696	9,793	9,891	9,990	10,090	10,191	10,292	10,395	10,499	10,604
	주거임대(보증금)	40,000	40,000										
	보증금 이자 수입	17,600	1,600	1,600	1,600	1,600	1,600	1,600	1,600	1,600	1,600	1,600	1,600
	합계	168,642	=SUM(E1	11,296	11,393	11,491	11,590	11,690	11,791	11,892	11,995	12,099	12,204

❖[그림 4-21] 잠재 총소득(PGI) 산출하기

⑦ 유효총소득(EGI) 산출하기

본 분석에서의 공실은 5%로 가정을 하여, 총 20세대 중 1세대가 공실이 매년 발생하는 것으로 설정하였다. 그러므로 월세와 보증금에 대한 공실을 산출하기 위하여 아래의 그림과 같이 공실(5%, 월세) 셀인 E14셀에 "=(E3*5%)*D5"를 입력한다. 기간의 흐름에 따라 월세가 상승하기 때문에, 1기간인 F14셀에는 "=E14*1.01"를 입력한다. 공실(5%, 보증금) 셀인 E15셀에는 "=(E3*5%)*D6"을 입력한다.

SUM | =(E3*5%)*D5

	A	B	C	D	E	F	G	H	I	J	K	L	M	N
1														
2		시나리오 가정												
3		금융비용(만원)	3,073	세대총수	20									
4		보증금 이자수익-이자율	4.00%	WACC(할인율)	3.36%									
5		임대료(만원)	주거임대(월세*12)	480										
6			임대보증금	2000										
7														
8		현금흐름(단위:만원)												
9		기간		합계	0	1	2	3	4	5	6	7	8	9
10		잠재 총 소득(PGI)	주거임대(월세)	111,042	9,600	9,696	9,793	9,891	9,990	10,090	10,191	10,292	10,395	10,499
11			주거임대(보증금)	40,000	40,000									
12			보증금 이자 수입	17,600	1,600	1,600	1,600	1,600	1,600	1,600	1,600	1,600	1,600	1,600
13			합계	168,642	51,200	11,296	11,393	11,491	11,590	11,690	11,791	11,892	11,995	12,099
14		(-)	공실(5%,월세)	5,552	=(E3*5%)	485	490	495	499	504	510	515	520	525
15		(-)	공실(5%,보증금)	2,000	2000									

❖[그림 4-22] 공실 금액 산출하기

공실금액을 모두 산출한 뒤 잠재 총소득(PGI)에서 공실을 차감하여 유효총소득(EGI)를 산출한다. 아래의 그림과 같이 유효총소득(EGI) 관련 행인 E16셀에 "=E13−E14−E15"를 입력하여 산출한다.

SUM | =E13-E14-E15

	B	C	D	E	F	G	H	I	J	K	L	M	N	O
10	잠재 총 소득(PGI)	주거임대(월세)	111,042	9,600	9,696	9,793	9,891	9,990	10,090	10,191	10,292	10,395	10,499	10,604
11		주거임대(보증금)	40,000	40,000										
12		보증금 이자 수입	17,600	1,600	1,600	1,600	1,600	1,600	1,600	1,600	1,600	1,600	1,600	1,600
13		합계	168,642	51,200	11,296	11,393	11,491	11,590	11,690	11,791	11,892	11,995	12,099	12,204
14	(-)	공실(5%,월세)	5,552	480	485	490	495	499	504	510	515	520	525	530
15	(-)	공실(5%,보증금)	2,000	2000										
16	유효총소득(EGI)		161,090	=E13-E14	10,811	10,903	10,996	11,090	11,185	11,281	11,378	11,476	11,574	11,674

❖[그림 4-23] 유효총소득금액 산출하기

⑧ 순영업소득(NOI) 산출하기

순영업소득을 산출하기 위하여 영업비용을 측정하여야 한다. 영업비용은 주거임대(월세)와 보증금 이자 수입의 10%를 설정하였으며, [그림 4−24]와 같이 산출하였다. 영업비용(보증금 반환)은 마지막 10기간에 앞서 주거임대(보증금)의 금액을 동일하게 작성한다.

SUM | =(E10+E12)*10%

	현금흐름(단위:만원)											
기간		합계	0	1	2	3	4	5	6	7	8	9
잠재 총 소득(PGI)	주거임대(월세)	111,042	9,600	9,696	9,793	9,891	9,990	10,090	10,191	10,292	10,395	10,499
	주거임대(보증금)	40,000	40,000									
	보증금 이자 수입	17,600	1,600	1,600	1,600	1,600	1,600	1,600	1,600	1,600	1,600	1,600
	합계	168,642	51,200	11,296	11,393	11,491	11,590	11,690	11,791	11,892	11,995	12,099
(-)	공실(5%,월세)	5,552	480	485	490	495	499	504	510	515	520	525
(-)	공실(5%,보증금)	2,000	2000									
유효총소득(EGI)		161,090	48,720	10,811	10,903	10,996	11,090	11,185	11,281	11,378	11,476	11,574
(-)	영업비용(10%)	12,864	=(E10+E1	1,130	1,139	1,149	1,159	1,169	1,179	1,189	1,200	1,210
	영업비용(보증금 반환)	40,000										

❖[그림 4-24] 영업비용 산출하기

영업비용을 산출한 후, 순영업소득(NOI)를 산출하기 위하여 유효총소득(EGI)에서 영업비용과 영업비용(보증금 반환)금액을 차감한다. 산식은 아래의 그림과 같이 "=E16−E17−E18"로 순영업소득(NOI)의 셀인 E19에 입력한다.

SUM | =E16-E17-E18

B	C	D	E	F	G	H	I	J	K	L	M	N	O
유효총소득(EGI)		161,090	48,720	10,811	10,903	10,996	11,090	11,185	11,281	11,378	11,476	11,574	11,674
(-)	영업비용(10%)	12,864	1,120	1,130	1,139	1,149	1,159	1,169	1,179	1,189	1,200	1,210	1,220
	영업비용(보증금 반환)	40,000											40,000
순영업소득(NOI)		108,225	=E16-E17	9,682	9,764	9,847	9,931	10,016	10,102	10,189	10,276	10,364	(29,546)

❖[그림 4-25] 순영업소득(NOI) 산출하기

⑨ 세전영업현금흐름(BTCF) 산출하기

세전영업현금흐름(BTCF)를 산출하기 위하여 앞서 산출한 금융비용(이자)의 현금흐름을 입력한 후, 아래의 그림과 같이 순영업소득(NOI)에서 금융비용(이자)를 차감한다.

SUM | =E19-E20

B	C	D	E	F	G	H	I	J	K	L	M	N	O
순영업소득(NOI)		108,225	47,600	9,682	9,764	9,847	9,931	10,016	10,102	10,189	10,276	10,364	(29,546)
(-)	금융비용(이자)	33,800	3,073	3,073	3,073	3,073	3,073	3,073	3,073	3,073	3,073	3,073	3,073
세전영업현금흐름(BTCF)		74,425	=E19-E20	6,609	6,691	6,775	6,859	6,943	7,029	7,116	7,203	7,292	(32,619)

❖[그림 4-26] 세전영업현금흐름(BTCF) 산출하기

⑩ 현금흐름 산출하기

세전영업현금흐름(BTCF)를 산출한 후, 영업소득세의 현금흐름을 입력한다. 영업소

득세는 10%를 가정하여 입력하였으며, 매년 세전영업현금흐름에 10%가 발생하는 것으로 설정하였다. 세전영업현금흐름(BTCF)에서 영업소득세를 차감하여 세후영업현금흐름(ATCF)를 산출한다.

잔존가치(TV)는 토지와 건물을 나누어 입력을 하였으며, 토지에 대한 잔존가치는 10기간에서 50,868만 원이 발생하고, 건물에 대한 잔존가치는 10기간에 18,420만 원이 발생하는 것으로 가정하였다. 이러한 잔존가치를 입력한 후, 아래의 그림과 같이 세후영업현금흐름(ATCF)에서 잔존가치를 더하여 현금흐름을 산출한다.

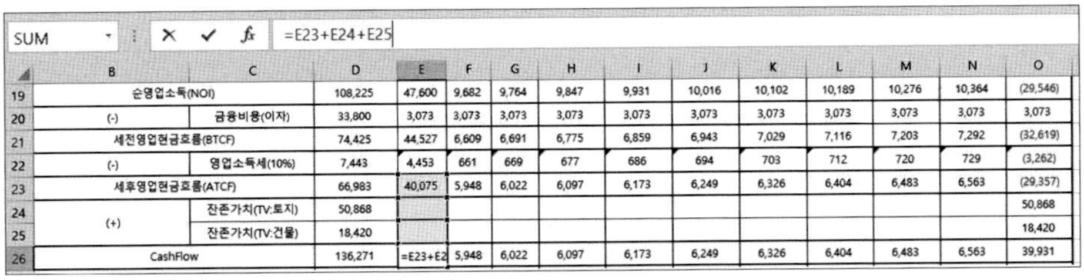

SUM | =E23+E24+E25

	B	C	D	E	F	G	H	I	J	K	L	M	N	O
19	순영업소득(NOI)		108,225	47,600	9,682	9,764	9,847	9,931	10,016	10,102	10,189	10,276	10,364	(29,546)
20	(-)	금융비용(이자)	33,800	3,073	3,073	3,073	3,073	3,073	3,073	3,073	3,073	3,073	3,073	3,073
21	세전영업현금흐름(BTCF)		74,425	44,527	6,609	6,691	6,775	6,859	6,943	7,029	7,116	7,203	7,292	(32,619)
22	(-)	영업소득세(10%)	7,443	4,453	661	669	677	686	694	703	712	720	729	(3,262)
23	세후영업현금흐름(ATCF)		66,983	40,075	5,948	6,022	6,097	6,173	6,249	6,326	6,404	6,483	6,563	(29,357)
24	(+)	잔존가치(TV:토지)	50,868											50,868
25		잔존가치(TV:건물)	18,420											18,420
26	CashFlow		136,271	=E23+E2	5,948	6,022	6,097	6,173	6,249	6,326	6,404	6,483	6,563	39,931

❖[그림 4-27] 현금흐름 산출하기

⑪ 할인현금흐름 산출하기

현금흐름에 대하여 기간별 할인을 실시한다. 할인 방법은 앞서 배운 현재가치 산식을 활용하여, 할인현금흐름 0기간인 E27셀에 입력한다. 입력방법은 "=E26/((1+$E$4)^E9)"를 입력하며, 0기간의 현금흐름 값을 가중평균자본비용(WACC)를 할인율로 활용하여 산출한다. 이때, E9는 현재가치 산식에서 n을 뜻한다.

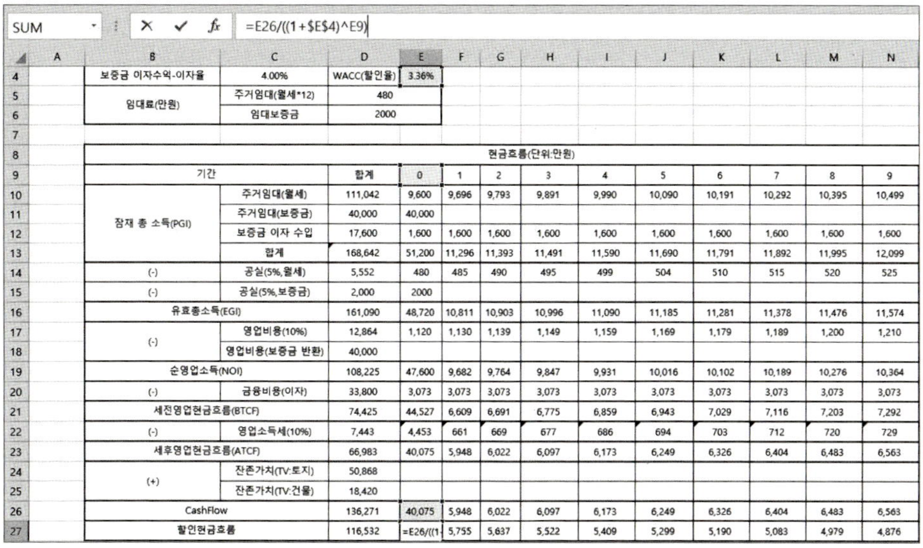

SUM =E26/((1+$E$4)^E9)

	B	C	D	E	F	G	H	I	J	K	L	M	N
4	보증금 이자수익-이자율	4.00%	WACC(할인율)	3.36%									
5	임대료(만원)	주거임대(월세*12)	480										
6		임대보증금	2000										
7													
8					현금흐름(단위:만원)								
9	기간		합계	0	1	2	3	4	5	6	7	8	9
10	잠재 총 소득(PGI)	주거임대(월세)	111,042	9,600	9,696	9,793	9,891	9,990	10,090	10,191	10,292	10,395	10,499
11		주거임대(보증금)	40,000	40,000									
12		보증금 이자 수입	17,600	1,600	1,600	1,600	1,600	1,600	1,600	1,600	1,600	1,600	1,600
13		합계	168,642	51,200	11,296	11,393	11,491	11,590	11,690	11,791	11,892	11,995	12,099
14	(-)	공실(5%,월세)	5,552	480	485	490	495	499	504	510	515	520	525
15	(-)	공실(5%,보증금)	2,000	2000									
16	유효총소득(EGI)		161,090	48,720	10,811	10,903	10,996	11,090	11,185	11,281	11,378	11,476	11,574
17	(-)	영업비용(10%)	12,864	1,120	1,130	1,139	1,149	1,159	1,169	1,179	1,189	1,200	1,210
18		영업비용(보증금 반환)	40,000										
19	순영업소득(NOI)		108,225	47,600	9,682	9,764	9,847	9,931	10,016	10,102	10,189	10,276	10,364
20	(-)	금융비용(이자)	33,800	3,073	3,073	3,073	3,073	3,073	3,073	3,073	3,073	3,073	3,073
21	세전영업현금흐름(BTCF)		74,425	44,527	6,609	6,691	6,775	6,859	6,943	7,029	7,116	7,203	7,292
22	(-)	영업소득세(10%)	7,443	4,453	661	669	677	686	694	703	712	720	729
23	세후영업현금흐름(ATCF)		66,983	40,075	5,948	6,022	6,097	6,173	6,249	6,326	6,404	6,483	6,563
24	(+)	잔존가치(TV:토지)	50,868										
25		잔존가치(TV:건물)	18,420										
26	CashFlow		136,271	40,075	5,948	6,022	6,097	6,173	6,249	6,326	6,404	6,483	6,563
27	할인현금흐름		116,532	=E26/((1	5,755	5,637	5,522	5,409	5,299	5,190	5,083	4,979	4,876

❖[그림 4-28] 할인현금흐름 산출하기

⑫ 부동산 가치 산출하기

위 기간별 산출한 할인현금흐름의 값을 모두 더하면 부동산 가치가 산출된다. 본 분석의 부동산 가치는 11억 6,532만 원으로 산출되었으며, 이러한 과정을 다른 부동산에 적용하여 부동산 가치 평가 비교를 실시하면 된다.

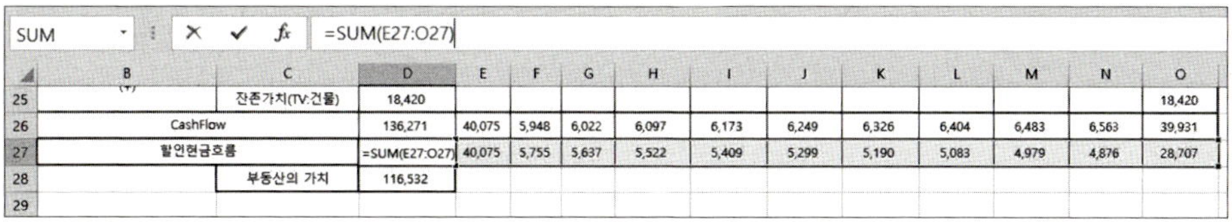

SUM =SUM(E27:O27)

	B	C	D	E	F	G	H	I	J	K	L	M	N	O
25		잔존가치(TV:건물)	18,420											18,420
26	CashFlow		136,271	40,075	5,948	6,022	6,097	6,173	6,249	6,326	6,404	6,483	6,563	39,931
27	할인현금흐름		=SUM(E27:O27)	40,075	5,755	5,637	5,522	5,409	5,299	5,190	5,083	4,979	4,876	28,707
28		부동산의 가치	116,532											
29														

❖[그림 4-29] 부동산의 가치 산출

CHAPTER 05

부동산 시계열 분석

1. 시계열 분석

2. 몬테카를로 시뮬레이션

CHAPTER

05 부동산 시계열 분석

1. 시계열 분석

1) 시계열 분석이란?

시계열 자료를 분석한다는 것은 어떤 자료가 과거 관찰값들의 변화패턴과 비슷하게 현재 시점 이후에도 변화될 것이라는 전제하에서 향후 시점의 값을 예측하는 기법이다. 정확한 예측을 위하여 보다 중요한 것은 시계열 자료의 성격과 특징을 파악하는 것이 중요하다. 어떤 시계열 자료의 변화 패턴이 일정한 평균값을 중심으로 일정한 변동폭을 갖는 시계열일 때 그 자료를 정상적(비이동적, Stationary) 시계열 자료라고 하며, 그 외의 시계열 자료들은 비정상적(이동적, Non-Stationary)이라고 부른다. 여러 시계열 분석 방법 중 본 책에서는 자기회귀이동평균(ARIMA: Auto Regressive Integrated Moving Average)모형으로 실습을 하고자 한다.

ARIMA 모형은 자기회귀이동평균모형으로 시계열자료의 예측에 널리 사용되고 있다. ARIMA 모형은 시계열 분석에서 정상적 시계열 자료와 비정상적 시계열 자료로 구분되는데, 이 중 정상적 시계열 자료를 활용하여 분석한 것이다.

ARIMA 모형으로 분석하는 과정은 다음과 같다. 우선 시계열자료가 어떤 모형으로 판단되는가를 알아내고, 시계열자료를 그 식별된 모형에 적용시켰을 때 모형의 파라미터 값들을 계산(추정)하여 그 식별된 모형이 적합한가를 진단(Testing/Diagnostic)한 후 적합하다면 그 모형으로 예측하고 적합하지 않다면, 다시 다른 모형으로 식별될 수는 없는가를 판단하여 자료를 다른 모형에 적용시켜 나간다.

2) ARIMA 모형 분석 실습

① 자료 입력하기

엑셀에서 아래와 같이 데이터를 입력하여야 한다. 예를 들어 아래와 같이 지가상승률을 입력한다.

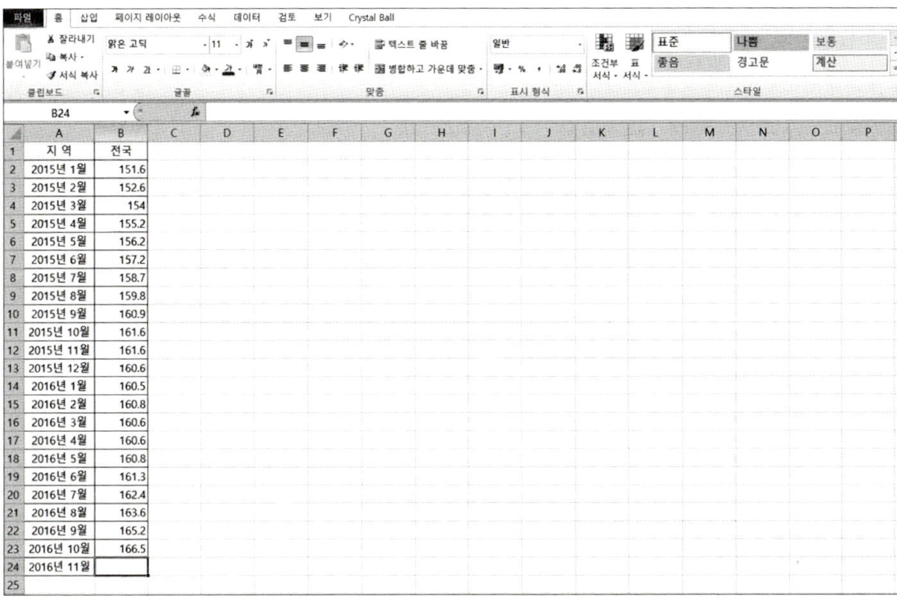

❖[그림 5-1] ARIMA 분석을 위한 자료 입력

② Predictor 실행하기

다음에는 크리스탈 볼 부분을 누르시면 ARIMA 분석을 할 수 있는 아이콘을 확인할 수 있다. ARIMA 분석을 위한 메뉴는 아래의 그림 중 Predictor 아이콘이다. Predictor 메뉴를 선택하기 전에 예측 결과를 나타낼 셀을 선택한 후 Predictor 메뉴를 클릭한다.

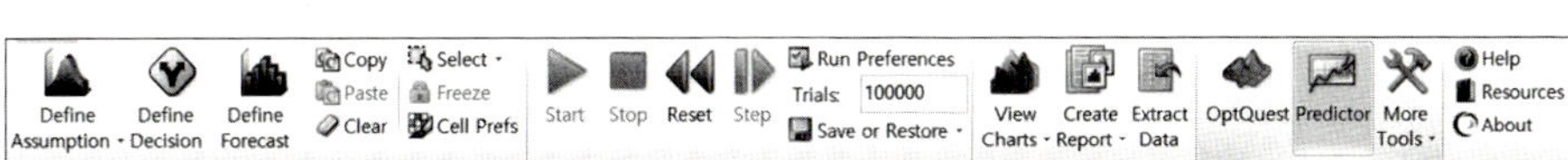

❖[그림 5-2] ARIMA 분석을 위한 Predictor 실행하기

③ 분포적합 확인하기

Predictor 메뉴를 선택하면, 아래의 그림과 같은 창이 열리게 된다. 이때 "Location of data series"에 데이터 범위를 선택하게 되는데, 앞서 Predictor 메뉴 선택 전에 예측을 위한 셀을 선택 한 후 메뉴를 클릭하면 자동적으로 입력이 된다.

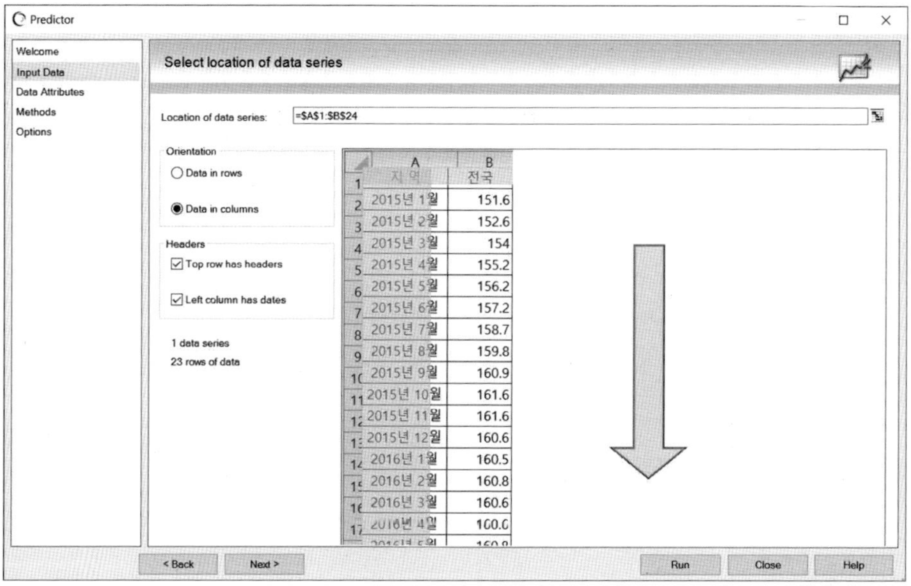

❖[그림 5-3] 데이터 선택하기 및 옵션설정

④ 시계열 기준 선택하기

다음으로 왼쪽 메뉴의 "Data Attributes"을 선택한 후 Data is in에 데이터 기간을 선택한다. 본 예시의 기간은 월별 데이터이므로 Months를 선택한다. 선택한 후 "Run" 아이콘을 선택하여 분석을 실시한다.

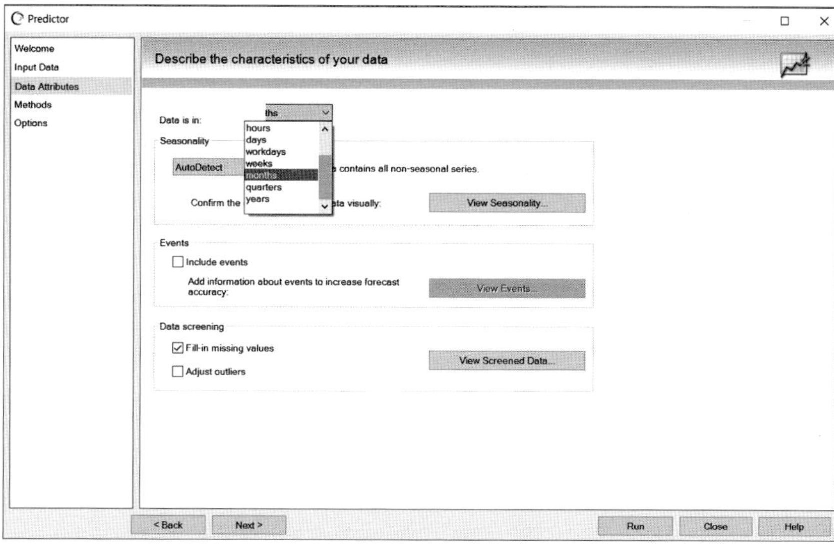

❖[그림 5-4] 시계열 데이터 기준 옵션 설정

⑤ 분석 범위 설정

분석을 실행하면 아래의 그림과 같은 그래프 결과와 통계치가 산출된다. 좌측 하단의 "Series" 메뉴에서 "Method" 메뉴는 최적의 모형으로 설정하는 것이다. 본 예시에서는 ARIMA(1,1,0)으로 선택되어 있다.

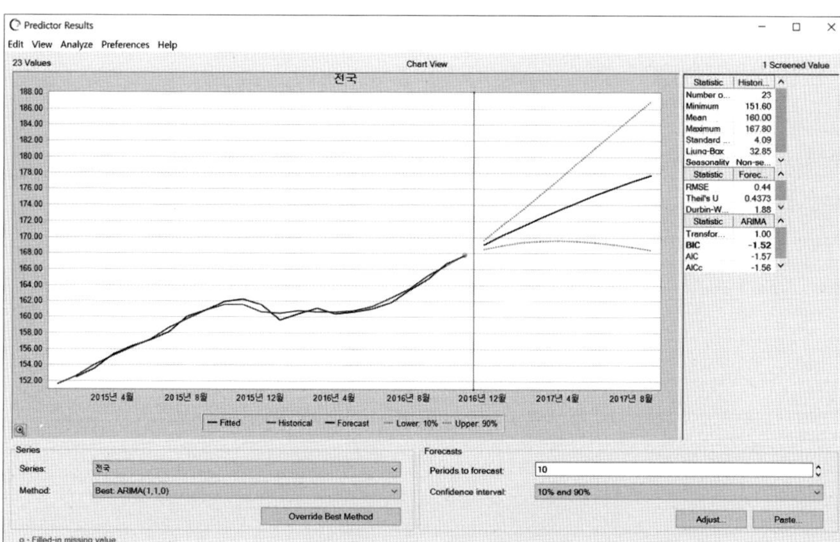

❖[그림 5-5] 분석 범위 설정

우측 하단의 "Forecasts" 메뉴에서 "Periods to forecast"는 예측 기간을 설정하는 것이며, "Confidence interval"는 분석의 양쪽 신뢰구간을 설정하는 것이다. 본 예시에서는 예측 기간을 10개월로 설정하였으며, 신뢰구간을 10%와 90%로 설정하였다.

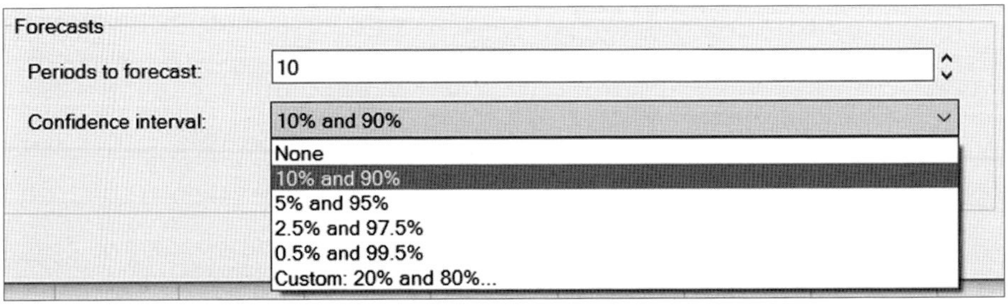

❖[그림 5-6] 신뢰구간 설정

다음으로 분석 결과가 그래프로 표시된 것을 표로 살펴보기 위해서 좌측 상단의 "View" 메뉴에서 "Table" 메뉴를 클릭한다.

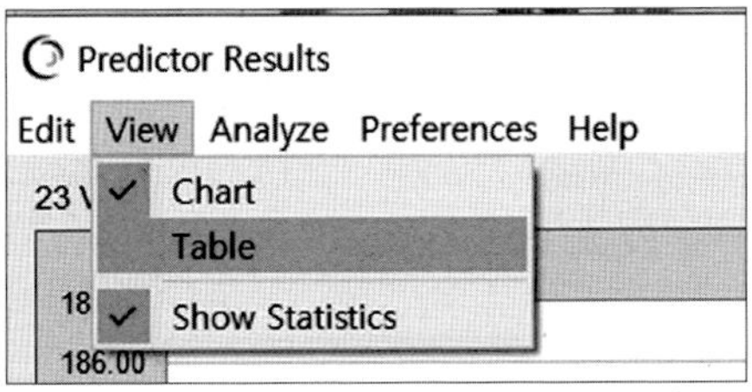

❖[그림 5-7] 분석 결과를 표로 설정하기

메뉴를 클릭하면 [그림 5-8]과 같이 나타난다.

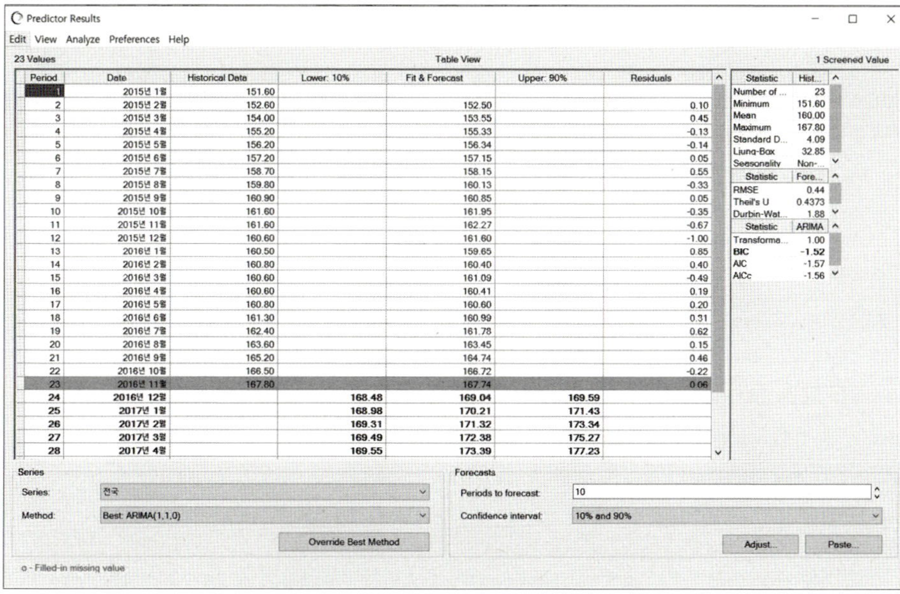

❖[그림 5-8] 분석 결과를 표로 나타내기

분석 결과를 표로 나타낸 결과, 예측 기간인 2016년 12월부터 10%의 신뢰구간의 수치와 평균 수치, 90% 신뢰구간의 수치가 나열된다.

⑥ 분석 결과를 Report로 산출하기

위와 같은 분석 결과를 종합적으로 Report로 산출하기 위하여 왼쪽 상단의 "Analyze" 메뉴에서 "Create Report..."를 선택한다.

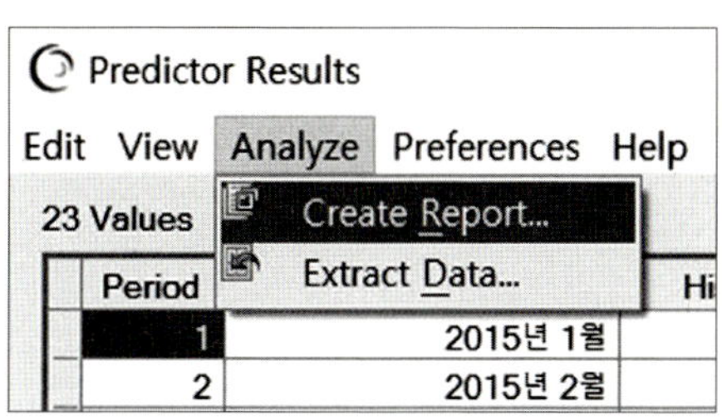

❖[그림 5-9] 분석 결과 Report를 산출하기

"Create Report..."를 선택하면, Reports의 종류를 선택할 수 있는 창이 나타난다.

❖[그림 5-10] Reports 종류 선택하기

Reports의 종류 중 "Predictor"를 선택하면 최종적으로 아래의 그림과 같은 시트(Sheet)가 나타나게 된다.

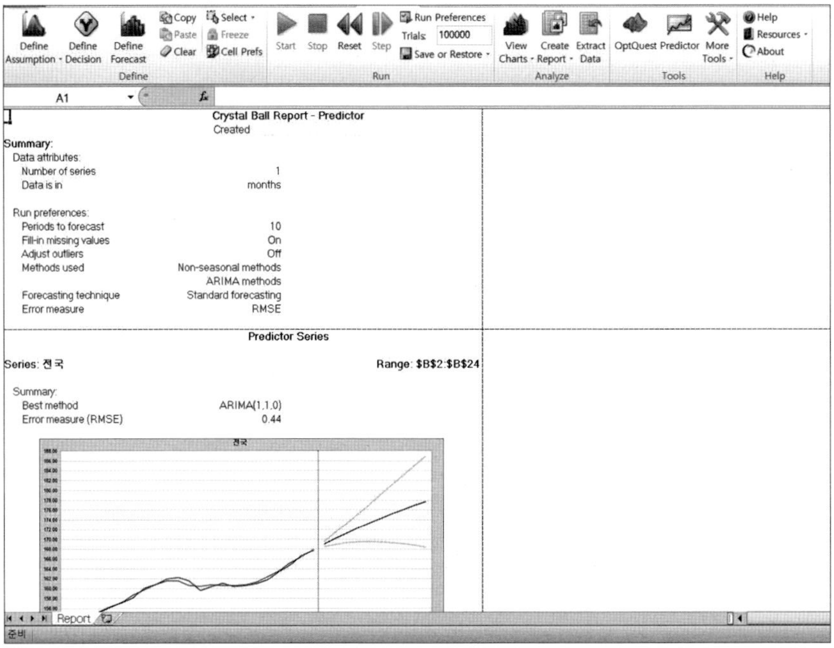

❖[그림 5-11] 최종 분석결과

Reports의 종류 중 "Full"을 선택하면 분석에 대한 모든 결과가 나타난다. 아래의 그림은 분석 결과에 대한 요약이다.

Crystal Ball Report - Full

Summary:	
Data attributes:	
Number of series	1
Data is in	months
Run preferences:	
Periods to forecast	10
Fill-in missing values	On
Adjust outliers	Off
Methods used	Non-seasonal methods
	ARIMA methods
Forecasting technique	Standard forecasting
Error measure	RMSE

❖[그림 5-12] 분석결과 요약

다음은 분석결과에 대한 그래프와 예측 결과 값이다. 그림의 상단은 결과에 대한 그래프이며, 그림의 하단은 예측 값에 대하여 표로 작성된 것이다. 결과에 대한 값을 활용하여, 부동산의 지가 등과 같이 활용할 수 있다.

Predictor Series

Series: 전국 — **Range: $B$2:$B$24**

Summary:
Best method — ARIMA(1,1,0)
Error measure (RMSE) — 0.44

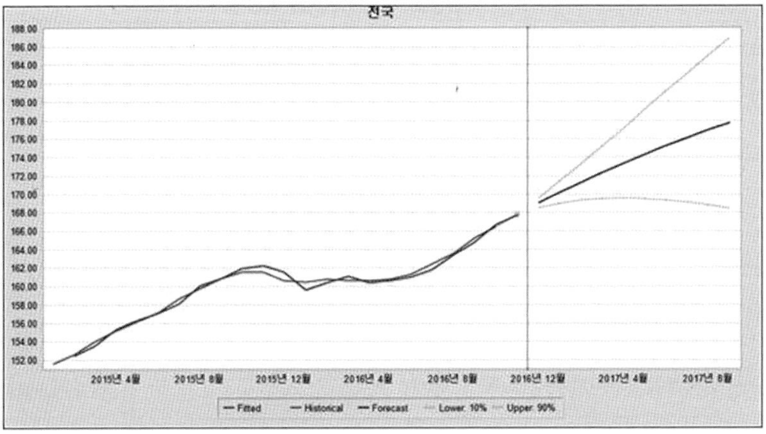

o - Filled-in missing value (orange circle)

Forecast results:

Date	Lower: 10%	Forecast	Upper: 90%
2016년 12월	168.48	169.04	169.59
2017년 1월	168.98	170.21	171.43
2017년 2월	169.31	171.32	173.34
2017년 3월	169.49	172.38	175.27
2017년 4월	169.55	173.39	177.23
2017년 5월	169.50	174.35	179.20
2017년 6월	169.35	175.26	181.17
2017년 7월	169.11	176.12	183.13
2017년 8월	168.80	176.94	185.08
2017년 9월	168.43	177.72	187.02

❖[그림 5-13] 분석결과 전체

시계열 분석 중 ARIMA모형을 활용하여, 지가변동률 예측 등이 가능하다. 우경과 이성석(2015)은 개입 ARIMA모형으로 2014년 3분기에서 2015년 4분기까지 전국 지가변동률을 예측하였다. 아래의 그림은 지가변동률 예측 값과 예측치이다. 우경과 이성석(2015)는 2014년 3분기에 0.35924% 수준으로 상승할 것으로 예측하였다.

시점	예측값	예측하한	예측상한
2014년 3/4	.35924	-3.28039	3.99886
2014년 4/4	.26886	-4.27720	4.81491
2015년 1/4	.20121	-4.78101	5.18343
2015년 2/4	.15059	-5.06001	5.36119
2015년 3/4	.11270	-5.22154	5.44695
2015년 4/4	.08435	-5.31791	5.48661

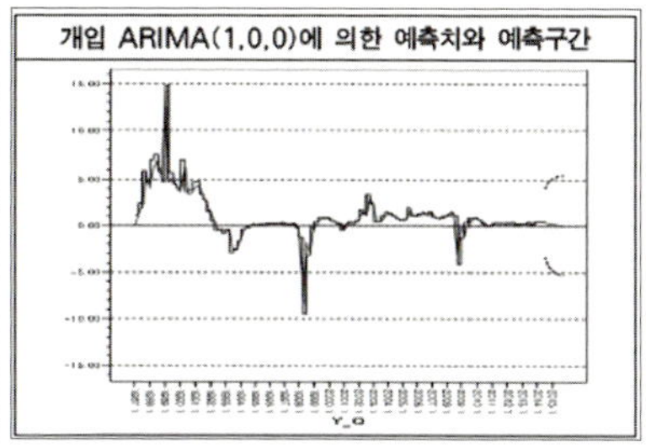

❖[그림 5-14] 분석 결과 확인하기

2. 몬테카를로 시뮬레이션

1) 몬테카를로 시뮬레이션이란?

몬테카를로 시뮬레이션은 카지노로 유명한 모나코의 몬테카를로로부터 따와 Stanisław Marcin Ulam이 명하여 유래가 되었다. 미래의 불확실한 상황하에서 미래 예측을 위한 목적으로 확률적인 시스템을 도입한 시뮬레이션을 몬테카를로(Monte Carlo) 시뮬레이션이라고 한다. 즉, 변수 또는 확률적인 특성으로 인하여 결과를 예측하기 어려운 경우가 많은데, 이러한 경우들을 일련의 난수를 반복적으로 실행하여 결과 값을 찾는 기법을 말한다. 이러한 기법은 확률적 기법을 통하여 복권 번호 추출 등을 결과로 나타낼 수 있는데, 일반적으로는 금리 예측 등 경제학, 통계학과 같은 분야에서 활용된다.

2) 몬테카를로 시뮬레이션 실습

본 책에서 몬테카를로 시뮬레이션은 오라클(oracle)에서 만든 "Crystal Ball" 프로그램을 활용하여 예측을 실시하고자 한다. 우선 "Crystal Ball" 시스템을 실행하게 되면 엑셀 프로그램이 실행하게 된다. 엑셀의 상단 메뉴 중 "Crystal Ball" 메뉴가 활성화되었는지를 확인한다. 확인 후 예측을 위하여 다음과 같은 과정을 거친다.

① 자료 입력하기

엑셀에서 아래와 같이 데이터를 입력하여야 한다. 예를 들어 아래와 같이 지가상승률을 입력한다.

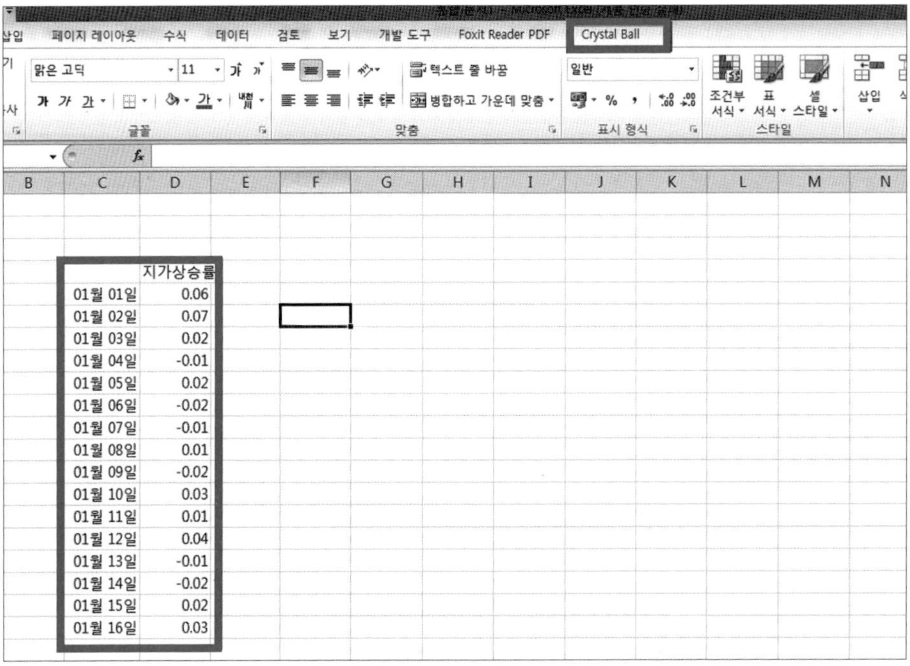

❖[그림 5-15] 자료 입력

② 분포적합기능 실행하기

다음에는 크리스탈 볼 부분을 누르시면 분포적합확인을 할 수 있는 아이콘을 확인할 수 있다. 분포적합기능은 [그림 5-16] 중 빨간 상자안의 아이콘이다. 분포적합기능을 선택하기 전에 예측 결과를 나타낼 셀을 선택한 후 분포적합기능 아이콘을 클릭한다.

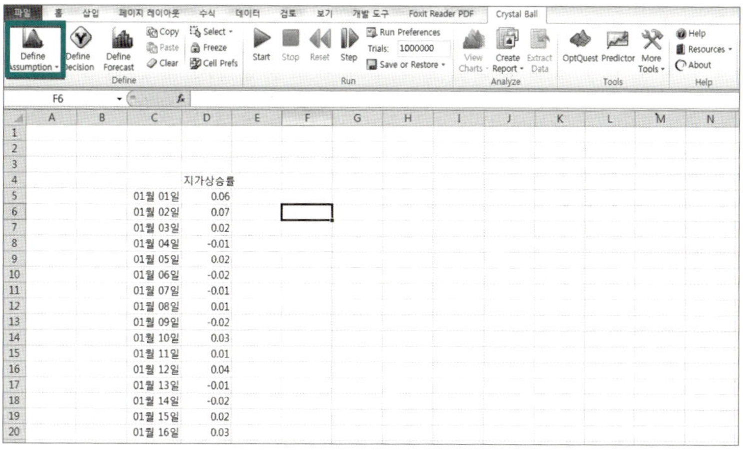

	지가상승률
01월 01일	0.06
01월 02일	0.07
01월 03일	0.02
01월 04일	-0.01
01월 05일	0.02
01월 06일	-0.02
01월 07일	-0.01
01월 08일	0.01
01월 09일	-0.02
01월 10일	0.03
01월 11일	0.01
01월 12일	0.04
01월 13일	-0.01
01월 14일	-0.02
01월 15일	0.02
01월 16일	0.03
01월 17일	

❖[그림 5-16] 분포적합기능 선택

③ 분포적합 확인하기

아래의 그림은 과거의 확률분포를 나타내는 것이다. 여기서 우리는 분포가 어떤 형태인지 모르기 때문에 알아보기 위해 Fit을 눌러준다.

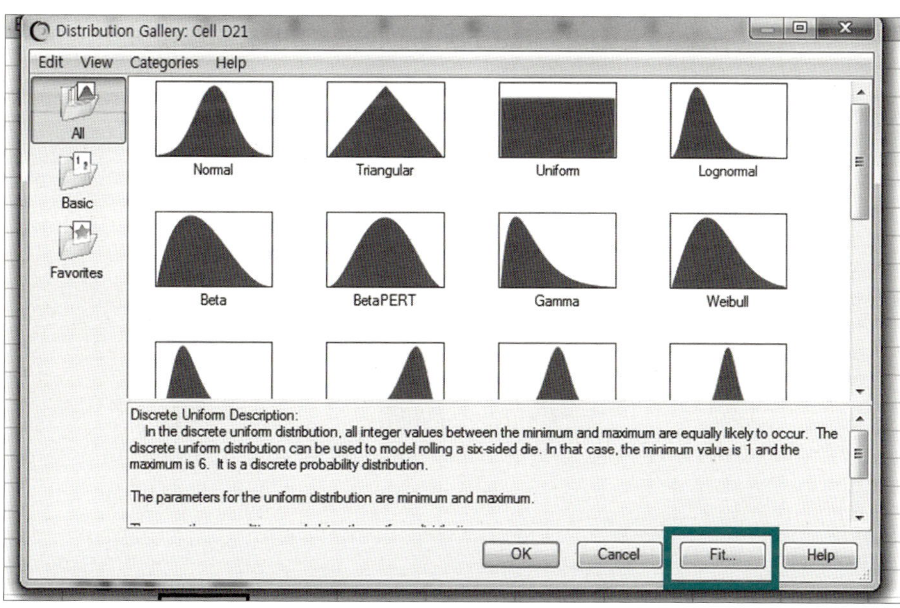

❖[그림 5-17] 분포적합 확인 1

④ 과거 데이터 범위 설정하기

"Fit" 버튼을 누르게 되면 "Fit Distribution" 창이 열리게 된다. 여기서 과거 범위를 설정하기 위하여 아래 그림에 표시된 네모박스를 클릭한다.

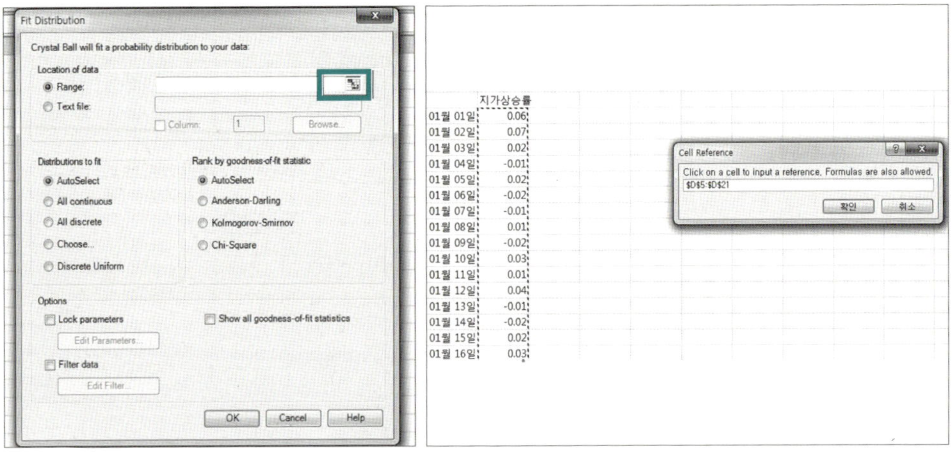

❖[그림 5-18] 과거 데이터 범위 선택

⑤ 분포 찾기

과거 데이터 선택 후 OK 버튼을 클릭하면 된다.

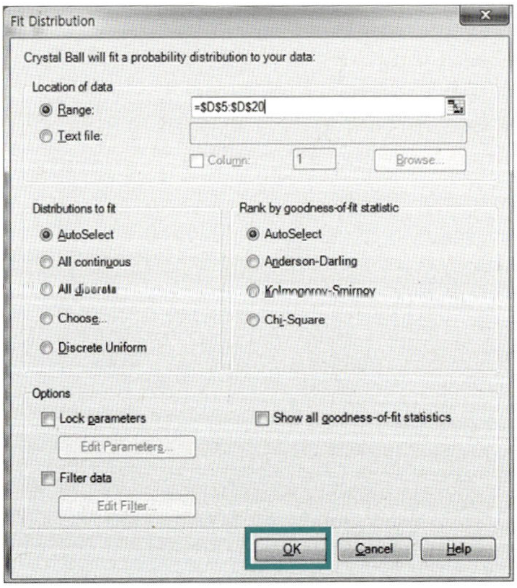

❖[그림 5-19] 분포 찾기를 위한 설정

그 결과 아래의 그림과 같이 알아서 분포를 찾아준다. 이때 적합한 분포에 따라 "Accept"를 눌러준다.

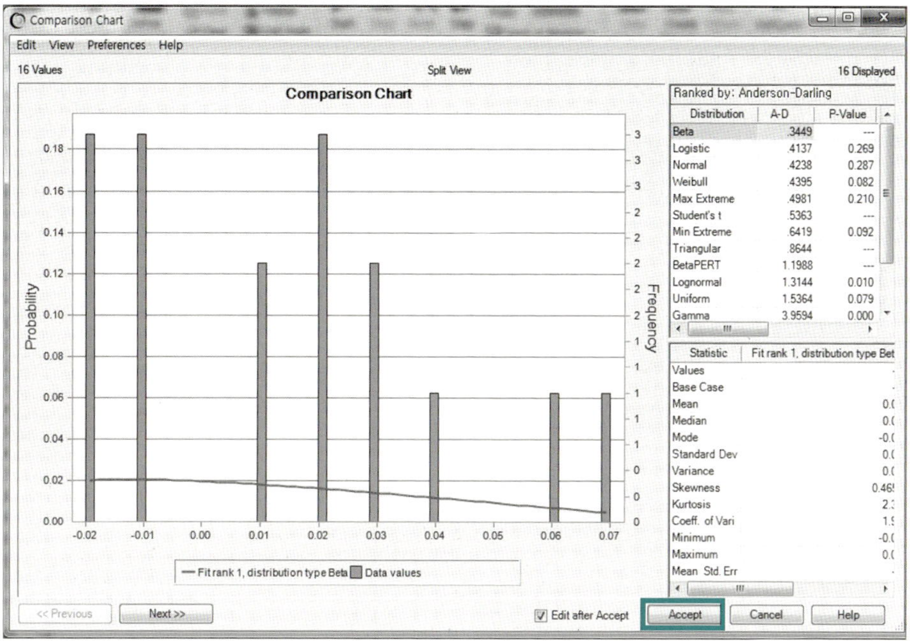

❖[그림 5-20] 분포 찾기

⑥ 몬테카를로 시뮬레이션 설정 완료 및 실행

"Accept"를 클릭하면 아래와 같이 범위가 설정되고 "OK" 버튼을 누르게 되면 초록색의 셀이 생기고 몬테카를로 시뮬레이션의 설정이 완료된다. 이때 상단의 "Start" 버튼을 클릭하면 시뮬레이션이 실행하게 된다.

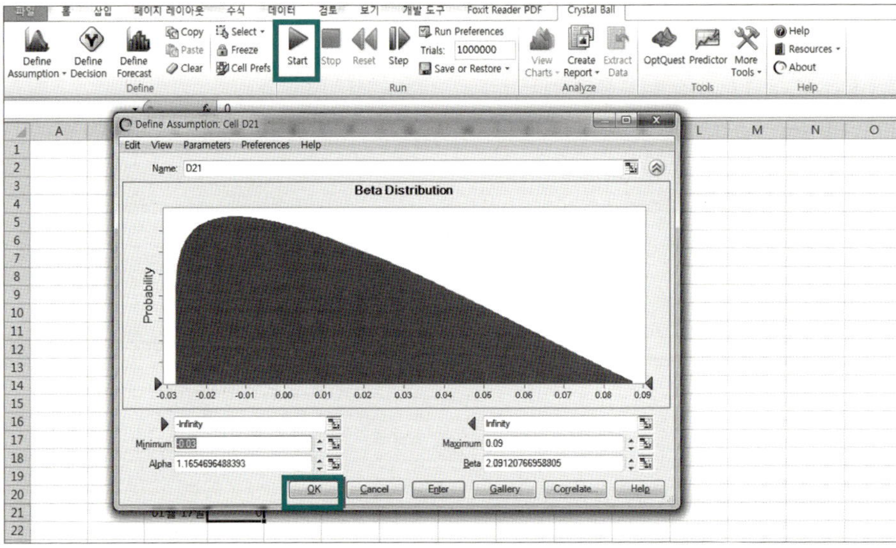

❖[그림 5-21] 설정 완료 및 실행

⑦ 분석 횟수 설정하기

아래의 그림의 100,000번은 임의로 설정한 횟수이다. 몬테카를로 시뮬레이션을 실행하기 전에 원하는 숫자로 설정 후 실행하게 되면, 아래의 빨간 상자와 같이 시뮬레이션이 실행하였다고 창이 활성화된다.

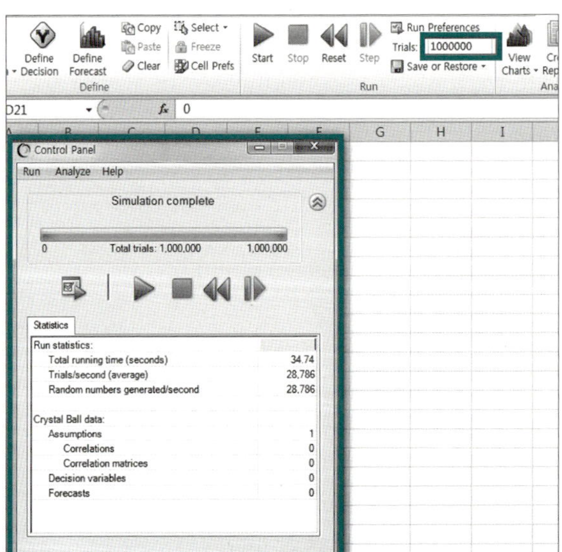

❖[그림 5-22] 분석 횟수 설정

⑧ 분석 결과 확인하기

분석에 대한 결과를 확인하기 위하여. “Create Report”를 선택하고 “Full”로 선택한 후 “OK” 버튼을 클릭하면 된다. 또한 엑셀에서 예측 결과를 나타낼 셀에 예측 결과가 산출된다. 본 예시에서는 예측값이 0.0100362로 산출되었다. 즉, 1월 17일에는 지가가 1%가 증가 된다고 파악할 수 있다.

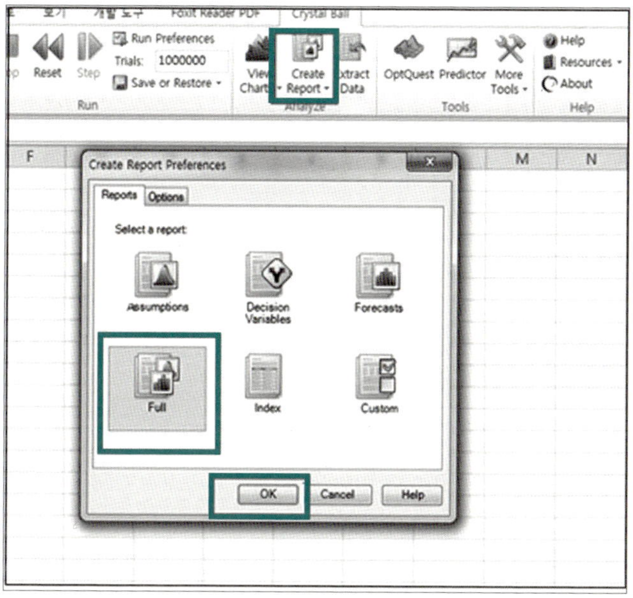

	지가상승률
01월 01일	0.06
01월 02일	0.07
01월 03일	0.02
01월 04일	-0.01
01월 05일	0.02
01월 06일	-0.02
01월 07일	-0.01
01월 08일	0.01
01월 09일	-0.02
01월 10일	0.03
01월 11일	0.01
01월 12일	0.04
01월 13일	-0.01
01월 14일	-0.02
01월 15일	0.02
01월 16일	0.03
01월 17일	0.0100362

❖[그림 5-23] 분석 결과 확인하기

⑨ 차트 확인하기

차트를 확인하고 싶으시면, “View Charts” 아이콘을 클릭한 뒤 “Assumption Charts”를 선택한 후, 아래의 오른쪽 그림처럼 체크를 하고 “Open” 버튼을 클릭한다.

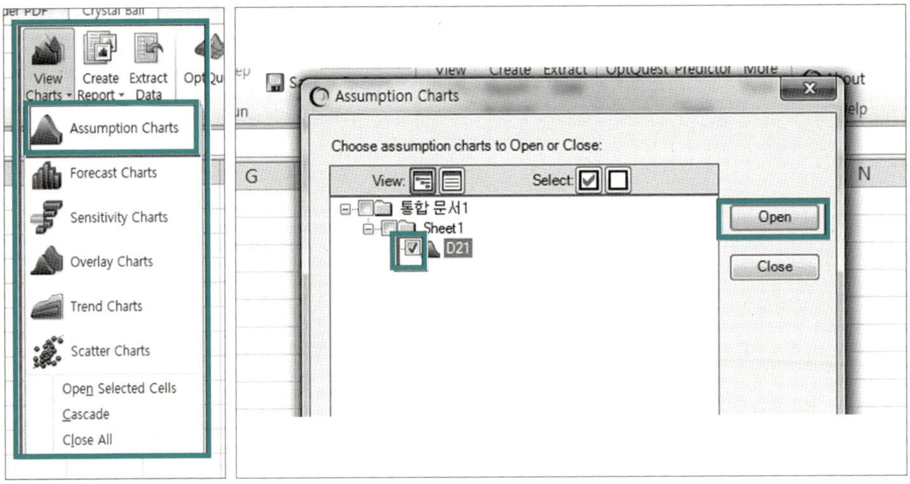

❖[그림 5-24] 과거 데이터 범위 선택

최종적으로 아래의 차트가 산출된다.

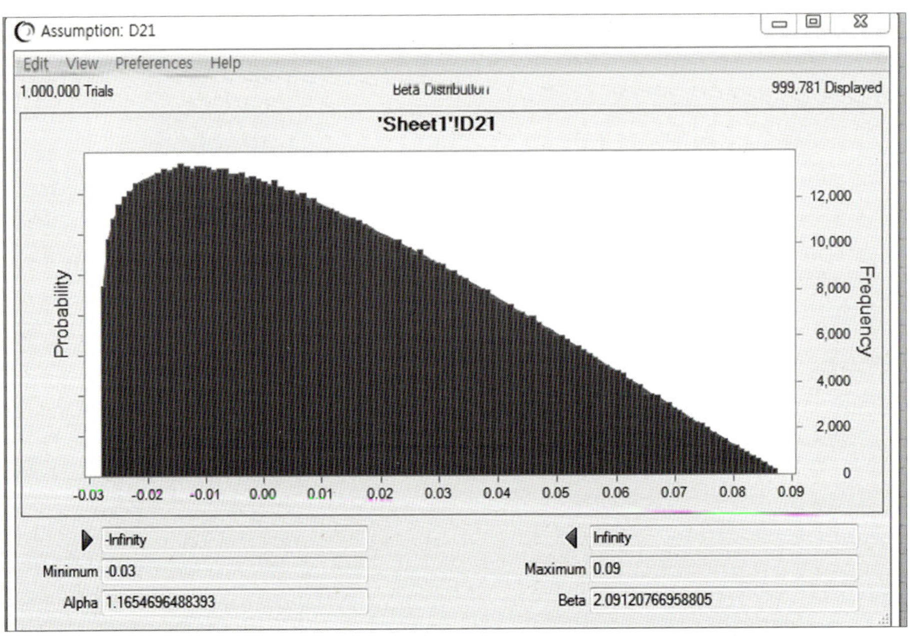

❖[그림 5-25] 분석 결과 차트

⑩ 차트에서 수치 나타내기

산출된 차트에서 수치를 나타내고자 할 때 다음과 같은 과정으로 수치를 표시할 수 있다. 우선 산출된 차트 위에서 오른쪽을 클릭하면 메뉴가 나타난다. 이때, "Chart Preferences…"을 선택한다.

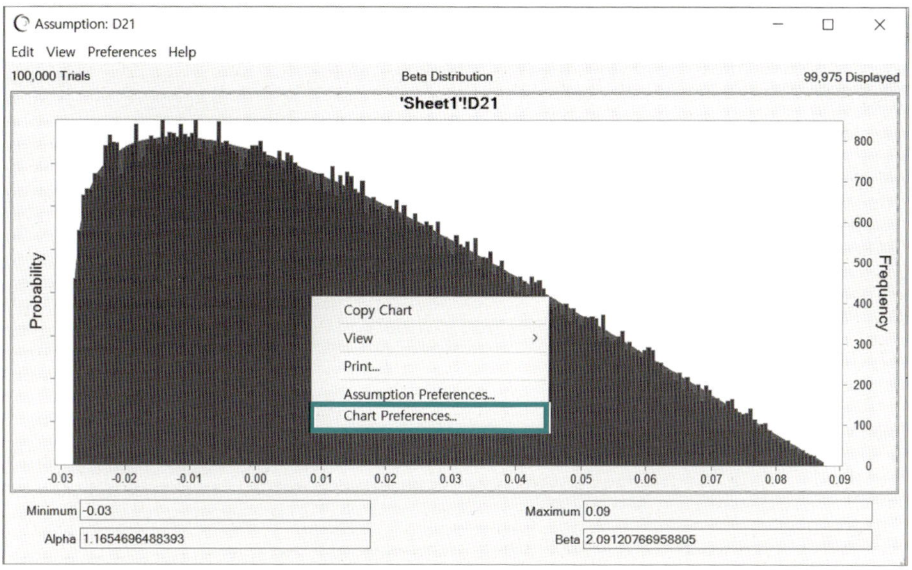

❖[그림 5-26] 평균값 나타내기

Chart Preferences 창의 왼쪽 상단 메뉴에서 Chart Type를 선택하면, 아래의 그림과 같이 나타난다. 이때, Marker lines에서 필요한 수치를 선택한다. 본 예시에서는 평균값(Mean)을 선택하였다.

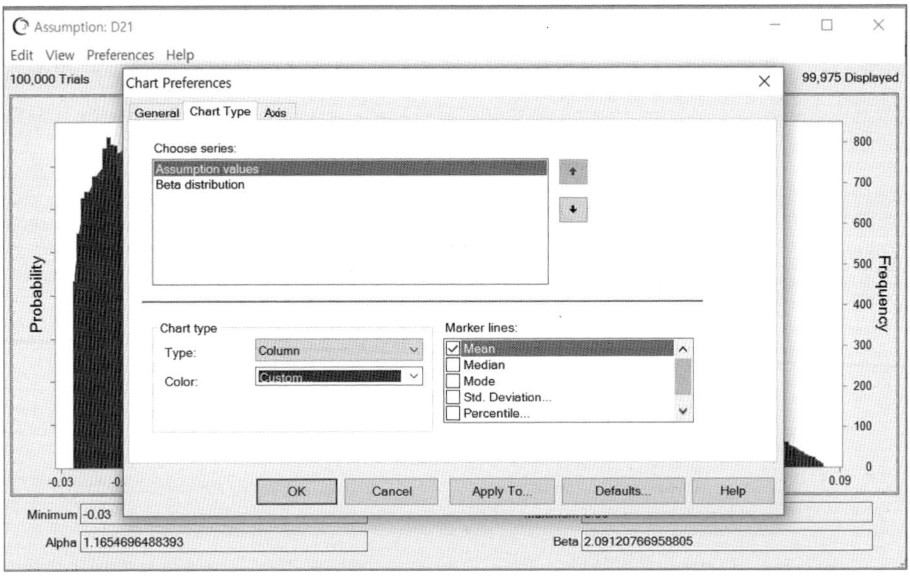

❖[그림 5-27] 평균값 나타내기

평균값(Mean)을 선택한 후 "OK" 버튼을 클릭하면 아래 그림의 차트에서 값이 나타나게 된다. 본 예시에서 평균값이 0.01로 나타났다.

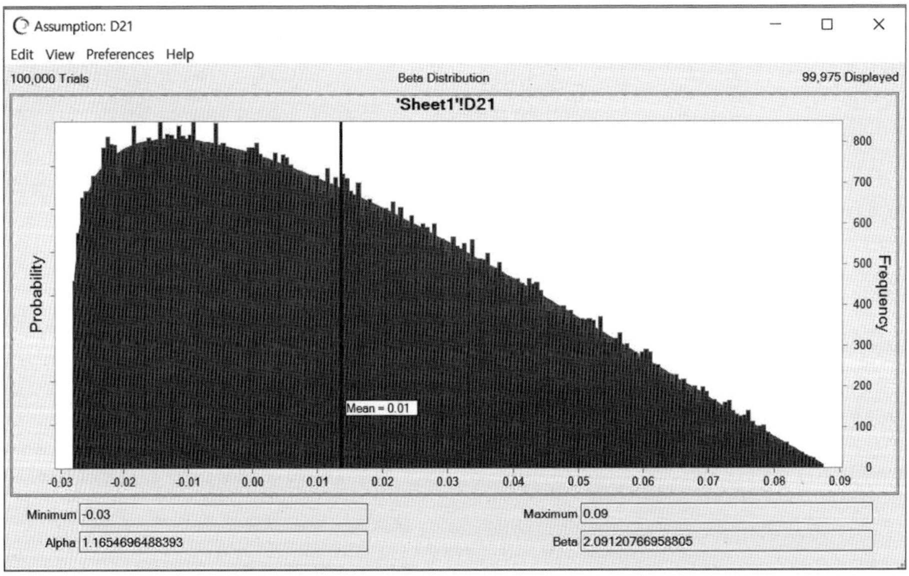

❖[그림 5-28] 옵션 선택 결과 및 몬테카를로 분석 결과

위와 같은 과정을 거쳐 지가상승률예측 및 부동산 가격 예측 등으로 활용이 가능하다. 몬테카를로 시뮬레이션을 활용하여 부동산에 예측한 사례로는 건설공사 월간투입비용 예측이 존재한다. 김근환과 유정호(2012)는 몬테카를로 시뮬레이션을 활용하여 프로젝트의 월별 투입 금액을 예측하여 프로젝트 시공에 관한 자금의 흐름을 예측하였다.

몬테카를로 시뮬레이션을 활용하여 난수 발생 횟수는 3,000회로 설정하여 분석을 실시하였다. 아래의 그림은 몬테카를로 시뮬레이션을 활용하여 철근콘크리트공사, 조적공사, 미장공사, 방수공사에 대한 해당 월의 전체 투입비용을 예측에 대한 결과 값을 도식화하여 나타낸 것이다.

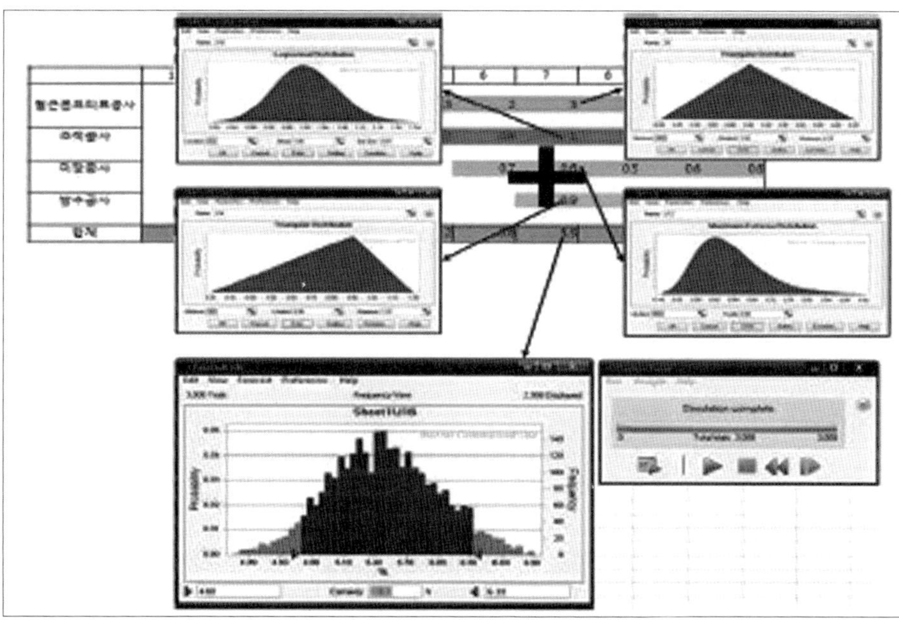

❖[그림 5-29] 전체 투입비용의 예측

[그림 5-30]은 시뮬레이션의 결과 수치이다. 결과값으로는 첫 번째 달에서 프로젝트 전체 금액의 0.095%를 투입한다고 예측이 되며, 네 번째 달에서 프로젝트 전체 금액 중 2.390%정도가 투입된다고 예측되었다. 또한 산출된 결과값을 그래프로 나타내면, 실제투입금액과 비교하였을 경우, 거의 비슷한 결과가 나타난다고 하였다.

(단위 : %)

월	1	2	3	4	5	6	7	8	9
결과값	0.095	0.954	2.132	2.390	2.238	2.200	1.878	2.115	1.937
투입금액	0.017	0.237	1.068	2.250	2.130	1.976	1.874	2.102	2.372
보할값	0.400	0.400	0.400	0.400	0.300	0.000	0.100	0.300	0.600
월	10	11	12	13	14	15	16	17	18
결과값	2.015	1.782	2.011	1.846	1.371	0.998	0.876	0.440	0.265
투입금액	1.855	2.009	1.534	1.513	1.257	0.949	0.712	0.470	0.274
보할값	1.200	2.400	2.400	3.200	3.200	3.600	3.600	3.200	2.000
월	19	20	21	22	23	24	25	26	27
결과값	0.253	0.238	0.273	0.195	0.255	0.034	0.022	0.026	0.035
투입금액	0.177	0.247	0.206	0.102	0.021	0.019	0.061	0.018	0.003
보할값	1.000	0.100	0.100	.	.	.	.	.	.
월	28	29	30	31					
결과값	0.010	0.027	0.037	0.033					
투입금액	0.000	0.000	0.010	0.026					
보할값	.	.	.	.					

❖[그림 5-30] 시뮬레이션 결과, 실투입금액, 보할값 비교

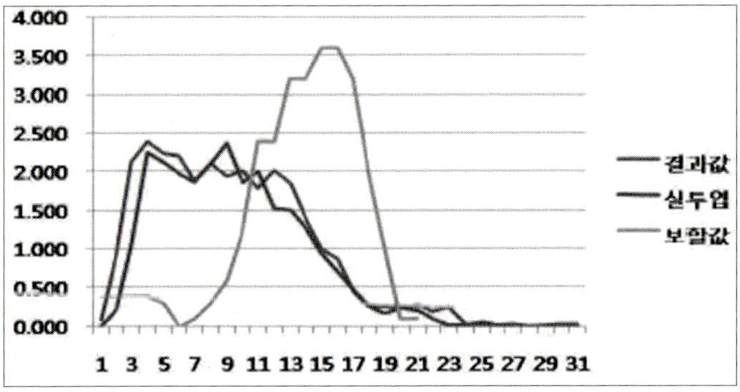

❖[그림 5-31] 결과값들을 이용한 그래프

그러므로 위의 논문과 같이 몬테카를로 시뮬레이션은 부동산 건설에 대한 현금흐름 등을 예측할 수 있는 도구로 사용 가능하다.

부록

Excel의 이해와 이자요소

1. Excel의 기본 구성
2. Excel의 데이터입력
3. Excel의 셀 내용 편집
4. Excel의 함수 이해
5. 이자요소

CHAPTER

부록 Excel의 이해와 이자요소

1. Excel의 기본 구성

엑셀은 윈도 환경에서 사용하는 스프레드 시트이다. 수백 개의 가로 항목과 수만 개의 세로 항목으로 구성된 계산표에 데이터를 입력한 다음, 함께나 평균, 최대 값이나 최소 값 등을 쉽게 계산할 수 있고, 입력 데이터 중에서 특정 조건을 만족하는 데이터를 찾아낼 수 있을 뿐만 아니라, 데이터를 오름차순이나 내림차순으로 정렬할 수 있다. 또한 브리핑을 위한 차트(그래프) 작성 기능, 데이터베이스 관리 기능, 자료의 공유 기능 등 여러 가지 뛰어난 기능을 가지고 있다.

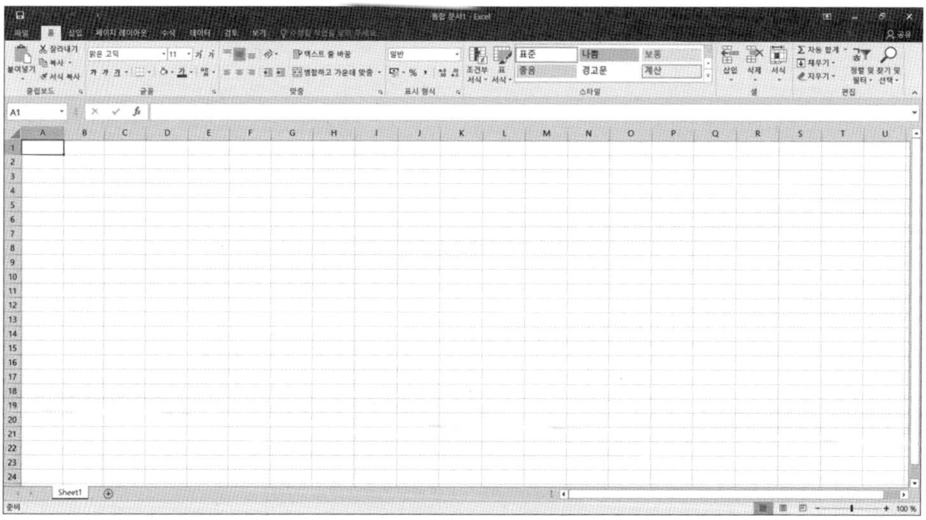

❖[그림 부-1] 엑셀전체

엑셀이 시작되어 초기 화면이 나타나면 데이터를 입력하거나 다른 문서를 호출할 수 있다.

① 메뉴 표시줄: 화면의 맨 윗줄에는 파일(F), 편집(E), 보기(V), 삽입(I), 서식(O), 도구(T), 데이터(D), 창(W), 도움말(H) 등의 메뉴가 나열되어 있다.

② 도구 모음: 엑셀에는 좀더 빠르고 쉽게 작업을 수행할 수 있도록 돕기 위한 도구 모음이 준비되어 있다.

③ 수식 입력 줄: 현재 선택되어 있는 셀의 번지와 기억된 값이 표시된다.

④ 워크시트: 워크시트는 문자나 숫자 등의 데이터를 입력시키는 부분으로서, 256열과 65,536행으로 구성되어 있다. 워크시트에서 입력된 문서의 내용을 확인하거나 수정, 삽입, 삭제 등의 편집 작업이 이루어진다.

⑤ 셀: 워크시트는 행과 열로 나누어진 시트로 구성되는데, 셀은 행과 열이 교차하면서 만들어지는 각각의 사각형을 의미한다. 예를 들어, B열과 5행이 교차하는 셀의 주소는 B5이다.

⑥ 이동 탭 단추: 화면 하단에는 시트 사이를 이동할 때 사용되는 이동 탭 단추가 있다.

⑦ 시트 탭: 시트 탭은 워크시트를 구성하는 여러 시트 중 원하는 시트로 이동할 때 사용한다.

⑧ 이동 줄: 이동 줄에는 가로 방향의 셀로 이동할 때 사용하는 가로 이동 줄, 세로 방향의 셀로 이동할 때 사용하는 세로 이동 줄이 있다.

⑨ 상태 줄: 상태 줄에는 작업 중인 상황(준비), 특수 키들의 상태(NUM 등)가 나타난다.

2. Excel의 데이터입력

1) 데이터의 종류

① 문자상수

문자상수는 '지역 명', '사업성 분석 결과' 등과 같이 워크시트의 종류를 구분하는 레이블로 이용되거나, '지역의 이름', '사업성 분석' 등을 나타낼 때 사용되며, 문자열이라고도 한다. 문자상수는 한 셀에 255자까지 입력할 수 있으며, 셀마다 개별적으로 문자 서식을 지정할 수 있다. 숫자를 문자상수로 입력하려면 인용부호(')를 붙여서 입력한다. 문자상수는 셀의 왼쪽을 기준으로 입력된다.

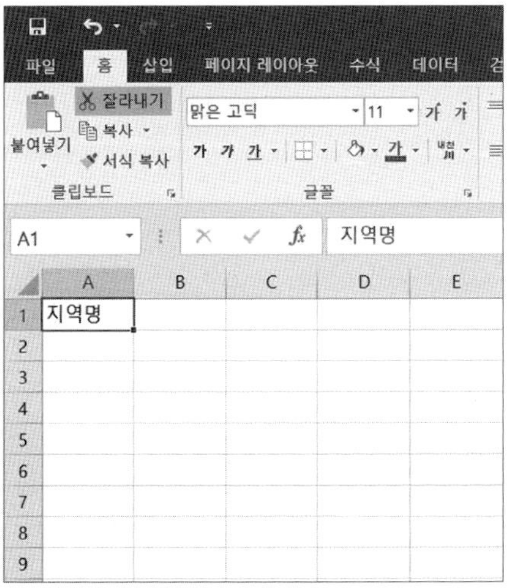

❖[그림 부-2] 문자상수 입력

② 수치상수

수치상수는 가격, 부게, 백분율, 분수, 지수 등의 수치를 나타내는 데 사용된다. 수치상수는 0에서 9까지의 숫자와 +, (,), /, $, % 등의 특수 문자들을 사용할 수 있다. 숫자에 1,234와 같이 콤마를 포함시킬 수 있으며, 숫자와 함께 입력되는 마침표는 소수점으로 취급된다.

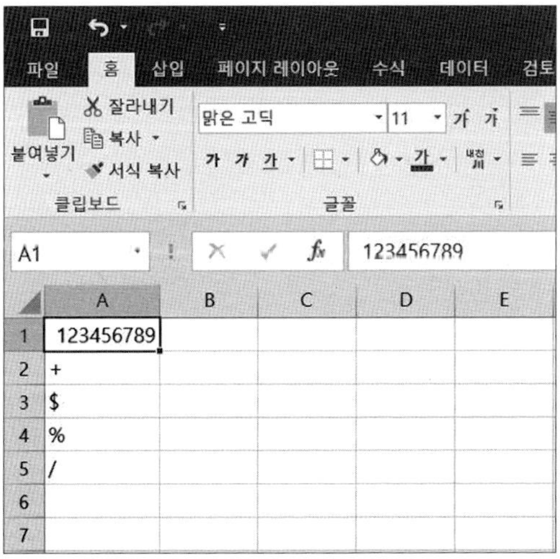

❖[그림 부-3] 수치상수 입력

③ 수식

수식은 값, 셀 참조, 이름, 함수, 연산자 등을 사용하여 기존 값에서 새 값을 계산해 낼 때 사용한다. 수식은 항상 등호(=)로 시작하며 수식의 계산 값은 워크시트의 다른 값이 변하면 달라질 수 있다. 수식은 상수와 연산자를 결합한 간단한 수식에서부터 셀의 주소와 함수, 문자열 및 이름 등을 포함한 다양한 형태의 수식(예를 들어, =(B2+B3)/2)을 작성할 수 있다. 하나의 수식에 여러 연산기호를 사용할 때 다음과 같은 순서로 연산을 수행하며 수식 내에 우선순위가 같은 연산 기호들이 있으면 왼쪽부터 오른쪽으로 계산된다. 따라서 계산 순서를 바꾸려면 괄호를 사용하여야 한다.

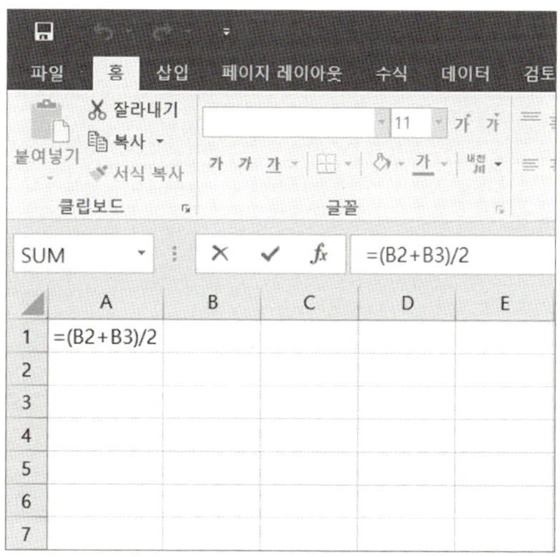

❖[그림 부-4] 수식 입력

④ 함수

함수는 값을 얻기 위해 특별히 준비한 수식으로 연산을 수행하여 값을 구한다. 함수는 하나씩 따로 사용될 수도 잇고 복잡한 수식에 포함될 수도 있다. 함수를 사용하면 워크시트의 수식을 간단하게 만들 수 있다. 일반적인 계산을 하려면 워크시트 함수를 사용한다. 예를 들어 합을 구할 때 함수 =SUM(A1:A5)는 =A1+A2+A3+A4+A5 의 의미를 가지며, 평균을 구할 때 함수 =AVERAGE(A1:A5)는 =(A1+A2+A3+A4+A5)/5의 의미를 가진다.

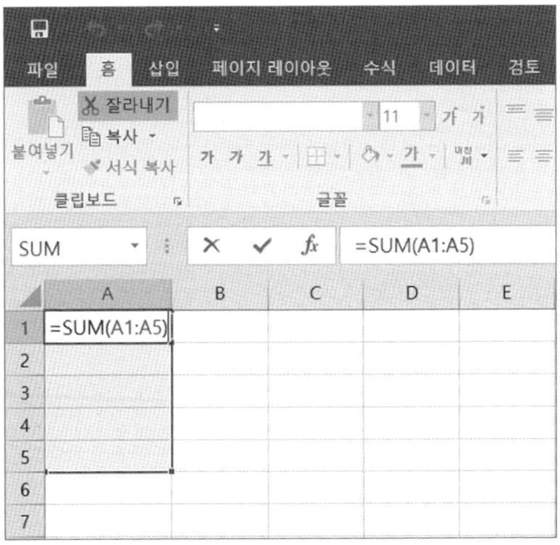

❖[그림 부-5] 함수 입력

2) 데이터의 입력

데이터를 입력할 셀을 선택한 후, 데이터를 입력하고 Enter 키를 누른다. 여러 셀에 같은 데이터를 동시에 입력하려면 셀들의 범위를 선택하고 한 셀에 데이터를 입력한 후에 Ctrl + Enter 키를 누른다. 입력을 취소하려면 Enter 키를 누르기 전에 Esc키를 누른다.

엑셀은 셀에 입력된 자료의 종류를 자동으로 판단하여 자료의 형태를 구분한다. 예를 들어, 숫자만으로 구성된 자료는 수치 데이터로 인정하고, 하나 이상의 문자나 기호가 있으면 문자 데이터로 취급한다.

3) 데이터 채우기

(1) 동일 데이터 채우기-연속된 여러 셀에 동일 데이터 입력

① 먼저 입력할 내용을 하나의 셀에 입력한다.

② 셀을 선택 후 채우기 핸들을 눌러 마우스 포인터가 십자(+)모양으로 바꾼다.

③ 채우려는 방향으로 채우기 핸들을 끈다.

④ 마우스 단추를 놓으면 데이터가 채워진다.

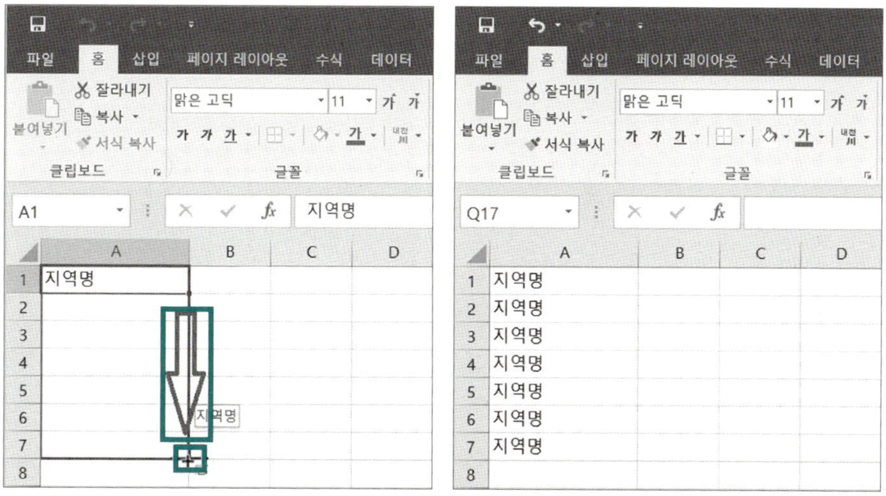

❖[그림 부-6] 동일 데이터 채우기

(2) 연속 데이터 채우기-연속된 여러 셀에 연속하는 데이터를 입력

① 먼저 연속된 데이터를 두 개의 셀에 입력한다.

② 셀을 선택 후, 채우기 핸들을 눌러 마우스 포인터를 십자(+) 모양으로 바꾼다.

③ 채우려는 방향으로 채우기 핸들을 끈다.

④ 마우스 단추를 놓으면 데이터가 채워진다.

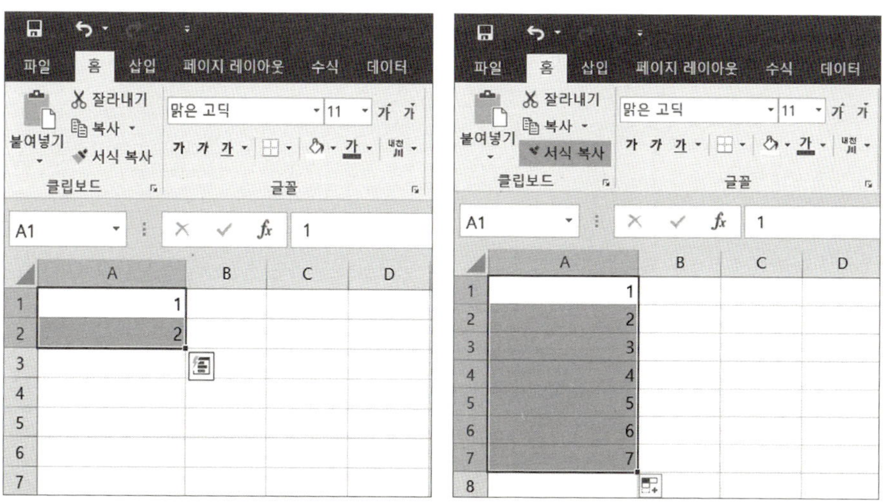

❖[그림 부-7] 연속 데이터 채우기

4) 실행취소

실행 취소란 바로 전에 수행한 작업을 취소하는 기능이다. 편집메뉴에서 실행취소 명령을 선택하거나 표준도구모음에서 실행취소 단추를 누르면 마지막의 명령이나 작업을 취소할 수 있다. 실행취소를 할 수 없을 때에는 취소 못함이라는 문구가 메뉴에 나타난다.

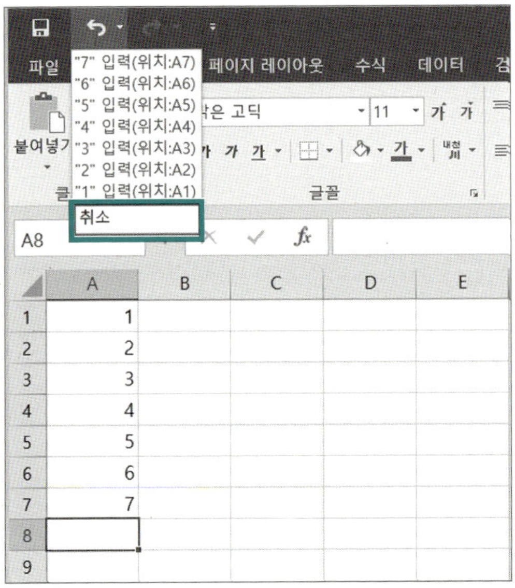

❖[그림 부-8] 실행취소

3. Excel의 셀 내용 편집

(1) 셀의 선택

① 하나의 셀을 선택하려면 그 셀로 셀 포인터를 이동시킨 후 마우스의 왼쪽버튼을 누른다.

② 여러 개의 셀을 선택하려면 시작 위치에 마우스 포인터를 이동하고 왼쪽버튼을 누른 상태로 대각선 방향으로 끌어서 선택한다.

③ 떨어져 있는 셀이나 셀 범위를 선택하려면 Ctrl 키를 누른 상태에서 셀을 누르거나 셀의 범위를 끌어서 선택한다.

④ 하나의 행 전체를 선택하려면 행머리, 하나의 열 전체를 선택하려면 열머리, 워크시트 전체를 선택하려면 전체 선택 단추를 누른다.

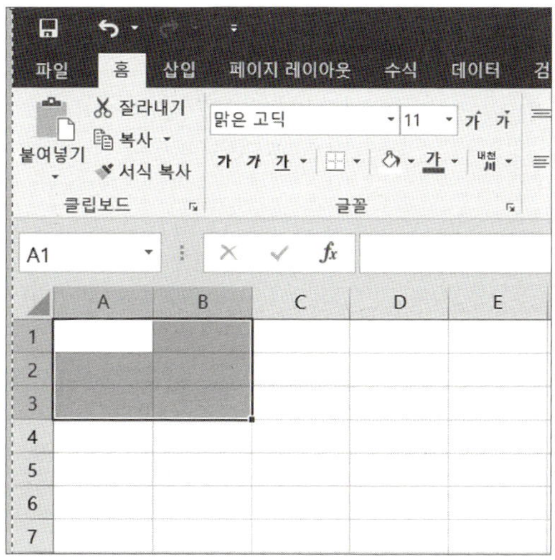

❖[그림 부-9] 여러 개의 셀 선택

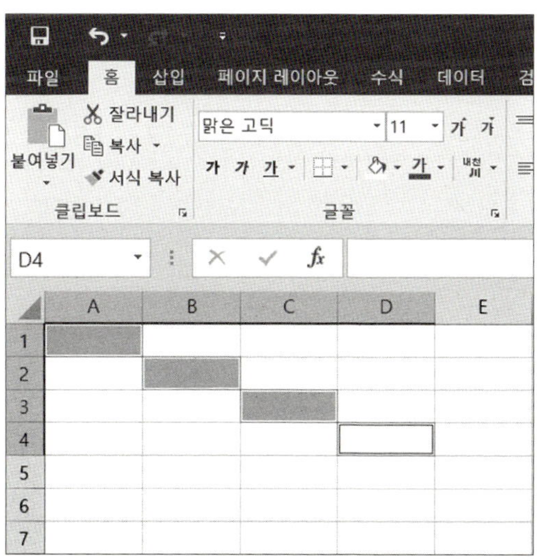

❖[그림 부-10] 떨어져 있는 셀 선택

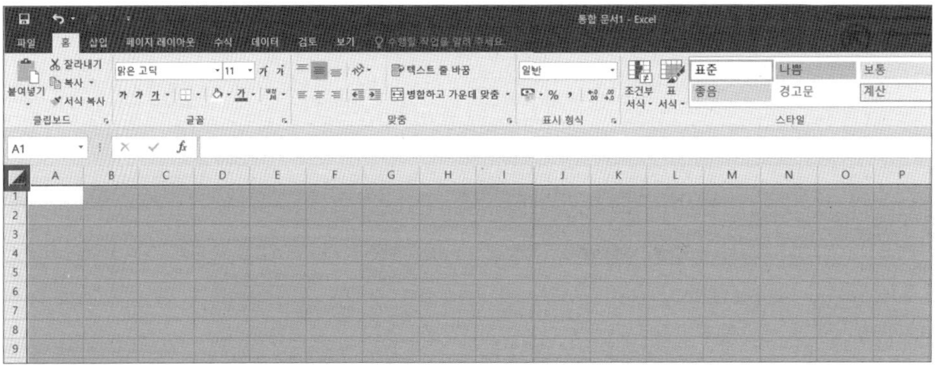

❖[그림 부-11] 셀 전체 선택

(2) 셀의 복사

① 복사할 범위를 선택하고, 편집메뉴나 단축메뉴에서 복사 명령을 선택한다.

② 복사할 위치로 마우스 포인터를 이동하고 편집메뉴나 단축메뉴에서 붙여넣기 명령을 선택한다.

③ 동일한 여러 데이터를 여러 영역에 복사하려면 Ctrl 키를 이용하여 복사 받을 여러 영역을 선택을 하고 붙여넣기 명령을 선택한다.

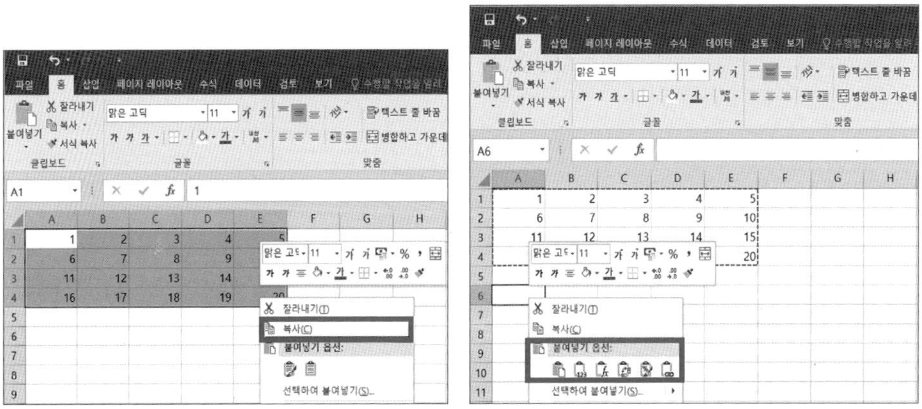

❖[그림 부-12] 셀 복사, 붙여 넣기

(3) 셀의 이동

① 이동하려는 셀의 범위를 선택하고, 편집메뉴나 단축메뉴에서 잘라내기 명령을 선택한다.

② 대상 셀을 선택한 후 편집 메뉴나 단축메뉴의 붙여넣기 명령을 선택한다.

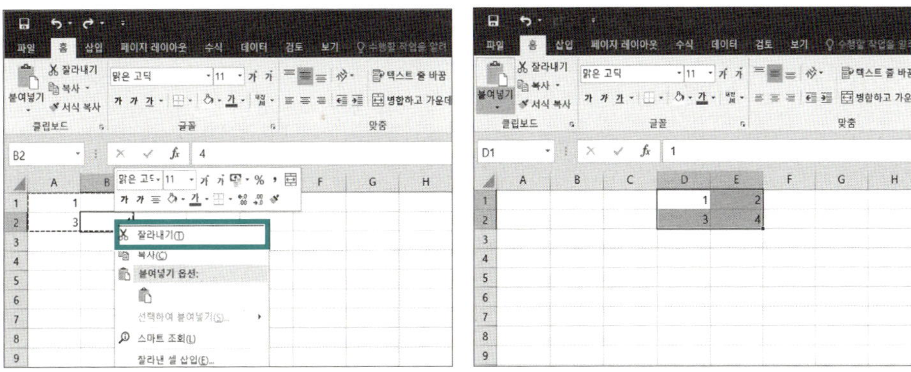

❖[그림 부-13] 셀의 이동

(4) 셀의 삭제

① 삭제하려는 셀의 범위를 선택하고, 편집메뉴나 단축메뉴에서 삭제명령을 선택한다.

② 삭제 대화 상자에서 주위 셀들이 이동할 방향을 선택한다.

③ 행이나 열 전체를 삭제하려면 삭제할 행이나 열을 선택하고 편집메뉴나 단축메뉴의 삭제 명령을 선택한다.

(5) 셀의 지우기

셀의 내용을 지우려면 지우려는 셀을 선택하고, 단축메뉴에서 내용 지우기 명령을 선택한다.

(6) 빈 셀의 삽입

삽입하려는 셀과 같은 크기의 범위를 선택하고, 삽입 메뉴에서 셀 명령이나 단축 메뉴에서 삽입 명령을 선택한다. 삽입 대화 상자에서 셀들이 이동할 방향을 선택한다.

4. Excel의 함수 이해

엑셀함수란 반복적이고 복잡한 일련의 계산과정을 엑셀에서 미리 정해진 수식(예약어)에 의해 연산되도록 작성한 하나의 엑셀에서 약속이다. 일반 연산에서 "1+2"는 "+"라는 기호는 1과 2의 값을 서로 더하라는 세계적인 공통의 약속이라면 엑셀에서는 함수인 "=SUM(1,2)"을 사용하면 1과2의 합계를 구하라는 엑셀의 일종의 약속이다.

실제 실무에서 단순한 합계를 계산하는 함수에서 어려운 각종 공식 등 함수의 종류는 약 300여 종류가 있다. 이러한 엑셀함수는 각종 계산과 분석을 위하여 단독으로 사용될 수도 있고, 엑셀의 매크로 프로그램밍에도 기본적인 명령어(예약어)로도 사용된다.

1) 중요 함수

① SUM

엑셀에서 가장 많이 쓰이는 SUM함수는 가장 기본적인 꼭 알아두어야 할 함수다. 그림과 같이 B2에서 B7까지 더하고 싶을 때 "=SUM"이라고 쓴 다음 더하고 싶은 셀 범위를 "(B2:B7)"이라고 적으면 해당 범위의 값을 모두 더한 값이 도출된다.

	A	B	C	D	E	F
1		범위				
2		100				
3		60		함수	결과값	
4		50		"=SUM(B2:B7)"	300	
5		40				
6		30				
7		20				
8						

❖[그림 부-14] SUM 함수

② AVERAGE

SUM 함수만큼이나 자주 쓰이는 평균을 구하는 AVERAGE 함수는 합계를 구하는 함수에서 'SUM'을 'AVERAGE'로만 바꾸면 된다. 먼저 " = AVERAGE"라고 쓴 다음, 해당하는 범위인 "(B2:B7)"이라고 쓰면 해당범위의 평균값이 도출된다.

	A	B	C	D	E
1		범위			
2		100			
3		60		함수	결과값
4		50		"=AVERAGE(B2:B7)"	50
5		40			
6		30			
7		20			
8					

❖[그림 부-15] AVERAGE 함수

③ MAX, MIN, MEDIAN, MODE

최대값, 최저값, 중간값, 최빈값을 알아야 할때에도 합계와 평균을 구할 때 사용하였던 'SUM'이나 'AVERAGE' 의 단어를 바꾸기만 하면 된다. 먼저 범위를 셀 A2부터 D5까지 라고 가정을 한다면 범위를 "(A2:D5)" 라고 쓰면 된다. 그리고 최대값을 구하려면 "=MAX"를 사용하고, 최저값을 구하려면 "=MIN"을, 중간값을 구하려면 "=MEDIAN"을, 최빈값을 구하려면 "=MODE"를 사용하면 된다.

	A	B	C	D	E	F	G	H
2		범위					함수	결과값
3		40	80	90	70	최대값	=MAX(B3:E6)'	100
4		10	50	90	100	최저값	=MIN(B3:E6)'	10
5		20	60	90	50	중간값	=MEDIAN(B3:E6)'	65
6		30	70	10	90	최빈값	=MODE(B3:E6)'	90
7								

❖[그림 부-16] MAX, MIN, MEDIAN, MODE 함수

④ STDEV

표준편차는 데이터가 얼마나 평균 주변에 모여 있는지 또는 흩어져 있는지 정도를 나타내는 값이다. 그림을 예로 들면 구하려는 범위인 B3부터 E4까지 "=STDEV(B3:B4)"를 써주면 된다.

그림을 보면 B3부터 E4까지의 평균은 65이고 평균 65를 기준으로 한 데이터들의 표준편차는 24.4949인 것을 알 수 있다.

	A	B	C	D	E	F	G
1							
2		범위				함수	결과값
3		100	90	80	70	=AVERAGE(B3:E4)'	65
4		60	50	40	30	=STDEV(B3:E4)'	24.4949
5							

❖[그림 부-17] STDEV 함수

⑤ COUNT

COUNT 함수는 지정한 범위내의 숫자가 입력된 셀의 개수를 세주는 함수이다. 특수문자나 공백, 문자 등은 제외하고 오직 숫자가 입력된 셀의 개수만 세주는 함수이다. [그림 부-18]에서 각 지역별 수량에 관련해 입력된 셀의 개수를 센다면 "=COUNT"에서 구하고자 하는 값의 범위인 "=COUNT(C4:C9)"를 입력하면 공백과 문자는 제외한 4라는 값이 나온다.

	A	B	C	D	E	F	G	H
1	NO	지역	수량					
2	1	구미	15		구분	입력방식	입력예시	실제값
3	2	서울	120		COUNT함수	=COUNT(범위)'	=COUNT(C4:C9)'	4
4	3	대구	48					
5	4	김해	알수없음					
6	5	부산	62					
7	6	통영						
8								

❖[그림 부-18] COUNT 함수

⑥ RANK

그림과 같이 C1부터 C7까지의 수량에 대해 등수를 알고 싶다면 RANK 함수를 쓰면 된다. RANK 함수는 "=RANK"를 쓰고 "(등수를 구하려는 셀, 범위)"를 써주면 된다. 그림을 예로 들었을 때 48이라는 값을 가진 C4이 C2부터 C7까지의 셀 중에서 몇 등인지 알아보고 싶다면, "=RANK(C4,C2:C7)"라고 쓰면 된다.

	A	B	C	D	E	F	G	H
1	NO	지역	수량					
2	1	구미	15		구분	입력방식	입력예시	등수
3	2	서울	120		RANK함수	=RANK(등수를 구하려는 셀,범위,)'	=RANK(C4,C2:C7)'	3
4	3	대구	48					
5	4	김해	알수없음					
6	5	부산	62					
7	6	통영						

❖[그림 부-19] RANK 함수

⑦ IF

IF함수는 해당 셀을 검사하여 조건에 맞으면 TRUE값을 틀리면 FALSE를 반영하는 함수이다.

[그림 부-20]를 보면 A에서 E 까지의 가격이 50,000 이상이면 '매도', 그렇지 않으면 '매수'로 표시하고 싶을 때 IF함수를 이용하면 된다. IF함수를 사용할 때는 "=IF(조건,TRUE값,FALSE값) 순으로 입력하면 된다.

F2 | fx | =IF(B2>=50000,"매도","매수")

	A	B	C	D	E	F
1	구분	가격	조건	TRUE	FALSE	결과값
2	A	50,000	50000 이상	매도	매수	매도
3	B	55,000				매도
4	C	48,000				매수
5	D	85,000				매도
6	E	32,000				매수

❖[그림 부-20] IF 함수

⑧ vlookup

VLOOKUP 함수에서 'V=vertical(수직)' 'LOOKUP = 검색'을 뜻하며 'VLOOKUP = 수

직으로 검색하다'라는 의미를 가지고 있다. VLOOKUP함수는 "=VLOOKUP(찾고 싶은 검색 대상, 찾고자 하는 데이터 범위, 칼럼 순서, 원하는 결과 일치 여부)"로 함수 식을 쓰게 된다. 그림을 보면 "=VLOOKUP"함수를 쓰고 찾고 싶은 검색대상인 B3를 선택하고, 찾고자 하는 데이터 범위 (B2:G17)을 입력한다. 이때, 찾고자 하는 데이터 범위는 F4버튼을 눌러 ($F$2:$G$17) 절대참조로 만들어 준다. 다음 칼럼순서는 찾고자 하는 데이터 범위에서 주택거래 수는 2번째 열에 위치하고 있기 때문에 2를 입력한다. 마지막 원하는 결과 일치 여부는 홍길동과 정확히 일치하는 주택거래 수를 알고 싶기에 FALSE를 더블클릭하거나 0을 입력한다.

	A	B	C	D	E	F	G
1							
2		이름	함수	주택거래 수		성명	주택거래 수
3		홍길동	=VLOOKUP(B3,$F$2:$G$17,2,0)	3		홍길동	3
4		김민지	=VLOOKUP(B4,$F$2:$G$17,2,0)	10		김민지	10
5		이철수	=VLOOKUP(B5,$F$2:$G$17,2,0)	5		이철수	5
6		김승우	=VLOOKUP(B6,$F$2:$G$17,2,0)	3		김승우	3
7		정현준	=VLOOKUP(B7,$F$2:$G$17,2,0)	5		정현준	5
8		김종호	=VLOOKUP(B8,$F$2:$G$17,2,0)	1		김종호	1
9		박하영	=VLOOKUP(B9,$F$2:$G$17,2,0)	7		박하영	7
10						박민영	9
11						이지수	8
12						최현정	12
13						윤정호	4
14						김성훈	5
15						박준석	9
16						김진석	13
17						이민수	15

❖[그림 부-21] VLOOKUP 함수

⑨ NPV, IRR 함수

NPV함수는 [그림 부-22]를 참고하면 자금 100만 원을 투자하였는데 매년 50만 원씩 3년간 벌 수 있는 사업과 3년 말 시점에 한번에 150만 원을 버는 사업의 타당성을 조사하는 함수이다. NPV를 구할 때는 빈 셀에 "=NPV"를 입력하고, 투자안 A의 할인율 "I4"를 적용하여, D열 4행부터 F열 4행까지의 범위를 지정하면 된다. 즉 "=NPV(I4,D4:F4)" 이다. 또 현재 현금흐름 100을 더하면 "=NPV(I4,D4:F4)+C4"가 된다. IRR 함수는 NPV가 0이 되는 할인율을 구하는 것이다. IRR함수는 빈 셀에 "=IRR"을 입력하고, 구할 현금흐름의 범위를 입력하면 된다. 즉, IRR함수는 "=IRR(C4:F4)"이다.

	A	B	C	D	E	F	G	H	I	J	K	L	M
1													
2		기간별 현금흐름											
3		투자안	현재	1년후	2년후	3년후		적용된 할인율		NPV 식	NPV	IRR 식	IRR
4		A	(100)	50	50	50		A	6.00%	=NPV(I4,D4:F4)+C4	33.65	=IRR(C4:F4)	23.38%
5		B	(100)	0	0	150		B	6.00%	=NPV(I5,D5:F5)+C5	25.94	=IRR(C5:F5)	14.47%

❖[그림 부-22] NPV, IRR 함수

5. 이자요소

복리이자요소 $(CVIF_{r,n}) = (1+r)^n$										
기간	이 자 율									
	1%	2%	3%	4%	5%	6%	7%	8%	9%	10%
1	1.01000	1.02000	1.03000	1.04000	1.05000	1.06000	1.07000	1.08000	1.09000	1.10000
2	1.02010	1.04040	1.06090	1.08160	1.10250	1.12360	1.14490	1.16640	1.18810	1.21000
3	1.03030	1.06121	1.09273	1.12486	1.15763	1.19102	1.22504	1.25971	1.29503	1.33100
4	1.04060	1.08243	1.12551	1.16986	1.21551	1.26248	1.31080	1.36049	1.41158	1.46410
5	1.05101	1.10408	1.15927	1.21665	1.27628	1.33823	1.40255	1.46933	1.53862	1.61051
6	1.06152	1.12616	1.19405	1.26532	1.34010	1.41852	1.50073	1.58687	1.67710	1.77156
7	1.07214	1.14869	1.22987	1.31593	1.40710	1.50363	1.60578	1.71382	1.82804	1.94872
8	1.08286	1.17166	1.26677	1.36857	1.47746	1.59385	1.71819	1.85093	1.99256	2.14359
9	1.09369	1.19509	1.30477	1.42331	1.55133	1.68948	1.83846	1.99900	2.17189	2.35795
10	1.10462	1.21899	1.34392	1.48024	1.62889	1.79085	1.96715	2.15892	2.36736	2.59374
11	1.11567	1.24337	1.38423	1.53945	1.71034	1.89830	2.10485	2.33164	2.58043	2.85312
12	1.12683	1.26824	1.42576	1.60103	1.79586	2.01220	2.25219	2.51817	2.81266	3.13843
13	1.13809	1.29361	1.46853	1.66507	1.88565	2.13293	2.40985	2.71962	3.06580	3.45227
14	1.14947	1.31948	1.51259	1.73168	1.97993	2.26090	2.57853	2.93719	3.34173	3.79750
15	1.16097	1.34587	1.55797	1.80094	2.07893	2.39656	2.75903	3.17217	3.64248	4.17725
16	1.17258	1.37279	1.60471	1.87298	2.18287	2.54035	2.95216	3.42594	3.97031	4.59497
17	1.18430	1.40024	1.65285	1.94790	2.29202	2.69277	3.15882	3.70002	4.32763	5.05447
18	1.19615	1.42825	1.70243	2.02582	2.40662	2.85434	3.37993	3.99602	4.71712	5.55992

19	1.20811	1.45681	1.75351	2.10685	2.52695	3.02560	3.61653	4.31570	5.14166	6.11591
20	1.22019	1.48595	1.80611	2.19112	2.65330	3.20714	3.86968	4.66096	5.60441	6.72750
21	1.23239	1.51567	1.86029	2.27877	2.78596	3.39956	4.14056	5.03383	6.10881	7.40025
22	1.24472	1.54598	1.91610	2.36992	2.92526	3.60354	4.43040	5.43654	6.65860	8.14027
23	1.25716	1.57690	1.97359	2.46472	3.07152	3.81975	4.74053	5.87146	7.25787	8.95430
24	1.26973	1.60844	2.03279	2.56330	3.22510	4.04893	5.07237	6.34118	7.91108	9.84973
25	1.28243	1.64061	2.09378	2.66584	3.38635	4.29187	5.42743	6.84848	8.62308	10.83471
26	1.29526	1.67342	2.15659	2.77247	3.55567	4.54938	5.80735	7.39635	9.39916	11.91818
27	1.30821	1.70689	2.22129	2.88337	3.73346	4.82235	6.21387	7.98806	10.24508	13.10999
28	1.32129	1.74102	2.28793	2.99870	3.92013	5.11169	6.64884	8.62711	11.16714	14.42099
29	1.33450	1.77584	2.35657	3.11865	4.11614	5.41839	7.11426	9.31727	12.17218	15.86309
30	1.34785	1.81136	2.42726	3.24340	4.32194	5.74349	7.61226	10.06266	13.26768	17.44940
31	1.36133	1.84759	2.50008	3.37313	4.53804	6.08810	8.14511	10.86767	14.46177	19.19434
32	1.37494	1.88454	2.57508	3.50806	4.76494	6.45339	8.71527	11.73708	15.76333	21.11378
33	1.38869	1.92223	2.65234	3.64838	5.00319	6.84059	9.32534	12.67605	17.18203	23.22515
34	1.40258	1.96068	2.73191	3.79432	5.25335	7.25103	9.97811	13.69013	18.72841	25.54767
35	1.41660	1.99989	2.81386	3.94609	5.51602	7.68609	10.67658	14.78534	20.41397	28.10244
36	1.43077	2.03989	2.89828	4.10393	5.79182	8.14725	11.42394	15.96817	22.25123	30.91268
37	1.44508	2.08069	2.98523	4.26809	6.08141	8.63609	12.22362	17.24563	24.25384	34.00395
38	1.45953	2.12230	3.07478	4.43881	6.38548	9.15425	13.07927	18.62528	26.43668	37.40434
39	1.47412	2.16474	3.16703	4.61637	6.70475	9.70351	13.99482	20.11530	28.81598	41.14478
40	1.48886	2.20804	3.26204	4.80102	7.03999	10.28572	14.97446	21.72452	31.40942	45.25926
41	1.50375	2.25220	3.35990	4.99306	7.39199	10.90286	16.02267	23.46248	34.23627	49.78518
42	1.51879	2.29724	3.46070	5.19278	7.76159	11.55703	17.14426	25.33948	37.31753	54.76370
43	1.53398	2.34319	3.56452	5.40050	8.14967	12.25045	18.34435	27.36664	40.67611	60.24007
44	1.54932	2.39005	3.67145	5.61652	8.55715	12.98548	19.62846	29.55597	44.33696	66.26408
45	1.56481	2.43785	3.78160	5.84118	8.98501	13.76461	21.00245	31.92045	48.32720	72.89048
46	1.58046	2.48661	3.89504	6.07482	9.43426	14.59049	22.47262	34.47409	52.67674	80.17953
47	1.59626	2.53634	4.01190	6.31782	9.90597	15.46592	24.04571	37.23201	57.41765	88.19749
48	1.61223	2.58707	4.13225	6.57053	10.40127	16.39387	25.72891	40.21057	62.58524	97.01723
49	1.62835	2.63881	4.25622	6.83335	10.92133	17.37750	27.52993	43.42742	68.21791	106.71896
50	1.64463	2.69159	4.38391	7.10668	11.46740	18.42015	29.45703	46.90161	74.35752	117.39085

연금의 복리이자요소 $(CVIF_{r,n})=\left[\frac{(1+r)^n}{1}-\frac{1}{r}\right]$

기간	이자율									
	1%	2%	3%	4%	5%	6%	7%	8%	9%	10%
1	1.00000	1.00000	1.00000	1.00000	1.00000	1.00000	1.00000	1.00000	1.00000	1.00000
2	2.01000	2.02000	2.03000	2.04000	2.05000	2.06000	2.07000	2.08000	2.09000	2.10000
3	3.03010	3.06040	3.09090	3.12160	3.15250	3.18360	3.21490	3.24640	3.27810	3.31000
4	4.06040	4.12161	4.18363	4.24646	4.31013	4.37462	4.43994	4.50611	4.57313	4.64100
5	5.10101	5.20404	5.30914	5.41632	5.52563	5.63709	5.75074	5.86660	5.98471	6.10510
6	6.15202	6.30812	6.46841	6.63298	6.80191	6.97532	7.15329	7.33593	7.52333	7.71561
7	7.21354	7.43428	7.66246	7.89829	8.14201	8.39384	8.65402	8.92280	9.20043	9.48717
8	8.28567	8.58297	8.89234	9.21423	9.54911	9.89747	10.25980	10.63663	11.02847	11.43589
9	9.36853	9.75463	10.15911	10.58280	11.02656	11.49132	11.97799	12.48756	13.02104	13.57948
10	10.46221	10.94972	11.46388	12.00611	12.57789	13.18079	13.81645	14.48656	15.19293	15.93742
11	11.56683	12.16872	12.80780	13.48635	14.20679	14.97164	15.78360	16.64549	17.56029	18.53117
12	12.68250	13.41209	14.19203	15.02581	15.91713	16.86994	17.88845	18.97713	20.14072	21.38428
13	13.80933	14.68033	15.61779	16.62684	17.71298	18.88214	20.14064	21.49530	22.95338	24.52271
14	14.94742	15.97394	17.08632	18.29191	19.59863	21.01507	22.55049	24.21492	26.01919	27.97498
15	16.09690	17.29342	18.59891	20.02359	21.57856	23.27597	25.12902	27.15211	29.36092	31.77248
16	17.25786	18.63929	20.15688	21.82453	23.65749	25.67253	27.88805	30.32428	33.00340	35.94973
17	18.43044	20.01207	21.76159	23.69751	25.84037	28.21288	30.84022	33.75023	36.97370	40.54470
18	19.61475	21.41231	23.41444	25.64541	28.13238	30.90565	33.99903	37.45024	41.30134	45.59917
19	20.81090	22.84056	25.11687	27.67123	30.53900	33.75999	37.37896	41.44626	46.01846	51.15909
20	22.01900	24.29737	26.87037	29.77808	33.06595	36.78559	40.99549	45.76196	51.16012	57.27500
21	23.23919	25.78332	28.67649	31.96920	35.71925	39.99273	44.86518	50.42292	56.76453	64.00250
22	24.47159	27.29898	30.53678	34.24797	38.50521	43.39229	49.00574	55.45676	62.87334	71.40275
23	25.71630	28.84496	32.45288	36.61789	41.43048	46.99583	53.43614	60.89330	69.53194	79.54302
24	26.97346	30.42186	34.42647	39.08260	44.50200	50.81558	58.17667	66.76476	76.78981	88.49733
25	28.24320	32.03030	36.45926	41.64591	47.72710	54.86451	63.24904	73.10594	84.70090	98.34706
26	29.52563	33.67091	38.55304	44.31174	51.11345	59.15638	68.67647	79.95442	93.32398	109.18177
27	30.82089	35.34432	40.70963	47.08421	54.66913	63.70577	74.48382	87.35077	102.72313	121.09994
28	32.12910	37.05121	42.93092	49.96758	58.40258	68.52811	80.69769	95.33883	112.96822	134.20994
29	33.45039	38.79223	45.21885	52.96629	62.32271	73.63980	87.34653	103.96594	124.13536	148.63093
30	34.78489	40.56808	47.57542	56.08494	66.43885	79.05819	94.46079	113.28321	136.30754	164.49402

31	36.13274	42.37944	50.00268	59.32834	70.76079	84.80168	102.07304	123.34587	149.57522	181.94342
32	37.49407	44.22703	52.50276	62.70147	75.29883	90.88978	110.21815	134.21354	164.03699	201.13777
33	38.86901	46.11157	55.07784	66.20953	80.06377	97.34316	118.93343	145.95062	179.80032	222.25154
34	40.25770	48.03380	57.73018	69.85791	85.06696	104.18375	128.25876	158.62667	196.98234	245.47670
35	41.66028	49.99448	60.46208	73.65222	90.32031	111.43478	138.23688	172.31680	215.71075	271.02437
36	43.07688	51.99437	63.27594	77.59831	95.83632	119.12087	148.91346	187.10215	236.12472	299.12681
37	44.50765	54.03425	66.17422	81.70225	101.62814	127.26812	160.33740	203.07032	258.37595	330.03949
38	45.95272	56.11494	69.15945	85.97034	107.70955	135.90421	172.56102	220.31595	282.62978	364.04343
39	47.41225	58.23724	72.23423	90.40915	114.09502	145.05846	185.64029	238.94122	309.06646	401.44778
40	48.88637	60.40198	75.40126	95.02552	120.79977	154.76197	199.63511	259.05652	337.88245	442.59256
41	50.37524	62.61002	78.66330	99.82654	127.83976	165.04768	214.60957	280.78104	369.29187	487.85181
42	51.87899	64.86222	82.02320	104.81960	135.23175	175.95054	230.63224	304.24352	403.52813	537.63699
43	53.39778	67.15947	85.48389	110.01238	142.99334	187.50758	247.77650	329.58301	440.84566	592.40069
44	54.93176	69.50266	89.04841	115.41288	151.14301	199.75803	266.12085	356.94965	481.52177	652.64076
45	56.48107	71.89271	92.71986	121.02939	159.70016	212.74351	285.74931	386.50562	525.85873	718.90484
46	58.04589	74.33056	96.50146	126.87057	168.68516	226.50812	306.75176	418.42607	574.18602	791.79532
47	59.62634	76.81718	100.39650	132.94539	178.11942	241.09861	329.22439	452.90015	626.86276	871.97485
48	61.22261	79.35352	104.40840	139.26321	188.02539	256.56453	353.27009	490.13216	684.28041	960.17234
49	62.83483	81.94059	108.54065	145.83373	198.42666	272.95840	378.99900	530.34274	746.86565	1057.18957
50	64.46318	84.57940	112.79687	152.66708	209.34800	290.33590	406.52893	573.77016	815.08356	1163.90853

현가이자요소 $(PVIF_{r,n}) = \frac{1}{(1+r)^n}$

기간	이자율									
	1%	2%	3%	4%	5%	6%	7%	8%	9%	10%
1	0.99010	0.98039	0.97087	0.96154	0.95238	0.94340	0.93458	0.92593	0.91743	0.90909
2	0.98030	0.96117	0.94260	0.92456	0.90703	0.89000	0.87344	0.85734	0.84168	0.82645
3	0.97059	0.94232	0.91514	0.88900	0.86384	0.83962	0.81630	0.79383	0.77218	0.75131
4	0.96098	0.92385	0.88849	0.85480	0.82270	0.79209	0.76290	0.73503	0.70843	0.68301
5	0.95147	0.90573	0.86261	0.82193	0.78353	0.74726	0.71299	0.68058	0.64993	0.62092
6	0.94205	0.88797	0.83748	0.79031	0.74622	0.70496	0.66634	0.63017	0.59627	0.56447
7	0.93272	0.87056	0.81309	0.75992	0.71068	0.66506	0.62275	0.58349	0.54703	0.51316
8	0.92348	0.85349	0.78941	0.73069	0.67684	0.62741	0.58201	0.54027	0.50187	0.46651
9	0.91434	0.83676	0.76642	0.70259	0.64461	0.59190	0.54393	0.50025	0.46043	0.42410
10	0.90529	0.82035	0.74409	0.67556	0.61391	0.55839	0.50835	0.46319	0.42241	0.38554
11	0.89632	0.80426	0.72242	0.64958	0.58468	0.52679	0.47509	0.42888	0.38753	0.35049
12	0.88745	0.78849	0.70138	0.62460	0.55684	0.49697	0.44401	0.39711	0.35553	0.31863
13	0.87866	0.77303	0.68095	0.60057	0.53032	0.46884	0.41496	0.36770	0.32618	0.28966
14	0.86996	0.75788	0.66112	0.57748	0.50507	0.44230	0.38782	0.34046	0.29925	0.26333
15	0.86135	0.74301	0.64186	0.55526	0.48102	0.41727	0.36245	0.31524	0.27454	0.23939
16	0.85282	0.72845	0.62317	0.53391	0.45811	0.39365	0.33873	0.29189	0.25187	0.21763
17	0.84438	0.71416	0.60502	0.51337	0.43630	0.37136	0.31657	0.27027	0.23107	0.19784
18	0.83602	0.70016	0.58739	0.49363	0.41552	0.35034	0.29586	0.25025	0.21199	0.17986
19	0.82774	0.68643	0.57029	0.47464	0.39573	0.33051	0.27651	0.23171	0.19449	0.16351
20	0.81954	0.67297	0.55368	0.45639	0.37689	0.31180	0.25842	0.21455	0.17843	0.14864
21	0.81143	0.65978	0.53755	0.43883	0.35894	0.29416	0.24151	0.19866	0.16370	0.13513
22	0.80340	0.64684	0.52189	0.42196	0.34185	0.27751	0.22571	0.18394	0.15018	0.12285
23	0.79544	0.63416	0.50669	0.40573	0.32557	0.26180	0.21095	0.17032	0.13778	0.11168
24	0.78757	0.62172	0.49193	0.39012	0.31007	0.24698	0.19715	0.15770	0.12640	0.10153
25	0.77977	0.60953	0.47761	0.37512	0.29530	0.23300	0.18425	0.14602	0.11597	0.09230
26	0.77205	0.59758	0.46369	0.36069	0.28124	0.21981	0.17220	0.13520	0.10639	0.08391
27	0.76440	0.58586	0.45019	0.34682	0.26785	0.20737	0.16093	0.12519	0.09761	0.07628
28	0.75684	0.57437	0.43708	0.33348	0.25509	0.19563	0.15040	0.11591	0.08955	0.06934
29	0.74934	0.56311	0.42435	0.32065	0.24295	0.18456	0.14056	0.10733	0.08215	0.06304
30	0.74192	0.55207	0.41199	0.30832	0.23138	0.17411	0.13137	0.09938	0.07537	0.05731

31	0.73458	0.54125	0.39999	0.29646	0.22036	0.16425	0.12277	0.09202	0.06915	0.05210
32	0.72730	0.53063	0.38834	0.28506	0.20987	0.15496	0.11474	0.08520	0.06344	0.04736
33	0.72010	0.52023	0.37703	0.27409	0.19987	0.14619	0.10723	0.07889	0.05820	0.04306
34	0.71297	0.51003	0.36604	0.26355	0.19035	0.13791	0.10022	0.07305	0.05339	0.03914
35	0.70591	0.50003	0.35538	0.25342	0.18129	0.13011	0.09366	0.06763	0.04899	0.03558
36	0.69892	0.49022	0.34503	0.24367	0.17266	0.12274	0.08754	0.06262	0.04494	0.03235
37	0.69200	0.48061	0.33498	0.23430	0.16444	0.11579	0.08181	0.05799	0.04123	0.02941
38	0.68515	0.47119	0.32523	0.22529	0.15661	0.10924	0.07646	0.05369	0.03783	0.02673
39	0.67837	0.46195	0.31575	0.21662	0.14915	0.10306	0.07146	0.04971	0.03470	0.02430
40	0.67165	0.45289	0.30656	0.20829	0.14205	0.09722	0.06678	0.04603	0.03184	0.02209
41	0.66500	0.44401	0.29763	0.20028	0.13528	0.09172	0.06241	0.04262	0.02921	0.02009
42	0.65842	0.43530	0.28896	0.19257	0.12884	0.08653	0.05833	0.03946	0.02680	0.01826
43	0.65190	0.42677	0.28054	0.18517	0.12270	0.08163	0.05451	0.03654	0.02458	0.01660
44	0.64545	0.41840	0.27237	0.17805	0.11686	0.07701	0.05095	0.03383	0.02255	0.01509
45	0.63905	0.41020	0.26444	0.17120	0.11130	0.07265	0.04761	0.03133	0.02069	0.01372
46	0.63273	0.40215	0.25674	0.16461	0.10600	0.06854	0.04450	0.02901	0.01898	0.01247
47	0.62646	0.39427	0.24926	0.15828	0.10095	0.06466	0.04159	0.02686	0.01742	0.01134
48	0.62026	0.38654	0.24200	0.15219	0.09614	0.06100	0.03887	0.02487	0.01598	0.01031
49	0.61412	0.37896	0.23495	0.14634	0.09156	0.05755	0.03632	0.02303	0.01466	0.00937
50	0.60804	0.37153	0.22811	0.14071	0.08720	0.05429	0.03395	0.02132	0.01345	0.00852

연금의 현가이자요소 $(PVIEA_{r,n}) = \left[\frac{1}{r} - \frac{1}{r(1+r)^n}\right]$

기간	이 자 율									
	1%	2%	3%	4%	5%	6%	7%	8%	9%	10%
1	0.99010	0.98039	0.97087	0.96154	0.95238	0.94340	0.93458	0.92593	0.91743	0.90909
2	0.98030	0.96117	0.94260	0.92456	0.90703	0.89000	0.87344	0.85734	0.84168	0.82645
3	0.97059	0.94232	0.91514	0.88900	0.86384	0.83962	0.81630	0.79383	0.77218	0.75131
4	0.96098	0.92385	0.88849	0.85480	0.82270	0.79209	0.76290	0.73503	0.70843	0.68301
5	0.95147	0.90573	0.86261	0.82193	0.78353	0.74726	0.71299	0.68058	0.64993	0.62092
6	0.94205	0.88797	0.83748	0.79031	0.74622	0.70496	0.66634	0.63017	0.59627	0.56447
7	0.93272	0.87056	0.81309	0.75992	0.71068	0.66506	0.62275	0.58349	0.54703	0.51316
8	0.92348	0.85349	0.78941	0.73069	0.67684	0.62741	0.58201	0.54027	0.50187	0.46651
9	0.91434	0.83676	0.76642	0.70259	0.64461	0.59190	0.54393	0.50025	0.46043	0.42410
10	0.90529	0.82035	0.74409	0.67556	0.61391	0.55839	0.50835	0.46319	0.42241	0.38554
11	0.89632	0.80426	0.72242	0.64958	0.58468	0.52679	0.47509	0.42888	0.38753	0.35049
12	0.88745	0.78849	0.70138	0.62460	0.55684	0.49697	0.44401	0.39711	0.35553	0.31863
13	0.87866	0.77303	0.68095	0.60057	0.53032	0.46884	0.41496	0.36770	0.32618	0.28966
14	0.86996	0.75788	0.66112	0.57748	0.50507	0.44230	0.38782	0.34046	0.29925	0.26333
15	0.86135	0.74301	0.64186	0.55526	0.48102	0.41727	0.36245	0.31524	0.27454	0.23939
16	0.85282	0.72845	0.62317	0.53391	0.45811	0.39365	0.33873	0.29189	0.25187	0.21763
17	0.84438	0.71416	0.60502	0.51337	0.43630	0.37136	0.31657	0.27027	0.23107	0.19784
18	0.83602	0.70016	0.58739	0.49363	0.41552	0.35034	0.29586	0.25025	0.21199	0.17986
19	0.82774	0.68643	0.57029	0.47464	0.39573	0.33051	0.27651	0.23171	0.19449	0.16351
20	0.81954	0.67297	0.55368	0.45639	0.37689	0.31180	0.25842	0.21455	0.17843	0.14864
21	0.81143	0.65978	0.53755	0.43883	0.35894	0.29416	0.24151	0.19866	0.16370	0.13513
22	0.80340	0.64684	0.52189	0.42196	0.34185	0.27751	0.22571	0.18394	0.15018	0.12285
23	0.79544	0.63416	0.50669	0.40573	0.32557	0.26180	0.21095	0.17032	0.13778	0.11168
24	0.78757	0.62172	0.49193	0.39012	0.31007	0.24698	0.19715	0.15770	0.12640	0.10153
25	0.77977	0.60953	0.47761	0.37512	0.29530	0.23300	0.18425	0.14602	0.11597	0.09230
26	0.77205	0.59758	0.46369	0.36069	0.28124	0.21981	0.17220	0.13520	0.10639	0.08391
27	0.76440	0.58586	0.45019	0.34682	0.26785	0.20737	0.16093	0.12519	0.09761	0.07628
28	0.75684	0.57437	0.43708	0.33348	0.25509	0.19563	0.15040	0.11591	0.08955	0.06934
29	0.74934	0.56311	0.42435	0.32065	0.24295	0.18456	0.14056	0.10733	0.08215	0.06304
30	0.74192	0.55207	0.41199	0.30832	0.23138	0.17411	0.13137	0.09938	0.07537	0.05731

31	0.73458	0.54125	0.39999	0.29646	0.22036	0.16425	0.12277	0.09202	0.06915	0.05210
32	0.72730	0.53063	0.38834	0.28506	0.20987	0.15496	0.11474	0.08520	0.06344	0.04736
33	0.72010	0.52023	0.37703	0.27409	0.19987	0.14619	0.10723	0.07889	0.05820	0.04306
34	0.71297	0.51003	0.36604	0.26355	0.19035	0.13791	0.10022	0.07305	0.05339	0.03914
35	0.70591	0.50003	0.35538	0.25342	0.18129	0.13011	0.09366	0.06763	0.04899	0.03558
36	0.69892	0.49022	0.34503	0.24367	0.17266	0.12274	0.08754	0.06262	0.04494	0.03235
37	0.69200	0.48061	0.33498	0.23430	0.16444	0.11579	0.08181	0.05799	0.04123	0.02941
38	0.68515	0.47119	0.32523	0.22529	0.15661	0.10924	0.07646	0.05369	0.03783	0.02673
39	0.67837	0.46195	0.31575	0.21662	0.14915	0.10306	0.07146	0.04971	0.03470	0.02430
40	0.67165	0.45289	0.30656	0.20829	0.14205	0.09722	0.06678	0.04603	0.03184	0.02209
41	0.66500	0.44401	0.29763	0.20028	0.13528	0.09172	0.06241	0.04262	0.02921	0.02009
42	0.65842	0.43530	0.28896	0.19257	0.12884	0.08653	0.05833	0.03946	0.02680	0.01826
43	0.65190	0.42677	0.28054	0.18517	0.12270	0.08163	0.05451	0.03654	0.02458	0.01660
44	0.64545	0.41840	0.27237	0.17805	0.11686	0.07701	0.05095	0.03383	0.02255	0.01509
45	0.63905	0.41020	0.26444	0.17120	0.11130	0.07265	0.04761	0.03133	0.02069	0.01372
46	0.63273	0.40215	0.25674	0.16461	0.10600	0.06854	0.04450	0.02901	0.01898	0.01247
47	0.62646	0.39427	0.24926	0.15828	0.10095	0.06466	0.04159	0.02686	0.01742	0.01134
48	0.62026	0.38654	0.24200	0.15219	0.09614	0.06100	0.03887	0.02487	0.01598	0.01031
49	0.61412	0.37896	0.23495	0.14634	0.09156	0.05755	0.03632	0.02303	0.01466	0.00937
50	0.60804	0.37153	0.22811	0.14071	0.08720	0.05429	0.03395	0.02132	0.01345	0.00852

저/자/약/력

정성훈(鄭聖勳)

성균관대학교에서 경영학을 공부하고 서강대학교 재무관리박사와 서울시립대학교 세무전문대학원 세무학박사 학위를 취득하였다. 한국부동산연구원 부동산연구 편집위원, 한국주택학회 편집위원, 한국재무관리학회 재무논총 편집위원장 등과 한국사학진흥재단 자산운용위험관리위원회 위원, 대구문화재단 자산운용위원회 자문위원, 한국선물포럼 회장, 한국은행 대구경북본부 자문교수 등 다수의 위원활동을 하였다. 또한 감정평가사 선정출제위원, 검토위원, 공인중개사 선정출제위원과 검토위원, 주택산업연구원 연구위원, 한국토지공사 책임연구원 등을 역임하였다. 현재는 대구가톨릭대학교 경제통상학부 경제금융부동산전공 부교수로 재직 중이다.

〈주요 저서〉

현대재무관리(공저, 박영사), 부동산자산관리(공저, 이프레스), 부동산경제론(공저, 이프레스), 부동산금융과 투자(역저, 맥그로힐), 행동학적 관점에서의 자산가격결정이론(역저, 청람) 등 다수

계량통계를 활용한

부동산 투자분석

2017년 6월 5일 1판 1쇄 인쇄
2017년 6월 10일 1판 1쇄 발행

지 은 이 정성훈
펴 낸 이 최용구
펴 낸 곳 이프레스

주 소 (04316) 서울시 용산구 원효로 89길 19 (원효로1가)
전 화 537-1720(영업부), 537-1721(편집부), 537-1711(팩스)
이 메 일 epress01@naver.com
홈페이지 www.epress1.com
등 록 2009년 12월 10일 제16-2710호

기획마케팅 최용구 장만동 송대용 최충구
책임편집 석기은 황가연
본문편집 다인
표 지 SDY

ISBN 979-11-87570-09-7 93320

정가 18,000원